1 MONTH OF
FREE
READING

at

www.ForgottenBooks.com

By purchasing this book you are eligible for one month membership to ForgottenBooks.com, giving you unlimited access to our entire collection of over 1,000,000 titles via our web site and mobile apps.

To claim your free month visit: www.forgottenbooks.com/free924897

ISBN 978-0-260-05610-8
PIBN 10924897

Paris. —Imp. Viéville et Capiomont, 6, rue des Poitevins.

LES ÉTATS

DE

BRETAGNE

ET

L'ADMINISTRATION DE CETTE PROVINCE

JUSQU'EN 1789

PAR LE COMTE DE CARNÉ

DE L'ACADÉMIE FRANÇAISE

DEUXIÈME ÉDITION

I

PARIS

LIBRAIRIE ACADÉMIQUE

DIDIER ET Cie, LIBRAIRES-ÉDITEURS

35, QUAI DES AUGUSTINS

1875

AVANT-PROPOS

L'unité de la France, si forte et si naturelle qu'elle nous paraisse, s'est opérée au prix des plus cruels déchirements. En venant se fondre dans le creuset où les jetèrent le sort des batailles et le hasard des successions princières, nos provinces ont supporté des souffrances dédaignées par l'histoire, comme le sont toujours les souffrances des vaincus. On peut admirer le travail séculaire accompli par la royauté capétienne entre le Rhin, les Alpes et les Pyrénées, en éprouvant pour ces douleurs ignorées des sympathies profondes. Celles-ci sont plus naturelles encore chez l'écrivain lorsqu'il appartient à une contrée qui avait fait, le jour où elle s'est spontanément réunie à la France, la réserve formelle de ses principaux droits politiques et de sa législation civile tout entière.

Entre toutes les provinces de la monarchie, la Bretagne seule pouvait se prévaloir d'un pareil titre. Sous
le règne de François Ier, à l'heure même où le pouvoir absolu poussait ses plus profondes racines dans le
royaume, la péninsule armoricaine substitua à la souveraineté jusqu'alors viagère des héritiers directs de
la reine-duchesse une union perpétuelle dont les conditions, nullement susceptibles de controverse, avaient
été arrêtées de concert entre les représentants du peuple
breton et les mandataires de la couronne. Ce fut ainsi
qu'au milieu de l'incertitude de tous les principes et de
tous les droits, caractère dominant de l'ancien régime,
la Bretagne se trouva seule en mesure de rappeler au
pouvoir les termes d'un engagement bilatéral renou-
velé de règne en règne par les princes qui l'ont le plus
audacieusement violé.

Depuis 1532, ce petit pays posséda cet ensemble
d'institutions que nous appellerions aujourd'hui une
charte constitutionnelle. A partir de cette époque jusqu'à la révolution de 1789, son histoire se résume dans
celle de ses longs efforts pour faire respecter des lois
très-imparfaites sans doute, mais qui, à tout prendre,
consacraient la plupart des principes dont la proclamation garantit la liberté politique. Un tel spectacle, si
modeste que soit le théâtre sur lequel il se déroule, ne
saurait demeurer indifférent à quiconque croit encore
au droit et à la justice. Jamais peuple n'a défendu des

franchises fondées sur des titres plus authentiques, et
ne les a défendues avec une plus loyale sincérité. Durant le cours de la lutte légale qui commença sous
Henri IV pour finir sous Louis XVI, la Bretagne vit ses
droits de plus en plus méconnus. On avait cessé de
comprendre à Versailles jusqu'au sens des réclamations
qu'adressaient à la couronne soit les états, soit le parlement de Rennes, tant les résistances paraissaient
inadmissibles, quelle qu'en fût la nature et sur quelque
titre qu'elles se fondassent!

Ce pays avait pourtant donné le plus éclatant témoignage de fidélité à sa parole dans des circonstances
critiques où tout semblait conspirer pour l'en dégager.
La Bretagne avait rencontré des facilités pour reprendre, durant les troubles de la Ligue et lors de l'avénement au trône d'une branche royale étrangère au sang
de ses anciens ducs, cette indépendance dont les souvenirs étaient fomentés pendant cette crise par le
gouverneur qu'avait donné au duché l'imprudence
de Henri III. Cependant elle refusa de servir l'ambition
du duc de Mercœur, et ne parut pas saisir les conséquences que ce prince entendait tirer dans son propre
intérêt des droits de la maison de Penthièvre et de
l'extinction de la postérité d'Anne de Bretagne. En
présence de vues que la Bretagne dut affecter de ne
point comprendre pour n'avoir pas à les repousser, la
position de cette province devint singulièrement d li-

cate. Elle s'était en effet trouvée conduite par l'ardeur
de ses sentiments catholiques à engager une lutte terrible contre la royauté du roi de Navarre; elle avait
mis aux mains du duc de Mercœur une force immense,
et c'était de cette force même que ce prince aspirait à se
servir afin d'accomplir des projets répudiés par la sagesse du pays. Placé entre un chef dont il soupçonnait
les vues intéressées, et les auxiliaires espagnols appelés
par celui-ci sur un territoire dont ils cherchèrent bientôt à s'emparer pour leur propre compte, ce petit peuple
fit preuve d'une rare prudence. Il sut, en maintenant
à la guerre contre la royauté protestante un caractère
exclusivement religieux, résister tout ensemble et à des
espérances décevantes et aux irritations qui sont la
conséquence ordinaire d'une longue lutte. La Bretagne
n'hésita pas un moment dans sa fidélité à la France
même en combattant Henri IV, et quand ce prince se fut
incliné devant la volonté de la nation dans la basilique
de Saint-Denis, le duc de Mercœur eut à lutter à la fois
et contre l'indifférence du pays pour des projets qui
n'intéressaient plus ses croyances, et contre les vues
d'alliés étrangers aspirant à devenir ses maîtres.
Henri IV n'eut pas de province plus fidèle, quoique le
Béarnais se soit montré pour elle plus prodigue de mots
heureux que de mesures réparatrices, et qu'elle eût à
guérir des blessures dont la profondeur n'a pas encore
été révélée.

Lorsque deux minorités orageuses eurent rendu aux grands du royaume des espérances heureusement trompées par l'énergie de Richelieu et la prudence de Mazarin, la Bretagne opposa la résistance obstinée de l'honnêteté et du bon sens aux tentatives des tristes ambitieux dont elle avait pénétré l'égoïsme et la nullité politique. Sous la Fronde, elle demeura soumise et paisible, profitant largement du bénéfice de ses institutions particulières, qui ne furent jamais plus respectées que sous Louis XIII et durant les premières années du règne de Louis XIV.

Mais quand l'autorité royale eut triomphé des dernières résistances seigneuriales, quand le souverain apparut aux yeux des peuples comme le seul représentant de leurs intérêts, la Bretagne cessa de rencontrer près du pouvoir les ménagements qu'on n'avait pu lui refuser dans les temps difficiles, et qu'elle avait si bien reconnus en fermant l'oreille aux suggestions de tous les brouillons de cour. Louis XIV étendit sur elle le niveau de sa puissance absolue, et Colbert se montra bien plus inflexible que ne l'avait été Richelieu. Les ministres ne tardèrent pas à considérer ce pays, qui rappelait à chaque tenue d'états ses priviléges, et osait se prévaloir de ses droits au milieu de l'universel silence, comme professant des principes incompatibles avec le respect dû à la majesté royale. Si les secrétaires d'État comptèrent quelquefois par prudence avec une

grande province à laquelle demeurait encore le droit
de se plaindre, ce fut en s'indignant de cette exception,
presque scandaleuse à leurs yeux, tant l'intervention
du pays dans son propre gouvernement leur semblait
incompatible avec cette centralisation administrative
que la couronne prétendait imposer comme complément à l'unité politique !

Depuis le ministère de Colbert, le contrat d'union
négocié aux états de 1532 apparut sous l'aspect d'une
capitulation humiliante signée par la royauté. Subor-
donner à la délibération et au vote régulier d'une assemblée représentative l'octroi périodique des subsides
et l'établissement de l'impôt était d'ailleurs impossible
pour Louis XIV, qui avait fait de la guerre de conquête
et des grands travaux publics le double ressort de son
gouvernement. Les intendants et les gouverneurs s'in-
spirèrent d'un bout à l'autre du royaume des idées
dominantes à la cour, idées qui avaient donné à la
France une constitution militaire si forte en lui prépa-
rant un tempérament politique si faible. Le duc de
Chaulnes parut aux états de Bretagne dans la même attitude que son jeune maître au parlement de Paris, et
des exigences financières sans cesse croissantes provoquèrent des bords de la Loire au fond de la Cornouaille
un soulèvement général, suivi d'une répression atroce,
dont les détails ont échappé à l'histoire. Un seul résultat est demeuré constaté par celle-ci, c'est qu'après

l'insurrection de 1675 le silence se fit dans cette province comme dans les autres, de telle sorte que l'autorité royale, dégagée de toute résistance, ne put désormais imputer ses embarras qu'à ses fautes.

Le grand roi, qui avait fait payer si cher à la France la gloire dont il l'avait comblée, reposait à peine dans sa tombe, que les Bretons revendiquaient sous la Régence des droits dont ni les cœurs ni les consciences ne s'étaient détachés un moment. Une fois encore la répression fut sanglante; mais le pouvoir était alors trop affaibli par le cours tout nouveau imprimé à l'opinion pour rester longtemps redoutable, lors même qu'il parlait du haut d'un échafaud. Durant le règne de Louis XV, les états engagèrent contre les édits royaux et les arrêts du conseil une lutte très-vive, quoique respectueuse. Commencée sous le gouvernement du maréchal de Montesquiou, cette lutte continua sous celui du maréchal d'Estrées pour prendre sous le duc d'Aiguillon toute la véhémence et parfois aussi toute l'injustice qui caractérisent les querelles de partis. Les passions parlèrent assez haut pour faire taire les intérêts; les questions de choses disparurent devant les questions d'hommes, et l'on finit par poursuivre la victoire sans s'inquiéter du prix auquel on pouvait la remporter. Les états de Bretagne, adversaires d'autant plus dangereux qu'ils ne soupçonnaient pas l'effet de leurs attaques, firent à la monarchie des blessures pro-

fondes en conservant la plénitude de leur dévouement
à la royauté, que leurs membres servaient rarement à
sa cour, mais constamment dans ses armées. Ils ne tardèrent pas à se voir suivis et dépassés par la magistrature dans cette guerre acharnée, dont le terme fut
l'abîme où s'engloutit la Bretagne avec tous les vieux
droits qu'elle avait prétendu conserver.

Le pouvoir royal, qui avait souvent triomphé de
l'opposition des états en entretenant dans leur sein la
résistance habituelle du clergé et du tiers contre la noblesse, les gouverneurs, accoutumés à chercher dans
le parlement de la province un point d'appui contre la
représentation nationale, s'aperçurent avec une sorte
d'effroi qu'un accord longtemps réputé impossible tendait à s'opérer entre toutes ces forces diverses sous
une pression extérieure qui devenait irrésistible. A
cette soudaine révélation, le pouvoir commença par se
montrer d'autant plus violent qu'il était plus faible ;
mais il ne tarda pas à vouloir racheter ses violences
par ses concessions, celles-ci demeurant d'ailleurs aussi
stériles que l'avaient été ses menaces, parce qu'elles
ne suffisaient plus aux nouveaux désirs dont les limites
reculaient d'heure en heure. Alors se produisit le plus
étrange spectacle : on vit des gentilshommes assis sur
les siéges fleurdelisés du parlement, de braves officiers
qui tous auraient donné pour la monarchie la dernière
goutte de leur sang, porter à celle-ci les premiers coups

et saper de leurs propres mains les seules digues qui
continssent encore le flot déjà frémissant de la multitude. Les protestations des états de Bretagne, les actes
et les paroles des magistrats de cette province allèrent
par tout le royaume, de 1756 à 1768, éveiller des passions qui n'avaient pas encore conscience d'elles-
mêmes ; et des hommes qui n'avaient songé qu'à maintenir avec obstination tous les droits consacrés par le
passé se trouvèrent transformés en instruments d'une
révolution dont la plupart auraient désavoué les conséquences les plus légitimes, s'ils avaient pu les soup-
çonner. Durant les trente années qui précédèrent la
crise de 1789, cette vieille terre gronda comme un
volcan tout prêt à s'allumer ; et ce fut dans la patrie de
l'armée catholique et royale, entre le berceau de Charette et celui de George Cadoudal, que commença l'explosion qui allait renverser la religion et la royauté.

La péripétie qui substitua en Bretagne la revendication très-soudaine du nouveau droit constitutionnel
aux longs efforts tentés pour la conservation du vieux
droit historique fut dramatique et rapide. La bourgeoisie et la noblesse, pleinement d'accord la veille
pour résister à toutes les injonctions de la cour, mirent
l'épée à la main l'une contre l'autre sitôt que la convocation des états généraux les eut conduites à poser dans
l'enceinte où elles délibéraient en commun les problèmes qui se rapportaient au mode de représentation

du tiers et au nombre de députés qu'il enverrait à la future assemblée nationale. Désespérée en voyant succomber, sans trouver aucun moyen de la défendre, l'antique constitution pour laquelle elle avait livré tant et de si généreux combats, la noblesse bretonne commettait en 1789 la faute irréparable de ne point paraître aux états généraux, et quelques mois plus tard la Bretagne disparaissait dans la tempête, de telle sorte que, de tant de champions si longtemps ligués pour défendre ses libertés contre les entreprises de la monarchie, aucun ne se rencontra plus à l'heure décisive pour défendre son existence contre la Révolution.

Cette histoire d'un petit peuple toujours fidèle à lui-même, et dont les amères déceptions sortirent de l'excès de cette fidélité, se prolonge durant deux siècles pour s'achever dans la catastrophe où s'écroule avec ce peuple lui-même la puissante monarchie qu'il a si longtemps combattue. La Bretagne succombe sous le poids de son adversaire terrassé, et de tant de luttes engagées avec une si parfaite sincérité il ne lui reste bientôt plus que des souvenirs, qu'il faudrait prendre pour des remords, si l'on en jugeait par l'héroïque expiation qui suivit.

On a le cœur serré en retrouvant sur les tables mortuaires de Quiberon la plupart des noms inscrits au bas des fières remontrances adressées peu d'années auparavant dans les états de Saint-Brieuc à cette royauté fran-

çaise qui allait périr avec la Bretagne..Mais si la pensée
des guerres civiles, dernier terme de tant d'espérances,
répand sur ce tableau une sorte de tristesse en harmonie avec le paysage mélancolique qui l'encadre, l'étude
de ces temps tout pleins des combats engagés par nos
pères pour la liberté et pour le droit ne reste pas
moins digne d'attention. Rien de plus fortifiant que de
suivre à travers les transformations des mœurs et des
intérêts la trace des idées qui leur survivent. Il est bon
de savoir que d'autres générations ont eu l'instinct
confus de nos besoins, et qu'elles ont poursuivi à leur
manière la solution des problèmes qui nous tourmen-
tent. On est plus juste envers elles, on les respecte davantage, lorsqu'on les voit succomber en recherchant
les garanties politiques auxquelles nous aspirons nous-
mêmes. On reprend espérance et courage en entendant
sortir de la tombe des aïeux des paroles oubliées, quand
ces paroles constatent qu'ils nous approuveraient dans
nos poursuites, et que leur esprit est avec leur postérité.

Établir une fois de plus que le despotisme est de
fraîche date et que l'active participation du pays à son
propre gouvernement est l'impérieux besoin de tous
les peuples honnêtes, faire remonter jusqu'à la monarchie absolue l'arbitraire administratif dont nous souf-
frons sans l'avoir fondé, telle est la double pensée dont
sont sorties ces études. On y pourra observer le gouvernement antérieur à 89 dans ses maximes comme

dans ses pratiques, en acquérant, sans moins en détester les crimes, une conviction plus intime de l'impérieuse nécessité de la Révolution française. En exposant les annales fort peu connues d'une grande province depuis les temps qui suivirent la réforme religieuse jusqu'à ceux qui précédèrent la chute de la monarchie, j'aurai à décrire la vie des différentes classes de la société sous cet ancien régime, auquel l'école révolutionnaire prête trop souvent des torts qu'il n'eut pas, et l'école monarchique des mérites qu'il n'eut pas davantage. Si j'y parviens, cet ouvrage pourra donner de ce qu'était la France de nos pères dans sa variété confuse une idée vraie et peut-être nouvelle.

En commençant l'histoire de Bretagne à la date où d'ordinaire on la termine, j'ai dû faire précéder ce travail, écrit sur des documents presque tous inédits, d'un tableau rapide des événements beaucoup plus connus qui remplissent les périodes antérieures. Avant d'exposer le mécanisme de l'administration française en ce pays sous les rois de la maison de Bourbon, il m'a paru nécessaire de rappeler en quelles circonstances s'est accomplie la réunion de la Bretagne à la France, et de faire connaître les stipulations dont cette réunion avait été précédée. Tel est l'objet de l'Introduction qui va suivre.

INTRODUCTION

LA BRETAGNE SOUS SES DUCS

L'humide péninsule qui s'étend de l'embouchure de la Rance à celle de la Loire porte dans sa constitution géologique aussi bien que dans sa physionomie un caractère sur lequel les siècles n'ont guère plus de prise que les flots n'en ont sur ses rivages. Un sol de granit qui, sans prodiguer sur aucun point l'abondance, n'est nulle part ingrat pour le travail, de vastes landes coupées par deux chaînes de collines qui s'abaissent doucement vers l'Océan et vers la Manche; enfin, pour encadrer ce sévère paysage, la mer sans bornes, nourrice aimée du peuple armoricain qui lui doit tout, depuis son nom jusqu'à la fertilité de ses campagnes, tel est l'aspect général d'une contrée qui aurait conservé sa nationalité politique, si la nature, en la rendant voisine d'un grand État, ne l'avait prédestinée à devenir le complément nécessaire d'un autre territoire.

Les événements parurent seconder durant plusieurs siècles les patriotiques espérances condamnées à se briser plus tard contre d'invincibles obstacles. Pendant que, du quatrième au sixième siècle, la tempête confondait par toute l'Europe les races humaines comme des tourbillons de poussière, les Armoricains virent leur propre nationalité fortifiée par des invasions qui la retrempèrent à ses sources mêmes. Ce peuple avait fléchi, comme le reste des Gaules, sous la fortune romaine. En détruisant aux embouchures du Morbihan la flotte des Vénètes, César avait abattu le dernier rempart de l'Armorique confédérée, et ce pays avait été compris, depuis l'empereur Adrien, dans les limites de la Troisième-Lyonnaise. Jusqu'à la fin du quatrième siècle de notre ère, les maîtres donnés au monde par les prétoriens ou par la plèbe avaient régné nominalement sur ces bords reculés. Les légionnaires avaient sillonné par de larges routes les bruyères et les marécages, couronné de fortifications les crêtes des montagnes, sans que le génie de la race celtique eût fléchi sous la pression du grand peuple si longtemps campé sur son sol. Les institutions civiles, qui avaient été pour Rome des instruments plus efficaces que les armes, ne laissèrent dans l'organisation de ces peuplades pauvres et clair-semées aucune trace sensible, et l'occupation militaire ne modifia pas plus leur langue que leurs mœurs et leurs habitudes. En dehors du rayon où se renfermaient les aigles romaines, tout était demeuré celte et indompté. Pen-

dant que les monuments du culte druidique disparaissaient dans toutes les Gaules sous le niveau de la
servitude et de la mollesse italiques, tandis que les
autels de granit s'arrondissaient en colonnes pour orner les temples des dieux nouveaux, que les enceintes
des *cromlech* se changeaient en amphithéâtres, et les
menhirs en statues impériales, ces pierres mystérieuses gardaient dans la péninsule armoricaine leur
austère simplicité. Autour d'elles, malgré la présence
des enseignes romaines, continuait de se presser, dans
l'ombre des forêts et le silence de la nuit, une population étrangère à tous les rites de ses vainqueurs, et
que l'on vit bientôt invoquer un autre Dieu au pied
même des autels qu'avaient environnés ses pères.

Le génie celtique résista en effet à une épreuve plus
décisive que celle de la conquête, car ces peuples devinrent chrétiens sans échapper à aucune des influences auxquelles ils avaient prêté une obéissance séculaire, sans répudier des pratiques que leurs initiateurs
religieux ne se refusèrent point à consacrer. Venus
en Armorique de l'île de Bretagne et de celle d'Hibernie, sortis pour la plupart des collèges druidiques,
les premiers missionnaires bretons étaient entrés en
quelque sorte dans le christianisme sans dépouiller le
vieil homme ; ils ménagèrent donc des croyances dont
leur propre cœur était à peine détaché. On surmonta
de la croix la pierre des sacrifices ; l'image de la Vierge
mère se refléta dans les sources consacrées, et l'on
continua de cueillir, en invoquant Notre-Dame, les

plantes salutaires coupées par les vierges fatidiques de Seyna[1] à la clarté de la lune avec la faucille d'or. Pendant que le Gallo-Romain revêtu du laticlave passait du temple de Jupiter dans l'église de Jésus-Christ, le Celte de Cambrie et celui de la péninsule armoricaine, conservant leurs longues chevelures et leurs larges braies[2], entraient de plein saut du druidisme dans la foi catholique.

L'unité morale du peuple breton n'était pas moins heureusement servie par les révolutions politiques qui changeaient alors la face du monde, car les invasions devant lesquelles se dissolvaient les plus vieux États envoyèrent à l'Armorique des concitoyens plutôt que des étrangers. On a cru longtemps que, parti de l'île de Bretagne pour disputer l'empire à Gratien dans les dernières années du quatrième siècle, Maxime avait réuni à son armée, lors de son entrée dans les Gaules, une portion notable de la jeunesse bretonne, obéissant à un chef breton comme elle. Séparés de leur patrie par les armées romaines après la défaite et la mort de leur césar éphémère, ces auxiliaires se seraient réfugiés dans l'Armorique, abandonnée pas les légions, terre hospitalière où la communauté d'origine, de langage et de coutumes leur garantissait un accueil fraternel. La légende armoricaine ajoute qu'in-

1. Aujourd'hui l'île de Sein, sur la côte sud du Finistère. Voyez Edward Davies, *Mythol. and Rites of the British Druids.*
2. « Gallia comata... Gallia braccata. » (César). — « Veteres *braccæ* Britonis pauperis. » (Martial.)

struit dans la discipline romaine sans avoir répudié
sa pure nationalité kimrique, Conan Meriadec ou Mur-
doch devint, par l'assentiment général, le chef de tous
les clans celto-bretons, et fonda dans ces contrées,
sous la forme d'une fédération militaire, une sorte
de monarchie dont l'histoire se suit à travers des ob-
scurités bien naturelles, plus d'un siècle avant que
le petit-fils de Mérovée eût fixé ses tentes entre la
Meuse et la Seine. Ces traditions longtemps acceptées
en Armorique sur le seul témoignage d'un écrivain
Gallois du neuvième siècle, ont vu de nos jours tomber leur vieux prestige, et Conan Mériadec a eu le
sort de Romulus. Mais entre les deux opinions si vivement controversées sur l'existence d'un prince breton
créé ou grandi par l'imagination populaire, la différence est peu sensible en ce qui touche au sort du
peuple armoricain lui-même. Il ne s'agit en effet que
de reculer d'environ quatre-vingts ans le commencement de l'histoire particulière de la péninsule. Tous
les témoignages attestent en effet que, dès le cinquième
siècle, ce pays était occupé par de nombreux émigrés
chassés de l'île voisine, et attirés dans l'Armorique
par la communauté de la race, du langage et des habitudes. Lorsque la grande île fut envahie presque
tout entière par des nuées de Barbares de tout sang et
de toute langue, quand elle poussa vers Rome impuissante le cri de désespoir qui retentit encore dans les
lamentations de son Jérémie [1], ce mouvement prit des

1. Gildas, *De Excidio Britanniæ.*

proportions de plus en plus considérables, sans que l'histoire ait à signaler entre les survenants et les anciens détenteurs du sol armoricain ni conflits personnels ni dépossessions violentes, tant la terre était vaste et la population rare, tant l'identité primordiale s'était maintenue à travers les temps et les mers! Un changement de nom devint le sceau définitif de cette révolution presque régulièrement accomplie. Vers le sixième siècle, la péninsule prit le nom de Petite-Bretagne, pendant que les Anglo-Saxons infligeaient à la grande île le nom d'*Angleterre*, en signe de conquête et de servitude.

Mais si l'autonomie celtique se vit ainsi miraculeusement préservée dans des temps où les plus grands peuples tombaient comme les moissons sous la faucille, ce fut pour succomber plus tard sous les conditions géographiques que lui avait imposées la nature. Du côté du nouvel empire qui commençait à se former au nord des Gaules affranchies de la domination romaine, la Bretagne n'était protégée ni par un cours d'eau ni par un pli de terrain, et les Francs, qui, à l'exemple de tous les peuples fondateurs, marchaient d'un pas également résolu vers le soleil et vers la mer, ne pouvaient manquer de considérer la péninsule avec laquelle ils confinaient sur une frontière ouverte de soixante lieues comme une portion indispensable de leur monarchie naissante. Aussi, dans la pénombre de l'époque mérovingienne, entrevoit-on des efforts mal concertés, mais continus, pour établir, soit par les armes, soit par des transactions dont la forme nous échappe, des colonies germaniques aux marches de la Bretagne; et les cartulaires de nos abbayes, source presque unique de l'histoire de ces temps reculés, nous montrent-ils simultanément, dans la zone-frontière placée sous la domination des premiers rois bretons, des colons gallo-romains, des Francs et jusqu'à des peuplades de Frisons, tous étrangers par l'origine aussi bien que par le langage aux populations celtiques de la Domnonée.

Clovis comprit sans doute de quelle importance il était pour lui de s'ouvrir un accès vers l'Océan pendant qu'il étendait ses conquêtes au sud de la Loire; mais n'étaient deux lignes de Grégoire de Tours portant les traces visibles d'une interpolation[1], il n'y aurait pas un témoignage écrit d'où l'on pût inférer

1. « *Nam* semper Britanni sub Francorum potestate, post obitum Clodovei, fuerunt, et comites, non reges appellati sunt. » Greg. Turon., lib. IV, ch. 4. — « Voilà, dit d'Argentré, un aussi mauvais *car* qu'il en fust oncques. » En effet ce *nam*, ce *car*, comme le dit fort bien M. Daru, qui paraît être l'explication ou la conséquence d'une proposition déjà établie, ne se lie aucunement ni avec ce qui précède ni avec ce qui suit. L'on trouvera d'ailleurs naturel que, dans un travail où j'entends n'embrasser qu'une époque toute moderne, je me borne à indiquer ici les questions controversées en renvoyant le lecteur aux sources, et particulièrement aux *Mémoires pour servir à l'histoire de Bretagne,* publiés par dom Lobineau, dom Morice et dom Taillandier, recueil le plus authentique et le plus complet que possède la France pour son histoire provinciale.

que les armes de ce prince eussent fait quelques progrès dans l'intérieur de la Bretagne. C'est pourtant sur cet unique passage, attribuant à Clovis une conquête toute chimérique, que les historiens français, écrivant par ordre, depuis Nicolas Viguier, historiographe de Henri IV, jusqu'aux faussaires payés par les ministres de Louis XV, ont prétendu établir la vassalité originelle du duché envers la couronne, effort poursuivi avec une persévérance qui aurait de quoi surprendre, si l'on ne savait qu'il est habile de simuler le droit lors même qu'on peut déployer l'appareil de la toute-puissance.

Depuis le roi Hoël Ier jusqu'à Alain II, qui vivait vers le milieu du septième siècle, la succession royale fut plusieurs fois sans doute interrompue en Bretagne par des guerres civiles et des divisions territoriales survenues entre les princes issus de la lignée du premier souverain : ce pays ne put échapper à la destinée qui pesait sur la France elle-même, dont le gouvernement était alors partagé entre plusieurs rois. Sous le titre de comtes, on voit donc régner simultanément à Nantes, à Rennes, à Vannes, en Cornouailles et dans le pays de Léon, des chefs se prétendant issus d'une souche commune; mais ces chefs, qui purent parfois accepter les Francs comme auxiliaires, ne les considérèrent jamais comme des dominateurs. Il était naturel que l'exiguïté de leurs possessions conduisît les chroniqueurs à attribuer à chacun d'eux un titre moins élevé que celui auquel se rattache d'ordinaire l'idée de la puissance suprême. Rien cependant n'autorisait l'abbé de Vertot, le contrôleur général de Laverdy et les autres publicistes officiels à prétendre que dès lors la qualification royale cessa d'être portée par les souverains bretons de l'ordre exprès des rois de France, en témoignage d'une dépendance reconnue. Il y eut assurément dans la péninsule certains interrègnes durant lesquels il est fort difficile de déterminer en quelles mains résidait l'autorité principale ; mais ces interrègnes ne profitèrent aucunement au droit des princes mérovingiens, demeurés à peu près étrangers à la Bretagne, dont le premier soin, sitôt qu'elle parvenait à triompher de l'anarchie, était toujours de reconstituer sa propre unité.

Ce fut sous Charlemagne seulement que la conquête de ce pays put être accomplie, après trois expéditions qui attestèrent la résistance acharnée, quoique impuissante, des populations de l'Armorique. Aussi le grand empereur eut-il à peine fermé les yeux que le peuple breton rouvrit contre ses débiles héritiers une lutte dont les débuts sont revêtus par la tradition celtique d'une sorte de grandeur homérique. Par une mesure qui n'atteste pas moins son imprévoyance que sa faiblesse, Louis le Débonnaire avait remis la garde de cette redoutable contrée à un chef indigène, issu, selon les uns, d'une origine royale, sorti, d'après les autres, du sang le plus obscur, mais auquel il n'a certainement manqué qu'un plus vaste théâtre pour s'as-

seoir au rang des plus grands hommes. Lieutenant
général de l'empereur, investi, paraît-il, de toute sa
confiance, Noménoé profita de ses pleins pouvoirs
pour préparer le soulèvement de la Bretagne avec
une habileté patiente, plus autorisée par le patriotisme
que par la loyauté. Brûlant lui-même de toutes les
passions nationales dont il était l'instigateur, il appela
à l'heure opportune tous les Armoricains aux armes,
depuis les rochers d'Occismor, qui avaient entendu
les chants de la Table-Ronde, jusqu'aux confins de la
vaste forêt où avait disparu Merlin. A Ballon, obscur
hameau situé aux bords de la Vilaine, se livra l'une
de ces batailles épiques où les peuples sont aux prises
et qui décident de leur fortune et du nom même qu'ils
vont porter. Écrasés par l'élan de la cavalerie bretonne, les Francs et les Saxons de Charles le Chauve
s'enfuirent, disent les chroniqueurs, jusqu'au Mans
sans prendre haleine, et Noménoé fut acclamé roi par
la nation qu'il avait fait revivre. Ardemment soutenu
par un peuple de paysans et de soldats, mais en lutte
presque permanente contre le clergé, que les traditions romaines rattachaient à l'idée impériale, et qui
persistait à placer à Tours le centre canonique de son
obédience, ce prince continua en roi politique le règne
qu'il avait commencé en soldat heureux, et peut-être
serait-il parvenu, malgré l'immense inégalité des
forces, à fonder une monarchie bretonne dans l'ouest
des Gaules, si la mort ne l'avait prématurément frappé
au moment où il s'avançait à la tête d'une armée vic-

torieuse au cœur même des possessions de Charles le
Chauve[1].

L'œuvre croula avec le grand homme qui l'avait
élevée. Si les petits-fils de Noménoé, aussi profondément divisés que les successeurs de Charlemagne,
continuèrent encore, durant quelques générations, à
porter le titre et les insignes de la royauté, l'état de
crise dans lequel s'écoula leur vie les conduisit bientôt à modifier gravement la situation de la Bretagne
vis-à-vis de la couronne. Soit que ces princes désiras-
sent obtenir des rois de France quelques territoires
dépendant du Maine et de la Neustrie, soit que les
invasions normandes, si funestes à la ville de Nantes,
trois fois détruite, les obligeassent à ne pas marchander le prix d'un concours qui fut d'ailleurs presque
toujours infructueux, il est hors de doute que, vers
la fin du neuvième siècle, la suzeraineté des Carlovin-
giens fut reconnue par les souverains bretons, qui ne
tardèrent pas à substituer le cercle ducal à la couronne fermée des rois. Au siècle suivant, cette révolution était consommée. La Bretagne se trouva donc
rattachée au grand système des fiefs malgré son indépendance séculaire.

Des traités qui ne se retrouvent point, il est vrai,

1. Noménoé mourut à Vendôme en 851, de maladie acci-
dentelle selon toute vraisemblance, et miraculeusement frappé
par la justice divine, si l'on s'en rapporte à la chronique du
moine Adhémar. — *Recueil des historiens de France*, t. VII,
p. 226.

mais dont l'existence n'est pas contestable, donnèrent aux rois de France sur cette province des droits réels, quoique fort mal définis. Ces droits eurent-ils le caractère d'un simple tribut, ou constituèrent-ils dès lors une vassalité régulière? L'hommage portait-il sur la totalité du territoire, comme l'ont prétendu les écrivains français, ou ne s'appliquait-il qu'aux terres plus récemment concédées aux ducs, comme l'ont maintenu les historiens bretons? Impliquait-il un hommage ou un engagement personnel? Était-il simple, était-il lige? Tel est le sujet d'une longue controverse dans laquelle les lettres de cachet ont joué un rôle durant le siècle dernier, et qu'une science plus libre a résolu de nos jours dans le sens le plus favorable aux prétentions bretonnes. Quoi qu'il en soit, un fait nouveau demeurait acquis : c'est qu'à partir du dixième siècle, quelles que fussent les conditions et les réserves attachées à leur allégeance, les souverains bretons relevaient d'une autre puissance que Dieu et leur épée.

Un résultat aussi inattendu que cruel sortit bientôt de la dépendance dans laquelle ces princes s'étaient réfugiés pour échapper aux horreurs des invasions normandes. Ce fut aux Normands mêmes, chargés des dépouilles de son littoral, couverts du sang de ses vierges et de ses prêtres, que la Bretagne se vit livrée par les monarques imbéciles auxquels ses princes avaient spontanément reconnu des droits sur elle. Charles le Gros avait racheté son royaume avec de l'or et des vases sacrés; Charles le Simple livra des

provinces afin d'en sauver les restes, et pour appoint
à la Normandie il céda en bloc toutes ses prétentions
sur la Bretagne, trop faible pour profiter de ses droits,
trop ignorant pour les définir. Ce fut ainsi que la contrée qui, après avoir résisté quatre siècles à la conquête, avait dans une étreinte héroïque brisé l'œuvre
de Charlemagne, fut un beau jour vendue à un chef
barbare par un prince idiot, dont la puissance ne dé-
passait pas les murs d'une capitale terrifiée.

Le traité de Saint-Clair, dont l'existence n'est pas
douteuse, encore que la science paléographique n'en
ait pu retrouver l'instrument, doit à bon droit figurer
au nombre des transactions les plus infâmes. Quoique
la Bretagne, devenue, sans l'avoir soupçonné, un ar-
rière-fief de la monarchie française, parût d'abord
ignorer le droit étrange qu'on venait de conférer tout
à coup sur elle à un peuple dont le nom lui faisait
horreur, ce droit ne tarda pas à se révéler dans sa
réalité terrible. Lorsque les ducs de Normandie furent
devenus rois d'Angleterre, la malheureuse péninsule,
ballottée entre des prétentions rivales qui lui inspiraient une égale antipathie, devint le théâtre de la
lutte des deux grandes monarchies entre lesquelles
ses ducs s'efforçaient vainement de se maintenir en
équilibre. A partir de ce jour, il fut dans la destinée
de ce pays de n'échapper au joug de l'une qu'en s'ap-
puyant sur le dangereux secours de l'autre. Avec le
onzième siècle s'ouvrit donc cette lamentable histoire
de six cents ans que le sang du peuple breton sert à

écrire, tandis que lui-même y disparaît en quelque sorte devant l'étranger : drame héroïque, mais monotone, où d'admirables dévouements profitent plus à l'honneur qu'a la patrie, et dont l'issue fatale était de faire de la Bretagne, malgré la passion avec laquelle elle défendait son indépendance, ou bien une simple province française, ou bien la colonie continentale de l'Angleterre.

Fractionnée, par le fait des partages, en divers rameaux établis à Rennes, à Nantes, à Vannes et à Quimper, la première maison ducale de Bretagne ne put opposer aux Normands qu'une résistance impuissante. Durant un demi-siècle, ceux-ci ravagèrent la péninsule, profitant d'ailleurs avec la souplesse habituelle aux barbares des subtilités du droit féodal pour séparer de plus en plus l'une de l'autre les grandes seigneuries bretonnes et pour les rattacher au nouveau trône qui s'élevait de l'autre côté de la Manche. La Bretagne fournit en effet un large contingent d'aventuriers au conquérant qui changea les destinées de l'Angleterre. Après la conquête, l'octroi de riches domaines constitua à la dynastie anglo-normande un parti puissant au sein de l'aristocratie bretonne, et l'ambition des Plantagenets croissant bientôt avec leur puissance, Henri II résolut de substituer dans la péninsule sa domination directe à son droit de suzeraineté. Il arrêta donc et parvint à consommer, malgré les tardives résistances des rois capétiens, le mariage de Geoffroy, son troisième fils, avec Constance,

fille unique du duc Conan IV, qui s'éteignit obscuré-
ment sous le titre de comte de Richemond. En 1169,
Henri Plantagenet fit couronner à Rennes Geoffroy
comme duc de Bretagne, et une dynastie anglaise
régna dans ce pays jusqu'au jour où un prince français vint l'y supplanter. Devenu possession britannique, le duché prit part à toutes les luttes domestiques ouvertes entre les princes de cette famille
parricide; et la Bretagne, soumise au joug brutal du
gouvernement anglo-normand, remplaça par une
haine héréditaire l'attachement fraternel qu'elle avait
si longtemps entretenu pour la grande île voisine.
Traitée en vassale, ses havres n'abritèrent plus que
des vaisseaux anglais, et la Tour de Londres s'enri-
chit des trésors de ses mines et des poëmes pour jamais perdus de ses bardes.

Ses sujets avaient pourtant pardonné à Constance
le crime du mariage qui les avait livrés à l'étranger,
car de cette union un fils était né à l'Armorique; la
jeunesse palpitait d'espérance, et les vieillards pleu-
raient d'amour à son nom. Pour échapper aux amertumes d'une sujétion impitoyable, le pays répétait
les chants du prophète qui avait promis de grandes
destinées au rejeton des rois celto-bretons; il attendait avec confiance la prochaine victoire de l'hermine
sur le léopard. Vain espoir, promesse mensongère!
Merlin n'avait sans doute prédit au nouvel Arthur que
l'immortalité dispensée par le malheur et par le génie;
le plus grand poëte de l'Angleterre devait un jour

couronner de fleurs le front de la blanche victime que l'Océan engloutit avec les dernières espérances du peuple qui croyait en lui[1].

Pour se soustraire aux machinations de Jean sans Terre, son oncle, le jeune Arthur avait mis sa personne et son duché à la discrétion de Philippe-Auguste. Une mort prématurée empêcha l'union de Henri d'Avaugour, chef de la maison de Penthièvre, avec Alix, héritière des droits de son jeune frère assassiné, de telle sorte qu'après de vains efforts pour marier cette princesse à un seigneur dans les veines duquel coulât le sang de Bretagne, il fallut choisir entre l'odieuse race encore teinte du sang d'Arthur et la famille du roi politique qui avait protégé sa jeunesse. Alix accepta donc pour époux un prince de la maison de France, et Pierre de Dreux, comte de Braisne, arrière-petit-fils de Louis le Gros, vint régner sur la Bretagne.

Ce choix ne répondit à aucune des espérances qui l'avaient provoqué. En mettant à sa tête un Capétien, la Bretagne avait voulu échapper à la dynastie anglo-normande; mais Pierre de Dreux était à peine installé dans son duché qu'il traitait avec Henri III, et que, non content de faire hommage de la Bretagne à un Plantagenet, il déclarait le reconnaître pour roi de France[1]. De son côté, Louis VIII avait espéré ren-

1. Shakspeare's *King John*.
1. On peut du moins l'inférer du texte de la lettre adressée

contrer un allié et un soutien dans un prince de son
sang doué d'éminentes qualités politiques et militaires, et son fils n'avait pas encore commencé à régner
que le souverain de la Bretagne se faisait l'instigateur
de toutes les machinations sous lesquelles faillit succomber la régence de Blanche de Castille. Plus re-
muant qu'ambitieux, plus capable de nuire à autrui
que de se servir lui-même, Pierre de Dreux s'engagea
dans une carrière non moins agitée que stérile. Par
la nature de ses passions comme par celle de ses ha-
biletés, ce personnage semble moins appartenir à son
époque qu'à la nôtre, car lorsqu'il ne fond pas sur les
Sarrasins la lance à la main aux champs de la Pales-
tine, il est comme dépaysé dans son propre temps, où
il n'éveille aucun écho et ne provoque aucune sympathie. Odieux à ses barons, en horreur aux évêques,
Pierre Mauclerc ne tarda pas à succomber sous le
pieux génie de son siècle, et finit par désavouer toutes les tentatives à la poursuite desquelles s'était épuisée sa vie. Mais la Bretagne ne paya pas moins cher
son repentir que ses fautes, car, avant de résigner la
couronne et de la faire passer sur la tête de son fils
Jean Ier, Pierre, réconcilié avec la France, resserra
tous les liens qui unissaient son duché au chef de sa
race, et admit, chose sans exemple jusqu'alors, l'appel au parlement de Paris des arrêts rendus en certains cas par ses cours de justice. Sous Philippe le

par le roi d'Angleterre au pape. Voyez cette lettre aux *Actes
de Bretagne*, t. I, p. 898.

Bel, le duc Jean II rendit cette dépendance plus étroite
encore en acceptant, malgré les éclatantes protestations de ses sujets, le titre de pair de France, qui lui
fut conféré par lettres patentes[1]. Jean III ne se sentit
pas assez fort pour échapper au joug porté par ses
deux prédécesseurs, encore qu'au début de chaque
campagne il prît grand soin de faire constater par
acte authentique qu'il suivait le roi de France à la
guerre « à titre d'allié et point à titre de vassal[2]. »

L'attitude contrainte de ces princes, pressés entre
deux grands États, laisse deviner qu'une crise se pré-
pare dans les destinées de la Bretagne. A mesure que
la royauté française accomplit son destin et qu'elle
s'assimile les diverses parties du territoire, le duché,
roche isolée dont la mer montante bat déjà les flancs
d'écume, ne se maintient plus par ses propres forces
malgré l'indomptable vitalité du génie national; l'An-

1. Ajoutons cependant avec d'Argentré « qu'il ne se trouve
aucun endroit où les ducs de Bretaigne se soient intitulés pairs
de France... Le duc, à vrai dire, ne considéroit pas la fin des
honneurs qu'on lui offroit, les prenant en bonne part, encore
qu'eux-mêmes aperçussent assez que telles offres tendoient à
autres effets, à ce que par ce moyen l'hommage et souveraineté fussent à l'advenir plus asseurés et hors de toute controverse et altercation à cause de l'adjonction et confusion de la
pairie avec le duché, car par tel moyen l'hommage se devoit
faire de l'un et de l'autre soubs même forme et conception
unique, qui n'étoit pas peu de prévoyance pour l'avancement
des affaires du roy. » *Histoire de Bretaigne*, liv. iv, ch. 31.

2. Daru, *Histoire de Bretagne*, t. IV, p. 70.

gleterre seule peut le protéger encore contre la France, et le peuple breton en est à choisir entre deux dominations qui lui sont également odieuses. Il n'y a d'ailleurs dans la politique des princes français appelés au trône ducal de Bretagne que de très-rares révélations de l'esprit breton. Braves sur le champ de bataille, mais légers et médiocres pour la plupart, ils semblent presque toujours écrasés par les difficultés sans cesse croissantes de leur situation ; ils manquent enfin, pour y échapper, des ressources que présentent aux ducs de Bourgogne de la maison de Valois, chefs héréditaires d'une grande faction, l'audace de leurs desseins et le bonheur constant de leur fortune. Condamnés par la force des choses à une politique de bascule dont ils placent alternativement le evier à Paris et à Londres, entraînant leurs sujets dans de sanglantes querelles qui ne touchent point à l'avenir de la patrie bretonne, ces princes semblent presque toujours à la remorque des événements, et leur histoire en devient monotone au point de provoquer la lassitude, tant la Bretagne disparaît au milieu des luttes dont elle est l'occasion, la victime et le théâtre !

Tel est surtout le caractère du grand débat qui remplit l'histoire pendant la majeure partie du quatorzième siècle, débat provoqué, comme personne ne l'ignore, par la rivalité de la maison de Penthièvre et de la maison de Montfort pour la succession de Bretagne à la mort du duc Jean III, décédé sans héritier

direct. Cette querelle successoriale, où le droit demeura toujours obscur et dont l'issue resta si longtemps incertaine, constitue sans doute l'un de ces
magnifiques épisodes qui abondent dans l'histoire
de notre péninsule; mais l'on n'y saurait voir une
de ces questions nationales qui font palpiter un peuple en mettant en saillie sa physionomie et ses passions. Le nom de Du Guesclin, celui de cette grande
comtesse de Montfort, héroïne que Plutarque aurait
disputée à Froissart et que celui-ci nous représente
« chevauchant par les rues de ses villes, faisant mieux
son devoir de tête et de main qu'aucun de ses chevaliers ou hommes d'armes [1]; » les souvenirs du chêne
de Mi-Voie arrosé du sang des Trente; ces grands
coups d'épée, ces villes vaillamment défendues par
des femmes, ces haines héréditaires des Clisson que
les pères transmettent avec leur sang et les mères avec
leur lait; l'éclat d'une lutte où viennent combattre
un roi de France, un roi d'Angleterre, un prince de
Galles, un roi de Navarre, un duc de Normandie, un
duc d'Athènes, un connétable de France, conduisant
des légions sans cesse renouvelées de stipendiaires
allemands, espagnols et génois; ce long tournoi donné
dans nos landes et sur nos grèves présente à coup sûr
un spectacle d'une grandeur incomparable, mais c'est
en vain qu'on y chercherait une pensée nationale et
un intérêt breton. Une noble province est mise à sac,

---

1. *Chroniques* de sire Jean Froissart, liv. I, ch. 175.

deux générations sont décimées, sans qu'il soit possible à l'historien ni de déterminer le droit des pré-
tendants, ni de décider de quel côté incline le cœur
de ce peuple voué par la fatalité de sa position à une
destruction presque complète. La Bretagne en effet
était divisée presque également entre Charles de Blois,
époux de Jeanne de Penthièvre, neveu de Philippe de
Valois, et Jean de Montfort, candidat de l'Angleterre,
qui, malgré son origine capétienne, entretenait pour
la France des sentiments de haine profonde.

Au début de la lutte, les villes, les évêques et les
nobles prirent parti presque au hasard ; et tant qu'elle
dura, on changea si souvent de drapeau qu'il est impossible d'expliquer l'attitude des combattants par des
intérêts d'une nature politique et permanente. Toutefois, si l'un des deux concurrents représentait plus
spécialement la nationalité bretonne, c'était certainement le comte de Montfort, né dans le pays de père
et mère indigènes, et c'était celui-là même que la
haute noblesse bretonne repoussait, car l'aristocratie
baroniale demeura, jusqu'à la mort de Charles de
Blois, l'appui le plus solide du parti français. C'est
que dès cette époque les perspectives poursuivies par
quelques grandes maisons d'une importance quasi
princière liaient celles-ci à la cause du roi suzerain,
leur protecteur toujours empressé contre les ducs.
Le succès si longtemps disputé de Jean IV rendit cette
liaison plus intime encore, car la maison de Montfort, redevable à l'Angleterre de la couronne ducale,

acquitta sa dette par une soumission presque constante au gouvernement britannique, fournissant ainsi
aux hauts barons l'occasion de voiler, sous les dehors
d'un dévouement désintéressé à la France, leur opposition au pouvoir de leur seigneur immédiat.

Aussi Anglais au fond du cœur que l'avait été son
père, Jean V porta dans sa conduite l'inconstance de son
caractère, et ne changea pas moins souvent d'alliés
que de conseillers. Malgré des retours passagers vers
la France, son nom se retrouve parmi ceux de ses plus
implacables ennemis aux jours sinistres où un prince
étranger régnait à Paris avec l'appui d'une mère
dénaturée et sous le couvert d'un roi en démence.
L'influence anglaise domina donc le plus souvent à la
cour de Rennes durant la première partie du quinzième siècle, et les petits-fils de Louis le Gros ne re-
prirent les sentiments qu'il était naturel d'attendre de
leur naissance qu'après qu'une longue suite de morts
imprévues eut fait tomber la couronne ducale sur le
front du connétable dont l'héroïque épée avait achevé
l'œuvre de Jeanne d'Arc. Collatéral de la maison de
Bretagne, Arthur de Richemond avait de bonne heure
cherché fortune en France. Appelé soudainement au
trône à la mort du duc François Ier, son neveu, il déclara vouloir conserver, « pour l'honorer dans sa
vieillesse, la charge qui l'avait honoré dans sa jeunesse. » Un pareil serviteur avait droit d'être fier et
de ne rien céder de ses légitimes prérogatives. En
offrant au roi Charles VII l'assurance d'un dévoue-

ment à la France dont toute sa vie avait été le gage,
Arthur III lui refusa donc résolûment l'hommage
lige ; il ne consentit pas à déposer son épée et ne prêta
serment que pour les terres et seigneuries étrangères
à la Bretagne, maintenant l'entière liberté de son
duché et la plénitude de prérogatives souveraines que
n'avaient pu entamer, disait-il, la faiblesse et la con-
descendance de quelques-uns de ses prédécesseurs.
Cette affirmation avait d'autant plus de poids que le
droit fondamental de ce pays, de l'aveu des princes
et des sujets, frappait de nullité tout acte politique
non ratifié par l'assentiment formellement exprimé
des états, et que des protestations persistantes s'é-
taient produites au sein de la représentation nationale
contre la plupart des concessions de Pierre de Dreux
et de ses successeurs.

A l'époque sur laquelle nous allons bientôt concen-
trer notre attention, la Bretagne jouissait en effet du
gouvernement le mieux réglé de l'Europe, et c'est
dans l'attachement universel que lui portaient les diverses classes de la société que se rencontre l'explication de la longue lutte dont les dernières péripéties
ont rempli l'histoire même du dix-huitième siècle. En
s'y développant dans toute sa plénitude, l'élément
féodal n'avait été vicié dans cette contrée ; comme
on l'a vu, ni par le fait primordial de la conquête,
ni par les antipathies héréditaires que celle-ci avait
ailleurs suscitées. Les terres étaient venues s'enlacer
comme d'elles-mêmes dans le puissant réseau dont la

première maille se rattachait au trône ducal; et de la possession territoriale avait découlé, avec le devoir de s'armer à la semonce du souverain, le droit corré-latif de voter les subsides, de concourir au gouverne-ment et de distribuer la justice aux peuples. Les états, quelquefois aussi appelés parlements, avaient affecté en Bretagne, sous la première dynastie royale, des formes très-diverses; mais depuis les célèbres assises du duc Alain Fergent, tenues à l'ouverture du dou-zième siècle, l'on peut suivre, sans la perdre jamais de vue, la trace de l'action exercée par la représenta-tion nationale du duché sur tous les événements de quelque importance.

Cette représentation était la vivante image de l'état territorial lui-même. Elle se composa d'abord des hauts barons et des seigneurs bannerets, vassaux di-rects des ducs, car ce fut seulement au seizième siècle, après la réunion de la province à la France, que les états de Bretagne s'ouvrirent à l'universalité des gen-tilshommes, révolution éclatante qui attesta le triom-phe du droit personnel sur le droit de propriété. Aux barons représentants de leurs propres vassaux venaient se joindre les neuf évêques et les nombreux abbés de la province, qui, s'ils avaient pris d'abord séance à titre de feudataires terriens, finirent bientôt par for-mer dans l'état un ordre distinct qui eut le pas sur les deux autres. Dans le cours du quatorzième siècle, des faits nouveaux provoquèrent des applications logiques plus étendues de ce qu'il faudrait appeler l'idée mère

du droit public au moyen âge. S'il avait fallu le consentement des seigneurs pour imposer leurs terres et
leurs hommes, il parut naturel en effet de réclamer
celui des bourgeois afin d'imposer dans les villes les
valeurs mobilières, qui se développaient chaque jour
par les progrès de l'industrie, surtout par ceux du
commerce maritime, dont l'extension avait fait déjà
de Nantes et de Saint-Malo des cités du premier ordre.
Trente-neuf villes conquirent de la sorte le droit de
comparaître, par un ou plusieurs députés, aux grandes assises de la nation, ordinairement convoquées
par les ducs à Rennes, à Vannes, à Redon ou à Nantes.
Là, les trois ordres délibéraient en commun, quoique
l'assentiment formel de chacun d'eux fût réputé nécessaire pour constituer, en certains cas, une résolution
souveraine.

Écrire l'histoire des états de Bretagne, ce serait
donc, comme on le voit, entreprendre une tâche presque analogue à celle de l'écrivain qui exposerait l'histoire des états généraux de la monarchie française.
Toutefois il y aurait à signaler entre ces deux institutions une différence notable, et celle-ci suffirait seule
à expliquer pourquoi les assemblées délibérantes ont
si longtemps fonctionné en Bretagne avec efficacité,
tandis qu'elles ne furent malheureusement en France
que des expédients mis en œuvre dans des jours difficiles. Sous le régime des ducs, une périodicité annuelle avait fait des états un moyen habituel et un
instrument régulier de gouvernement. Si l'on excepte

Pierre Mauclerc, grand centralisateur, qui n'avait rien
de breton dans les instincts non plus que dans le sang,
aucun duc de Bretagne n'avait estimé possible de se
passer du concours de ses conseillers-nés pour lever des
impôts, déclarer la guerre, modifier l'état des terres
ou la condition des personnes, bien moins encore pour
régler les fréquentes difficultés que présentait, relativement à la succession au trône, le droit des femmes,
maintenu quelquefois jusque dans les lignes collaté-
rales. A ces intérêts généraux, objet constant de délibérations libres et mûries, venait se joindre l'exercice
ordinaire de la justice, car il appartenait aux états de
réformer par voie d'appel les jugements rendus par
toutes les juridictions seigneuriales. Longtemps les
membres des trois ordres avaient statué sur ces matières dans le cours de leurs sessions; mais le nombre
des appels se multipliant chaque jour avec celui des
contestations, des commissaires choisis entre les membres des états reçurent charge de statuer au lieu et
place de ceux-ci, et cette délégation se maintint jusqu'aux dernières années du règne du duc François II.
Ce fut en effet en 1486 qu'avec l'assentiment de l'assemblée souveraine, ce prince érigea une cour séden-
taire de justice, composée d'un président et de douze
conseillers. Cette cour, établie d'abord à Vannes, trans-
portée bientôt après à Rennes, devint, sous Henri II,
le célèbre parlement de Bretagne, étroitement asso-
cié pour la défense des institutions jurées par nos
rois aux états de la province, et dont la situation était

d'autant plus forte que, sans aspirer pour lui-même, comme le parlement de Paris, à l'exercice de droits politiques, il demeura toujours le gardien vigilant des traités qui les avaient assurés.

La Bretagne portait donc à ses antiques institutions un attachement aussi profond que légitime. Justement fière de sa liberté calme et forte, elle s'indignait dès le quinzième siècle à la pensée qu'on pût jamais songer à la soumettre au régime sous lequel les Français, tour à tour factieux ou pressurés, vivaient durant le règne orageux des princes de la maison de Valois. « Quand les Bretons connurent, nous dit l'aumônier de la duchesse Anne, écrivant peut-être dans le palais de Louis XII, que le roy de France les vouloit de fait appliquer à lui et les régir selon ses lois, lesquelles ne s'accordoient pas aux leurs, parce qu'ils avoient toujours été en liberté sous leurs princes, et ils veoient les François comme serfs chargés de maints subsides, ne voulant obtempérer à l'intention du roy, commencèrent à faire monopolle et eurent conseil ensemble de se défendre [1]. »

Ce sentiment général s'expliquait fort bien par la constitution de cette société modeste qui aurait formé l'un des états les plus heureux de l'Europe, si la lutte des deux grandes cours voisines n'avait converti en un champ de carnage la terre des saints et des fées, la douce

1. *Histoire de Bretaigne avec les chroniques des maisons de Vitré et de Laval*, par Pierre Le Baud, aumônier de la reine Anne de Bretagne, ch. 41, p. 361.

patrie des légendes et des miracles. Sans être riche,
ce pays était prospère : des traités nombreux conclus
par les ducs, depuis Jean V jusqu'à François II, qu'on
peut trouver à leur date au deuxième tome des *Actes
de Bretagne*, constatent l'importance de ses relations
maritimes, surtout celles de ses pêcheries. Des mœurs
pures et des influences salubres y comblèrent promptement les vides faits par la guerre. Quoique la bonne
moitié de sa noblesse fût demeurée sur le champ de
bataille durant la lutte des maisons de Penthièvre et
de Montfort, cette noblesse, à la fin du quinzième
siècle, était très nombreuse et se confondait dans ses
derniers rangs avec la population rurale, dont la rap-
prochaient la communauté des habitudes et la simplicité de la vie. Ne sortant de leurs manoirs que pour
paraître aux *montres* de leurs seigneurs, les nobles
bretons vivaient dans une surabondance habituelle de
denrées et une fréquente pénurie d'argent sur la
manse seigneuriale, où les colons leur fournissaient
en nature la plupart des objets fongibles. Ces colons
participaient d'ailleurs à la possession du sol, car ils
l'occupaient universellement alors à titre de domaine
congéable. L'on sait que l'effet de cet usement,
spécial à la Bretagne, est de maintenir le domainier
dans la possession indéfinie de l'immeuble qu'il ex-
ploite, tant qu'il n'a pas été remboursé à dire d'experts, par le propriétaire foncier, du prix total de ses
édifices et superfices. Un parfait accord, attesté par
les traditions comme par les chants populaires de la

Bretagne, régnait ainsi entre ces hommes, dont la main calleuse ne maniait pas moins courageusement le fer de la lance que celui de la charrue. D'un autre côté, durant le cours de cette longue histoire, une admirable fidélité rattacha presque toujours les vavasseurs aux grands vassaux, et les devoirs imposés par la hiérarchie féodale ne furent respectés nulle part aussi scrupuleusement qu'en ce pays.

Cette fidélité, très-honorable en elle-même, peut figurer pourtant à bon droit au nombre des causes qui hâtèrent l'annexion du duché à la France, encore que la noblesse bretonne tînt par le fond de ses entrailles à l'indépendance de son pays. Cette noblesse se trouvait en effet, par les prescriptions du droit féodal, contrainte de toujours répondre à l'appel des grands feudataires dont elle relevait, soit qu'il s'agît de teindre de son généreux sang les eaux du Nil ou de suivre la bannière des hauts barons dans leurs révoltes contre les ducs, révoltes dont le dernier terme, quelque soin qu'on mît à le voiler, était l'absorption de la Bretagne. Quatre ou cinq maisons, dont deux au moins faisaient remonter leur origine aux premiers rois armoricains, et que de nombreuses alliances rattachaient aux familles souveraines d'Anjou, de Lorraine, de Navarre, de Foix, d'Armagnac, souvent même au sang royal de France et d'Angleterre, avaient dans le duché, dont leurs vastes fiefs embrassaient alors la presque totalité, un patronage militaire trop considérable pour qu'il n'y devînt pas bientôt dangereux. Ces familles, déjà pourvues en France des plus hautes charges de la couronne, n'employaient plus leur suprématie féodale en Bretagne qu'à pousser leur fortune en dehors du duché, afin de s'établir sur un plus grand pied dans le royaume.

Au sein même de la maison régnante, les ducs avaient toujours à compter avec la branche de Penthièvre, dont le traité de Guérande n'avait pas supprimé les prétentions, et qui, après d'odieux guetapens contre les princes qu'elle avait solennellement reconnus, vendit traîtreusement à la France des droits qu'un siècle et demi d'impuissance n'avait pas à coup sûr rendus plus légitimes. Moins redoutables par ses visées politiques, la maison de Rohan l'était peut-être davantage par les sympathies profondes que lui valait son nom et qu'appuyait sa fortune territoriale. Fiers d'une origine royale que la science héraldique a pu contester, mais qui, du douzième au quinzième siècle, ne faisait en Bretagne doute pour personne; alliés à toutes les familles alors régnantes; neveux et beaux-frères de leurs souverains, les vicomtes de Rohan, barons de Léon et comtes de Porhoët, dont le fief principal embrassait à lui seul cent douze paroisses, se sentaient à l'étroit dans leur berceau; déjà l'une de leurs branches, celle de l'amiral de Montauban, venait de s'implanter en France, et bientôt l'aîné de leur maison allait servir avec éclat la couronne sous le nom de maréchal de Gié. La maison de Laval et de Vitré, issue d'une fille de Conan le Gros, qui disputait à celle de Rohan la préséance aux états de Bretagne, et que son alliance avec la maison de Montmorency avait dès le treizième siècle rendue très-puissante dans le royaume, suscitait au duc des embarras que ne conjurèrent pas les nombreux mariages conclus par les membres de cette famille avec les princes de la maison ducale. Cette influence devint plus redoutable encore aux derniers jours de l'indépendance bretonne, lorsque Françoise de Dinan, comtesse de Laval, gouvernante et conseillère de la jeune princesse Anne, se fut ménagé dans l'intérieur du palais une autorité sans bornes.

Les Rieux se disaient aussi seigneurs du sang de Bretagne, et prétendaient descendre d'un petit-fils d'Alain le Grand. Lorsque le duc François II monta sur le trône, ils servaient déjà le roi suzerain depuis plusieurs générations, et avaient porté deux fois le bâton de maréchal de France. L'état princier qu'ils tenaient en Bretagne ne suffisait plus à ces grands feudataires, et Paris les attirait par une invincible attraction. Cependant, entre toutes les familles dont la grandeur et l'ambition menaçaient l'autorité ducale, aucune ne lui avait été aussi fatale que celle de Clisson. Quoique son origine fût plus modeste que celle des hautes maisons baroniales dont nous venons de parler, elle l'emportait sur celles-ci par le génie politique et l'illustration militaire. Par moments serviteur, presque toujours ennemi de ses souverains, quelquefois assez puissant pour leur faire une guerre

heureuse, toujours assez fort pour les faire trembler,
possesseur de richesses mobilières à peine croyables,
maître de près du quart du sol breton [1], Olivier de
Clisson, que l'épée de connétable avait rendu Français, fut, avec et après Du Guesclin, l'un des instruments providentiels de notre grande unité nationale.
Il put travailler à cette œuvre avec un succès d'autant
plus assuré que c'était au sein même de sa patrie qu'il
avait pris son point d'appui pour détruire celle-ci.

Dans ces jours de transformation violente, les princi-
pautés provinciales qui se maintenaient encore rencontraient dans leur propre sein des obstacles semblables
à ceux qui arrêtaient dans le royaume la constitution

1. On peut consulter, sur les possessions d'Olivier de Clisson un acte rédigé par les commissaires chargés de régler les
contestations du duc de Bretagne et du connétable. Cet acte
se trouve, sous la date de novembre 1392, aux *Preuves de
l'Histoire de Bretagne* de dom Lobineau (t. II, ch. 763). Après
de longues supputations, les commissaires du duc et ceux du
connétable y constatent que le nombre total de feux existant ·
en Bretagne à cette époque n'était que de quatre-vingt-huit
mille huit cent quarante-sept, tant les guerres civiles avaient
ravagé le pays et réduit sa population ! A six habitants par
maison, ce chiffre ne représenterait en effet que cinq cent
trente-trois mille quatre-vingt-deux âmes, nombre sur lequel
Clisson comptait à lui seul plus de cent douze mille vassaux.
Pour avoir la population totale de la Bretagne à la fin du quatorze siècle, après l'effroyable guerre de la succession, il faudrait ajouter aux chiffres consignés dans cet important document
statistique celui des habitations exemptes de l'impôt du fouage,
et l'on atteindrait à peine un million d'habitants, c'est-à-dire
le tiers environ du nombre actuel.

du pouvoir monarchique ; mais les ducs de Bretagne, pour triompher de ces résistances, étaient placés dans une condition bien moins favorable que les rois, car ces rois eux-mêmes étaient les incitateurs infatigables et les soutiens peu scrupuleux de toutes les insurrections baroniales.

Successeur d'Arthur III, son oncle, mort sans postérité, le dernier duc de Bretagne, François II, commença en 1458 un règne écoulé dans les orages et terminé par une catastrophe. Comte d'Étampes du fait de son père, puîné de la maison ducale, comte de Vertus à titre d'héritier de Marguerite d'Orléans, sa mère, ce prince était plus Français que la plupart de ses prédécesseurs par les instincts et par les intérêts. Il avait l'esprit brillant, le goût des arts, des mœurs élégantes et faciles ; on le vit déployer. au début de sa carrière une activité militaire qui ne tarda pas à s'affaisser sous la double épreuve des difficultés et des plaisirs. Protégé auprès de Charles VII par les souvenirs du connétable de Richemond, son devancier, François II se trouva malheureusement bientôt en face de Louis XI, et dut lutter avec des conseillers divisés contre le politique le plus persévérant et le moins scrupuleux de son siècle. Louis XI avait porté sur le trône un plan préconçu : il voulait séparer ses grands vassaux, afin d'arriver à détruire, soit par l'intrigue, soit par la conquête, les deux duchés de Bourgogne et de Bretagne, dont l'un formait pour la féodalité encore puissante, un poste avancé vers l'Alle-

magne et l'autre vers l'Angleterre. Il tourna d'abord
ses efforts vers l'ouest ; et sous le prétexte d'un pieux
pèlerinage à Saint-Sauveur de Redon, le rusé suzerain vint en Bretagne afin d'y préparer, au milieu
des pompes dont on entoura sa réception, des machinations dont aucune n'échappa à la perspicacité
de François II. Parfaitement fixé sur les vues ulté-
rieures du roi malgré ses chaleureuses protestations
d'amitié, le duc se jeta, avec une ardeur que justifiait sa prévoyance, dans la fronde princière qui prit
le nom de *Ligue du bien public*. Cherchant alors un
premier rôle avec un empressement qui dura peu,
François vint réunir à Montlhéry une belle armée
bretonne à celle des princes, qui, dès le début de
cette étrange guerre, songeaient moins à y remporter des victoires qu'à s'y ménager des profits. « Il y
avoit là très-largement de Bretons, nous dit Comines,
et sembloit à les voir que le duc de Bretaigne fût un
très-grand seigneur, car toute la compaignie vivoit
sur ses coffres[1]. » On sait que la fronde du quinzième
siècle finit comme celle du dix-septième par une large
distribution de gouvernements, d'apanages et de
pensions, avec cette différence toutefois que Louis XI
se montra beaucoup plus soucieux que Mazarin de
reprendre ce qu'il avait abandonné, par l'excellente
raison que ce qui valait de l'argent sous Anne d'Au-

---

1. Mémoire de Philippe de Comines, année 1465, liv. I,
ch. 4.

triche représentait en 1465 de la puissance territoriale
et militaire.

Le duc de Berri, frère du roi, dont le nom avait
couvert cette trame, ayant obtenu pour sa part du
butin la Normandie, François II fut donné par les
princes confédérés comme guide à ce triste adoles-
cent. Il dut donc le suivre à Rouen, où la main invi-
sible, mais toujours présente, de Louis XI ne tarda
point à lui susciter de telles difficultés, et bientôt
après de tels périls, que force lui fut de déguerpir au
plus vite afin d'aller défendre son duché [1]. Le roi était
en effet sur le point de franchir la frontière de Bretagne ; ses agents y semaient déjà l'or et les promesses,
et les théologiens de la couronne avaient inspiré de
tels scrupules à l'évêque de Nantes sur la légitimité de

1. « Incontinent que l'entrée des ducs de Normandie et de
Bretaigne, qui étoient allés prendre la possession de la duché
de Normandie, fut faite à Rouen, ils commencèrent à avoir division ensemble quand ce fut à départir le butin, car étoient
avec eux ces chevaliers qui vouloient chacun en avoir du
meilleur endroit soy... D'autre part le duc de Bretaigne en
vouloit disposer, car c'étoit celuy qui avoit porté la plus
grande mise et les plus grands frais en toute chose. Tellement
se porta leur discord qu'il fallut que le duc de Bretaigne, pour
crainte de sa personne, se retirât au mont de Sainte-Catherine
près Rouen, et fut leur question jusque-là que les gens du dit
duc de Normandie avec ceux de la ville de Rouen furent prêts
à aller assaillir le dit duc de Bretaigne jùsques au lieu dessus
dit, et il fallut qu'il se retirât le droit chemin vers Bretaigne.
Et par cette division marcha le roy près du pays, et pouvez
penser qu'il entendoit bien et aidoit à conduire cette affaire,
car il étoit maître en cette science. » Comines, liv. i, ch. 15.

la juridiction ducale dans son ressort diocésain, que ce prélat implorait avec la plus vive ardeur l'assistance du roi suzerain pour protéger la liberté des églises bretonnes !

Dans la courte campagne terminée par le traité de Saint-Maur, François II avait acquis moins de gloire que d'expérience. Il n'hésita point à profiter de celle-ci, en usant sans scrupule, pour son propre compte, afin de sortir d'embarras, des moyens qu'il voyait si bien réussir à Louis XI. Il rompit donc avec le frère du roi, et dans une promenade militaire Louis reconquit la Normandie ; le duc renonça à toute liaison avec le comte de Charolais, devenu bientôt après duc de Bourgogne, et avec les grands confédérés, au premier rang desquels il venait de combattre. Le roi paya sans hésiter cette volte-face en abandonnant le malencontreux évêque à la vengeance de son souverain et en promettant monts et merveilles à son vassal ; mais tout à coup le duc de Berri, chassé de son apanage, « fort pauvre et désolé, nous dit Comines, de ce qu'il était privé de son intention, » imagine de se réfugier près de François II, et, par un changement dont il est fort difficile de pénétrer les motifs, celui-ci prend d'abord entre les deux frères une sorte d'attitude de médiateur pour passer bientôt vis-à-vis de la France à l'état d'hostilité. Il marche sur la Normandie, afin d'en déloger l'armée royale, forme une nouvelle et plus étroite confédération avec les ducs de Bourgogne et d'Alençon, et signe enfin une alliance avec l'Angleterre. La rapidité de ces mouvements est bientôt dépassée par la prestesse de ceux qu'il se donne incontinent après en agissant dans un sens exactement contraire. Deux mois à peine après le traité passé avec Édouard IV, lorsque, sur la pressante invitation de François II lui-même, le duc de Bourgogne vient d'entrer en France, le duc de Bretagne reprend avec Louis XI des liaisons qui la veille paraissaient impossibles; il se remet à sa merci pour la solution de toutes les difficultés pendantes, abandonne la Normandie, dont il avait conquis les places principales, et promet à son suzerain de l'assister et servir envers et contre tous ceux *qui sa personne et son royaume voudraient grever*[1]. La fureur du duc de Bourgogne, à la nouvelle d'un pareil traité, se comprend assurément beaucoup mieux que la soudaine conclusion de cet acte lui-même. « Bien marri fut-il, nous dit le sagace historien de ces tristes temps, en apprenant par le hérault nommé Bretaigne comment son maître avoit fait paix avec le roy et renoncé à toute alliance, nommément à la sienne, vu qu'il ne s'étoit mis aux champs que pour secourir le dit duc, et fut en très-grand dangier le dit hérault. »

Cependant la colère de Charles de Bourgogne fut

1. Voyez le texte du traité conclu à Ancenis le 10 septembre 1468 entre le duc de Calabre pour le roi et Guillaume Chauvin, chancelier de Bretagne, pour le duc, avec les ratifications consenties par les états du duché. — *Preuves de l'Histoire de Bretagne* de dom Morice, t. II, ch. 188 et 191.

aussi courte que l'avait été la phase politique inaugu-
rée par un caprice de François de Bretagne. L'année
suivante, le vent avait viré : Louis XI et François II
s'adressaient l'un à l'autre une menace et une injure.
Par l'intervention de Tanneguy-Duchâtel, l'un de ces
grands transfuges bretons passés au service du
royaume, le roi avait attiré à sa cour le jeune vicomte
de Rohan. C'était laisser comprendre qu'il entendait
régler à sa guise la future succession ducale.qu'on
pouvait s'attendre alors à voir prochainement s'ouvrir, car François II n'eut d'enfants que de son second
mariage et en 1477 seulement. Le chef de la maison
de Rohan faisait valoir, outre ses prétentions personnelles à ce royal héritage, les droits plus positifs de
Marie de Bretagne, sa femme, fille d'un prédécesseur
de François II. Devant la perspective de disposer
bientôt lui-même du duché objet de ses plus ardentes
convoitises, Louis XI perdit toute prudence et tout
sang-froid, car il manqua toujours à ce grand politique de demeurer maître de ses premiers mouvements.
Il accueillit donc avec éclat le jeune seigneur, et lui
fit des promesses dont Rohan ne se crut point tenu à
garder le secret.

Alarmé par la fuite de son premier sujet, François II
de son côté s'empressa de renouer avec ses confédérés de la veille, et même, paraît-il, avec l'Angleterre,
des relations que dans ce siècle sans foi il n'était pas
moins facile de reprendre que de briser. Quelque secret qu'il y pût mettre, aucun de ses mouvements ne

devait échapper à Louis XI ; ce prince imagina donc
de soumettre le grand vassal, dont il connaissait fort
bien les engagements, à une épreuve délicate. Il lui
envoya le collier de son ordre de Saint-Michel, récemment institué, dont les statuts contraignaient à jurer
sous la sanction des serments les plus terribles qu'on
était libre de toute alliance avec les ennemis du roi
fondateur. Très-peu soucieux de tenir ses promesses,
François II éprouvait pourtant d'invincibles scrupules
à joindre le parjure au mensonge : il renvoya le collier, au risque de provoquer par ce refus une déclaration de guerre qui fut en effet presque instantanée.

Cette péripétie ne devait être d'ailleurs ni beaucoup
plus sérieuse, ni beaucoup plus durable que celles qui
l'avaient précédée. Selon le programme invariablement tracé pour toute rupture avec la France, le duc
avait repris son alliance avec la Bourgogne et avec le
duc de Berri, auquel le roi son frère venait de conférer la Guienne afin de remplacer la Normandie,
réunie à la couronne. La mort trop opportune, hélas !
de ce malheureux prince, fortifiant soudainement la
politique de Louis XI par l'effroi même qu'il inspirait,
rompit les mesures fort mal concertées de la coalition
nouvelle. De plus, si mollement que se suivît la guerre
en ces jours de machinations ténébreuses, les troupes
royales faisaient sur les frontières de la Bretagne des
progrès alarmants, de telle sorte que François II, sachant d'expérience à quel prix Louis XI rachetait ceux
dont il avait besoin, bien assuré « qu'il ne les tenoit

oncques en nulle hayne pour les choses passées, » se résolut à recommencer à Senlis la comédie d'Ancenis. Il fit offrir d'abandonner une fois de plus ses alliés, et c'était une partie que ne se refusait jamais à jouer le roi de France. On signa donc un nouveau traité de perpétuelle paix, amitié et confédération, dont le texte était très-respectueux pour le seigneur suzerain, et, en échange de ces courtoisies, le roi reçut le duc « comme son bon parent et neveu en sa bonne grâce et amour, promettant de le secourir, ayder et deffendre à jamais tous ceulx qui peuvent vivre et mourir sans nul excepter[1]. »

La mémoire se lasse à suivre ces évolutions qu'on s'efforcerait presque toujours vainement d'expliquer par des motifs politiques. C'est à d'autres causes en effet qu'il faut le plus souvent les rapporter. Durant la première partie de son règne, l'esprit incertain du duc de Bretagne fut ballotté entre des influences contraires. L'action prépondérante était exercée par Antoinette de Maignelais, dame de Villequier, qui, après avoir succédé dans la faveur de Charles VII à sa tante Agnès Sorel, était venue essayer sur le voluptueux François II l'empire de sa beauté facile et de son esprit enjoué. Ennemie prononcée de Louis XI au début de sa faveur, elle avait fini par passer aux gages du roi de France, qui, avec une pension de six mille livres, lui avait octroyé l'île d'Oléron et les seigneuries de

---

1. Traité de Senlis du 9 octobre 1475. — *Preuves de l'Histoire de Bretagne* de dom Morice, t. II, ch. 287.

Montmorillon et de Chollet. La maîtresse en titre du duc de Bretagne faisait valoir auprès de celui-ci l'avantage de demeurer en paix avec son suzerain et de laisser reposer les peuples après de longues agitations. Ce système était développé plus spécieusement encore par l'un de ces aventuriers que les hasards d'une destinée toujours heureuse avaient conduit à la cour de Nantes. Odet d'Aïdie, sieur de L'Escun, gentillâtre des marches de la Gascogne et du Béarn, était « si pauvre de son estoc qu'il n'avait de sa part une seule maison pour se retirer, mais fort adextre, bon homme d'armée, très-entrant, bien parlant et hardi avec les princes et seigneurs [1]. » Après avoir été le conseiller le plus écouté du jeune frère de Louis XI, L'Escun était devenu l'un des agents secrets les plus utiles au roi ; c'était en Bretagne que celui-ci l'employait alors pour paralyser des conseils dont il connaissait fort bien la source et dont il redoutait l'effet ; et Comines, aussi respectueux que pourrait l'être un historien d'aujourd'hui pour la souplesse et pour le succès, nous a laissé, avec une sorte d'apologie du comte de Comminges, le tarif exact des services de cet homme, auquel n'allait manquer aucune grandeur [2].

1. Jaligny, *Histoire de Charles VIII.*
2. « A la fin se délibéra le roy d'avoir paix du côté de Bretaigne et de tout donner au seigneur de l'Escun, qu'il le retireroit à son service et lui ôteroit l'envie de luy pourchasser mal, pour autant qu'il n'y avoit ny sens ny vertu en Bretaigne que ce qui procédoit de lui. Un si puissant duc manié par un

Tels étaient à la cour de Bretagne les deux soutiens principaux de la faction française. Celle-ci se trouvait représentée dans le ministère ducal par le chancelier Chauvin, depuis longtemps en excellents termes avec Louis XI, et contre lequel le grand trésorier, son rival, articulait des accusations de vénalité. Le parti hostile à la France n'avait pour organe, auprès du duc, que Pierre Landais, à qui ce prince avait confié, avec la direction de ses finances le premier poste de son gouvernement. Jusqu'à l'époque où nous sommes parvenus, l'action de ce ministre avait été plus administrative que politique, car son ingérence dans les relations extérieures du duché ne se révélait guère que par des conseils, et si parfois François II embrassait les vues patriotiques de Landais avec une ardeur qu'expliquait la haine invétérée du vassal contre son suzerain, il ne tardait pas à les déserter pour suivre, sur les avis concertés de sa maîtresse et de son favori

tel homme étoit à craindre; mais qu'il eust fait avec lui et les Bretons tascheroient à vivre en paix... Pour toutes ces raisons, il dit à Soubs-Pleuville qu'il mît par escript tout ce que le seigneur de l'Escun, son maître, demandoit tant pour le duc que pour lui, ce qu'il fit, et tout lui accorda notre roy... Et furent ses demandes : quatre-vingt mille francs de pension pour le duc; pour son maître six mille francs de pension, le gouvernement de Guyenne, deux sénéchaussées, la capitainerie de l'un des châteaux de Bordeaux, la capitainerie de Blaye, des deux châteaux de Bayonne, de Dax et de Saint-Sever, vingt et quatre mille écus d'or comptans avec l'ordre du roi et la comté de Comminges. Tout fut accordé et accompli. » Liv. III, ch. 11.

L'Escun, le courant d'une politique moins chanceuse et plus tranquille. Landais représentait donc seul à la cour et dans le cabinet breton le parti qui poussait à une entente étroite avec la Bourgogne, menacée comme la Bretagne par les machinations du souverain, et qui, pour résister à la France, conseillait une allianee permanente avec l'Angleterre, seule en mesure de protéger le duché contre un monarque plus redoutable encore par son habileté que par sa puissance.

Vers l'époque où fut signé le traité de Senlis, un changement notable s'opère dans la politique, jusqu'alors incohérente, de François II. De mobile et timide qu'elle avait été, l'attitude de son gouvernement devient résolue et présque téméraire; d'une position défensive, il finit par passer vis-à-vis de la France à une offensive audacieuse : à l'embauchage des seigneurs bretons, il répond en embauchant les princes du sang royal; il cherche partout des alliances et s'efforce de s'assurer les secours de l'Angleterre, même en y provoquant des révolutions; s'armant enfin d'une sévérité que semblait désavouer la bonhomie habituelle du prince, le ministre breton frappe et poursuit sur son propre territoire les secrets complices de la France, et s'il ne parvient point à les vaincre, il les contraint du moins à se démasquer. Acculé par l'imminence du péril à des résolutions extrêmes, François II s'abandonne à un esprit plus fort et plus résolu que le sien, et Landais, qui durant quinze ans n'avait été que son principal agent financier, devient, sous le coup des périls qui le pressent, le suprême inspirateur de ce gouvernement aux abois.

Sur l'origine de Pierre Landais et les commencements de sa carrière, on ne rencontre que des indications vagues, données presque toujours par ses ennemis. Le riche dépôt de Nantes contient sans doute des liasses nombreuses étiquetées du nom de ce ministre; mais ces liasses ne paraissent comprendre que des actes publics, des comptes de finances allant de 1461 à 1485, date de la mort de Landais. Ces comptes, tenus avec une grande régularité, nous initient aux plus minutieuses dépenses ordonnancées pour la maison ducale, pour les libéralités publiques et secrètes du souverain, l'entretien de ses armées, de sa marine et des places fortes du duché; mais l'on n'y a jusqu'ici découvert aucun document qui soit de nature à nous révéler la pensée intime et personnelle de l'ordonnateur. L'on ne possède aucune des correspondances de Landais, et il n'est pas invraisemblable que ses papiers aient été détruits lors de son procès, soit par ses accusateurs, soit par lui-même.

Si Pierre Le Baud, ce bon et honnête chanoine de Vitré, de la même ville et presque du même âge que le grand trésorier, n'avait arrêté trop tôt le cours de l'histoire de Bretagne entreprise par ordre de la duchesse Anne, fille de François II, nous aurions sur la vie de son principal ministre cette vérité écrite que nous chercherons probablement toujours en vain. A défaut de Le Baud, nous rencontrons un autre con-

temporain qui ne paraît guère moins manquer de
souci pour la vérité que d'aptitude pour l'observation.
Basochien de son état, hâbleur et crédule de sa nature,
Alain Bouchart publia, très-peu d'années après la mort
de Landais, ses *Grandes Chroniques de Bretaigne,
depuis le temps du roy Brutus jusqu'à la mort du duc
François II* [1]. C'est d'après cette indigeste et frivole
compilation que dut, au seizième siècle, se former l'opinion publique sur un homme qui avait fini par le gibet
après un procès durant lequel ses adversaires seuls
avaient parlé. Un dernier malheur allait atteindre la
mémoire de Landais. En 1582, Bertrand d'Argentré
publia à Rennes cette Histoire de Bretagne, si pittoresque, si pleine de mouvement et de passion, monument parfois peu sûr dans ses appréciations, mais
d'une valeur littéraire du premier ordre, et que, durant ses luttes séculaires contre l'arbitaire ministériel,
la Bretagne a si souvent rappelé à bon droit à ses
amis comme à ses ennemis. Gentilhomme et jurisconsulte, d'Argentré poursuivit d'une haine inextin-
guible qui déborde à toutes ses pages, l'insolent ou-
vrier qui avait osé porter la main sur un chancelier
de Bretagne. Il répéta donc, en leur donnant le poids
de son autorité, toutes les accusations d'Alain Bouchart. Les bénédictins ont à leur tour répété d'Argentré, et condamné, quoique avec certains doutes et
certaines réserves, l'homme qui, « s'il eut tous les

1. L'édition dont je me sers est l'édition Goth, in-4°; Paris
1518.

vices ordinairement attachés à une naissance obscure, possédait un génie souple et profond, et trouvait dans sa politique déliée des ressources toujours prêtes, qualités ternies par une avarice sordide, par un esprit cruel et vindicatif, et surtout par un orgueil qui le rendit insupportable aux grands, qui le sacrifièrent enfin à leurs ressentiments [1]. »

La Bretagne était au plus fort de la lutte préparée, durant une longue suite de générations, entre son génie national, qui semblait l'avoir prédestinée à l'indépendance, et sa position géographique, qui lui ménageait une absorption inévitable. La réunion de cette grande province à la couronne de France était l'idée fixe et la perpétuelle obsession d'esprit de Louis XI. A la maladive passion du joueur, ce prince joignait une fécondité de ressources que ne venait décourager aucun échec ni contrarier aucun scrupule. Par la complicité assez habituelle de la fortune avec l'impudence, son bonheur avait couvert la plupart de ses fautes, et les accidents ne lui avaient pas moins profité que les crimes. Le duc de Guienne, son frère, était mort empoisonné; le duc de Bourgogne avait fini en aventurier; la maison d'Anjou s'était éteinte en lui léguant, pour prix de mille trahisons, ses droits et ses territoires : la Bretagne seule refusait encore de s'incliner devant le succès qui avait grandi

---

1. Dom Taillandier, continuateur de dom Morice, *Histoire de Bretagne*, t. II, p. 155.

la royauté et devant la terreur qu'inspirait la personne
du monarque vieillissant.

De tous les princes de ce temps, le duc François II
était le plus impropre à lutter contre le roi de France,
quoique cette lutte dût être la fatalité de sa vie. Aussi
mobile dans ses projets que Louis était persévérant
dans les siens, se laissant gouverner faute de caractère plutôt que faute d'intelligence, François n'aspirait qu'à couler une vie tranquille, et, fermant les
yeux sur l'avenir de son duché, il aurait probablement fini par ne plus pratiquer qu'une politique viagère, si, aux approches de la vieillesse, son second
mariage avec Marguerite de Foix, fille de Gaston IV,
prince de Navarre, ne lui avait enfin donné deux enfants légitimes, et si le pressentiment de leurs
épreuves n'avait redoublé son énergie à l'époque
même où celle-ci semblait devoir lui manquer. Jusqu'au commencement de 1477, date de la naissance
de la princesse Anne, sa première fille, François s'é-
tait plus inquiété d'ajourner les embarras que d'en
triompher. Appeler l'industrie, les lettres et les arts
sur une terre qui portait plus de *menhirs* que de statues, et dont le sein recélait plus de fer que d'or, plus
de granit que de marbre ; développer le commerce
par des traités avec toutes les puissances maritimes,
depuis le Portugal jusqu'à la Turquie ; fonder des
manufactures, pour donner à ses sujets des goûts
nouveaux avec des richesses nouvelles ; se construire
une élégante demeure dans la sombre enceinte du

château de ses pères ; méditer le plan d'une sépulture
dont aucun mausolée royal n'a surpassé la beauté,
tels auraient été les seuls soucis du dernier duc de
Bretagne, si pareille existence avait été permise à un
contemporain de Louis XI.

Malgré sa politique vacillante, ce long règne fut
inspiré, dans son administration intérieure, par une
seule pensée : grandir l'importance des communautés
urbaines, en même temps qu'on restreignait les juridictions seigneuriales, afin de pouvoir opposer une
bourgeoisie riche et docile à une aristocratie impérieuse[1]. Ce travail fut poursuivi par Pierre Landais,
de 1460 à 1485, avec la passion persévérante qu'inspirait à ce ministre sa haine contre les grands, et
que secondait chez François II une méfiance fort naturelle contre quelques hommes qu'il savait plus dévoués au roi de France qu'à lui-même. Mais de tels
soins ne pouvaient être que secondaires lorsque l'existence même du duché était en question, quand les
jours de la dynastie régnante étaient comptés, et que,
pour reculer l'accomplissement de l'arrêt porté contre

1. Lettres ducales du 16 mai 1466, 26 décembre 1471, 13
septembre 1473, portant remise aux bourgeois de tous droits
de vente pour les acquets faits sous la juridiction de la pré-
vôté, concession du droit de bâtir des fours et moulins, d'a-
voir des boisseaux, balances et autres mesures sans payer
aucune finance, de construire des colombiers, etc.; établissement au profit des villes d'octrois sur toutes les marchandises
y importées, octrois qui en très-peu d'années leur créèrent
des revenus considérables.

elle, il fallait lutter incessamment avec Louis XI d'efforts, de machinations et de ruses.

L'on a vu qu'après avoir repris et quitté l'alliance de son suzerain, le duc de Bretagne y était encore rentré par le traité conclu à Senlis en 1475. Cet acte solennel avait été juré sur la croix de Saint-Laud après des hésitations bien naturelles assurément chez des princes fort résolus l'un et l'autre à se parjurer à la première occasion favorable, mais en même temps fort alarmés de la redoutable vertu attribuée à certaines reliques. Dans le temps même où François II, par les conseils du chancelier Chauvin et de L'Escun, comte de Comminges, son favori, signait une nouvelle alliance avec la France en désavouant sur le salut de son âme tout projet d'alliance contraire, il autorisait son grand-trésorier à suivre avec l'Angleterre la politique constamment recommandée par celui-ci. Landais travaillait donc, avec l'ardeur que lui inspirait l'idée dominante de sa vie, à préparer avec Edouard IV une alliance offensive et défensive au moment où les états de Bretagne ratifiaient le traité passé avec la France, et où le chancelier Chauvin, toujours agréable au roi Louis, auprès duquel il avait été envoyé quatre [fois en] ambassade, allait lui en porter les ratifications.

Landais avait à sa disposition, pour négocier avec le parti alors victorieux de la rose blanche, des moyens qu'il s'était soigneusement ménagés. Le trésorier fit suivre à Londres, durant trois années et concurrem-

ment avec les négociations de Senlis, une négociation secrète qui aboutit à une promesse donnée par
Édouard IV de passer en France avec une armée d'in-.
vasion aussitôt qu'une nouvelle rupture aurait éclaté
entre François II et le roi son suzerain[1].

L'agent confidentiel de Landais dans cette affaire
était Guillaume Guéguen, secrétaire particulier du
duc, qui ne jouissait pas moins de la confiance du
prince que de celle du ministre; mais le trésorier
commit la faute de livrer le secret de son maître et le
sien à un Bas-Breton, du nom de Bromel, qu'il employait pour porter en Angleterre les lettres du duc,
et dont l'infidélité faillit provoquer une scène terrible.
« Il étoit advenu, nous dit un des historiens les mieux
informés des affaires bretonnes de ce temps, Bertrand
d'Argentré, que Bromel, ayant rencontré au passage
des ports quelqu'un du service du roy de France, il
s'estoit descouvert à luy, qui en avoit adverty le roy,
lequel estoit fort instruit à faire profit de telles adven-
tures. Il lui fist promettre grande somme de deniers
pour chacun voyage qu'il feroit, lui mettant en main
les despêches et pacquets d'une ou autre part, et par
le moyen de son agent luy faisoit assigner lieu certain à se trouver pour parler à son dict agent, lequel
aussi se trouvoit avec cent escus, qu'il bailloit à ce
porteur pour chacune lettre[2]. »

1. *Preuves de l'Histoire* de dom Morice, t. III, ch. 365, et
Daru, *Histoire de Bretagne*, t. III, p. 50.
2. *Histoire de Bretaigne*, liv. XII, p. 695.

Vingt-deux copies des lettres-missives du duc de
Bretagne et du roi d'Angleterre tombèrent ainsi entre
les mains de Louis XI. Ce prince conserva durant
près de deux années le secret le plus profond sur cette
trame, paraissant prendre fort au sérieux les affec-
tueuses protestations que continuait de lui prodiguer
le duc François; mais il se crut obligé à moins de
précautions après que la mort de Charles le Téméraire
eut mis le sceau aux miracles de sa fortune. Il était
sous les murs d'Arras lorsqu'une ambassade bretonne, conduite par le chancelier Chauvin, lui fut
annoncée. Le roi fit jeter, sitôt leur arrivée, tous les
ambassadeurs en prison, les retint plusieurs jours au
secret le plus absolu, les y laissant suivre le cours de
réflexions fort peu rassurantes. Ayant enfin admis les
envoyés en sa présence, le roi demanda au chancelier
s'il soupçonnait la cause du traitement qui venait par
son ordre de leur être infligé. « Sire, il est fort mal
aisé de la deviner ou sçavoir, s'il ne vous plaist me
la dire, sinon que on vous ayt rapporté quelque chose
de sinistre de monseigneur de Bretaigne mon maistre,
et pour ce que tout est plein de faux bruits et mauvais
rapports, je mettrai toute peine de vous esclaircir de
la vérité et vous en faire bonne preuve. »

Il avait à peine achevé, que Louis XI montrait à
Chauvin les vingt-deux lettres accusatrices, dont il
n'était pas plus facile de contester l'authenticité que
de nier la portée criminelle. Accablé par l'évidence,
le chancelier ne prit souci que de se disculper lui-

même, soin fort inutile et dont le roi s'empressa de le dispenser. « Je ne vous en charge pas, monsieur le chancelier, ni nul de vostre compagnie : je sais bien que cela se manie sans vous, on n'y appelleroit de si gens de bien comme vous estes. Cela se passe entre mon bon neveu, son thrésorier Landays, et son petit secrétaire Gueguen, qui mènent seuls cette marchandise. Mais à cette heure voyez-vous à clair que ce n'est pas à crédit que je m'en plainds, et que je l'accuse d'intelligence avecque mes ennemis contre moi et le royaulme de France? Retournez vers lui et lui reportez ces lettres, afin que il cognoisse que je sçais de ses nouvelles. »

Le chancelier ne se le fit pas dire à deux fois et partit incontinent, heureux d'en être quitte pour la peur, plus heureux encore peut-être de se trouver nanti de pièces dont la découverte pouvait porter une rude atteinte au crédit de son rival dans le conseil du duc. Mais, en se dévouant à la cause de l'alliance anglaise, Landais servait au fond l'antipathie persévérante et naturelle de son maître contre le roi de France : il n'eut donc aucune peine à se justifier de l'incident qui avait mis en défaut sa prudence habituelle. Bromel, surpris au moment où il allait repasser en Angleterre avec un nouveau paquet déjà ouvert à Cherbourg par l'agent secret du roi, fut arrêté et envoyé à Auray, où, selon les procédés sommaires de la justice de ce temps pour les crimes d'État, « il fut jetté en un sac en l'eau aux douves du château, le plus secrettement qu'on pust, affin que le roy n'en fust adverty, lequel demeuroit fortement imprimé de la mauvaise volonté du duc, qui toutefois n'avoit pas tant d'envie de mal faire que de crainte et de deffiance, chose qui le contraignoit à se garder et à se réserver des amis, quoi que ce fust[1]. »

Une défiance universelle, qui ne reculait devant aucun soupçon, était en effet le juste châtiment de ces pouvoirs pervers. Depuis la paix de Senlis jusqu'à la mort de Louis XI, l'Europe fut remplie du bruit des attentats que s'imputaient réciproquement le roi de France et le duc de Bretagne. Dans un temps où l'assassinat était un moyen ordinaire de gouvernement, de telles imputations n'étonnaient personne. Celles-ci se produisaient donc sous les formes les plus étranges, et donnaient lieu parfois aux aventures les plus comiques. Durant les longs voyages que rendait alors nécessaires la difficulté des communications, les plus humbles et les plus innocents des voyageurs couraient risque de passer pour conspirateurs, souvent même pour nécromans. Porter l'habit monastique c'était courir une mauvaise chance de plus, car c'était ordinairement sous le costume religieux et la besace sur le dos que circulaient de Bretagne en France les agents secrets des cabinets ou des grandes factions princières. Il arriva même un jour que le plus inoffensif des mortels, un marchand de bonnets de nuit, se vit

---

1. *Histoire* de Bertrand d'Argentré, édit. in-fol., p. 697.

saisi tout à coup dans l'hôtellerie en laquelle il dor-
mait profondément, et mis aux fers pour y passer,
nous dit-il, *vingt-quatre semaines et un jour* entre
la vie et la mort. Il fut en effet arrêté sous la prévention d'avoir été envoyé à Nantes par Louis XI afin d'y
empoisonner François II, en vendant à ce prince des
bonnets de nuit dont le malheureux marchand dut se
voir coiffé tour à tour en les portant une semaine
chacun [2].

François II n'avait pas obtenu du concours de l'Angleterre tout ce qu'il en avait espéré. La négociation
dont Louis XI venait de pénétrer le secret, avait bien,
il est vrai, déterminé une invasion en France ; mais
cette expédition, commencée avec des forces insuffi-
santes, était demeurée sans résultat par le manque
de parole du connétable de Saint-Pol et par l'hésitation du duc de Bourgogne. Il y avait encore moins
d'apparence de succès pour une tentative de cette nature après la mort de Charles le Téméraire ; il ne fallait donc plus demander à Édouard IV d'attaquer la
France : le point principal était de le déterminer par
un intérêt puissant à couvrir la Bretagne dans la crise
prochaine que laissait prévoir la santé chancelante de
son souverain.

Mais une phase nouvelle venait de s'ouvrir dans les
destinées de l'Europe, et Landais allait pouvoir passer
contre la monarchie française d'une attitude caute-

1. *Preuves* de dom Morice, t. III, ch. 412.

leuse à une audacieuse offensive. Le plus habile des
rois et le plus naïvement corrompu des hommes était
mort au mois d'août 1483, laissant son pays plus atteint par l'altération du caractère national qu'il n'était
fortifié par l'extension de sa puissance territoriale.
Comme la plupart des princes qui, après avoir agité le
monde, découvrent soudainement, en présence de la
mort, l'inanité de leurs œuvres, Louis XI avait, à ses
derniers moments, recommandé à son fils de ne point
suivre ses exemples. Ce fut surtout vis-à-vis de la
Bretagne qu'il prescrivit une politique de réserve et
d'abstention : « il ordonna qu'on ne prist pas de débat
en Bretaigne et qu'on laissast vivre le duc François en
paix, et sans lui donner doutes ni craintes, et à tous
les voisins semblablement de tout ce royaulme[1] ; »
mais les actes politiques ont d'inexorables conséquences qu'il n'est pas loisible de décliner à son gré.
En achetant les droits de la maison de Penthièvre,
Louis avait engagé contre la Bretagne une guerre à
mort, et ce n'était pas lorsque les chances lui devenaient plus favorables que Landais pouvait être de
son côté disposé à la suspendre.

Le conseil de Charles VIII était profondément divisé
au moment où il avait à faire face à une double réaction féodale et démocratique, résultat simultané du
gouvernement impitoyable qui avait pris aux grands
leur sang et au peuple son or. Anne de Beaujeu, la

1. Mémoires de Comines, liv. vi, ch. 12.

vraie fille de Louis XI, avait gardé, du droit de sa supériorité incontestable, un pouvoir qu'elle n'avait aucun titre légal pour exercer, car son frère, entré dans sa quatorzième année, était majeur aux termes de l'ordonnance de Charles V. Épouse d'un cadet de la maison de Bourbon, Anne avait contre elle le chef de cette branche de la famille royale, et rencontrait un ennemi encore plus redoutable dans Louis d'Orléans, premier prince du sang. La jeunesse et la bonne grâce de celui-ci ne le rendaient pas moins populaire aux halles qu'à la cour, et derrière le prince héritier présomptif de la couronne, puisque Charles VIII était encore sans enfants, se groupaient, pour réclamer réparation et vengeance, tous les chefs exaspérés de la féodalité provinciale. « Landays donc, qui avoit toutes les intelligences de ce qui se passoit dans le royaume, résolut de besogner de ce côté. Il s'adressa au duc d'Orléans, lui faisant escrire par le duc avec grandes plaintes de l'outrage qui lui avoit esté faict, et le prioit, pour l'obligation de parenté qui estoit entre eux, de vouloir faire un voyage en Bretaigne, où il mettroit peine de le recueillir comme celui auquel il mettait sa fiance [1]. »

Le duc d'Orléans s'empressa de communiquer cette lettre à Dunois, son cousin et son principal conseiller. Aussi souple diplomate que son père était grand capitaine, le comte de Dunois pénétra tout l'avantage

---

1. *Histoire* de Bertrand d'Argentré, liv. XII.

qu'aurait pour les affaires des princes mécontents une
ligue étroite avec François II, et, saisissant cette
occasion pour servir à la fois l'intérêt politique du duc
d'Orléans et son antipathie contre la malheureuse
épouse à laquelle la main de fer de Louis XI avait en-
chaîné sa destinée, il ouvrit devant le premier prince
du sang les plus séduisantes perspectives. « Le duc
de Bretaigne avoit deux filles pour tous héritiers :
Dunois commença à penser que par ce voyage il
se pourroit traiter quelque bonne chose pour le duc
d'Orléans avec le moyen de Landays, lequel l'invitoit
si privément à cette visitation. C'étoit le plus beau
mariage qui fust pour lors aux royaumes de l'Occi-
dent, et de telle amour ces deux seigneurs demeurèrent
fort espris, et de faict le jour de Pasques 1484 les
ducs d'Orléans et d'Alençon partirent secrètement de
Blois, et en peu de jours se rendirent avec petite
troupe à Nantes, où le duc François les recueillit avec
toute faveur, au point de donner permission au dict
duc d'Orléans d'entrer aux prisons et donner grâce à
quy il lui plairoit[1]. ».

M. Daru a soufflé sur le joli roman des amours du
duc d'Orléans avec Anne de Bretagne, et fort bien
établi que les entretiens passionnés auxquels nous ont
initiés, au dix-huitième siècle, l'historiographe Gar-

1. D'Argentré, *Histoire*. L'arrivée du duc d'Orléans en Bretagne et le projet de mariage alors conçu pour le prince sont
racontés avec des circonstances plus précises encore par Alain
Bouchart, *Chroniques de Bretaigne*, f. cc.

nier et l'abbé Iraïl [1] n'étaient guère de mise entre un prince de vingt-six ans et une petite fille de sept ans ; mais il n'a pas été aussi bien inspiré en niant le projet d'union encore lointaine par lequel Landais sut alors amorcer l'ambition du duc. Ce projet est établi par tous les témoignages contemporains, et se trouve authentiquement constaté dans l'acte même qui prononça quinze ans plus tard la dissolution du mariage contracté par ce prince avec Jeanne, fille de Louis XI [2]. Ce n'est pas que Landais fût résolu à laisser conclure ce mariage avec l'héritier du trône de France ; on a les plus justes motifs pour penser tout le contraire. Vers la même époque en effet, le grand trésorier nouait avec Maximilien d'Autriche, veuf depuis peu de Marie de Bourgogne, une négociation matrimoniale chaleureusement poursuivie à la cour de Nantes par le prince d'Orange, neveu de François II par sa mère, et qui fut l'un des auteurs principaux de la perte

1. « Le duc d'Orléans fut bientôt décidé par les offres de Landais. Ces idées ne flattaient que trop son ambition et son amour. Il s'imaginait être sur le point d'obtenir sa maîtresse, et d'avoir la préférence sur tant de rivaux, etc. » *Histoire de la réunion de la Bretagne à la France*, par l'abbé Iraïl, t. I, p. v.

2. « In Britannia receptus, suum animum manifestans in signum et approbationem promissorum de alio matrimonio et cum alia muliere contrahendo tractavit, et nuntium fidelem cum instructionibus ad curiam romanam pro provisione super hac obtinenda destinavit, quam idem Carolus rex, de iis certificatus, de facto impediret. » — Sentence pour la dissolution du mariage de Louis XII. — Mss. de la biblioth. du roi, collection Dupuy, n° 347.

de Landais. Pendant que ce ministre proposait au roi des Romains, pour prix d'une guerre contre la France, un mariage qui fut en effet conclu quelques années après sa mort, quoique cette union ne dût jamais être consommée, il enseignait à François II l'art, mis en pratique par le duc de Bourgogne, de se faire avec une fille cinq ou six gendres, et laissait offrir la main de la fille de son maître au fils du vicomte de Rohan, afin de détacher de la France ce redoutable seigneur. Peut-être ne décourageait-il pas non plus les espérances affichées par le sire d'Albret, une manière de bravache gascon qui, le verbe haut et le visage couperosé, parlait de ses États et de ses trésors en matamore de comédie, mais auquel madame de Laval, sa sœur utérine, gouvernante de la princesse, entendait bien assurer la main de sa royale pupille, sous peine de seconder, par le concours de sa puissante maison, la réunion du duché à la France.

C'était au milieu d'une guerre civile entreprise pour amener sa chute que Landais avait à manier ces grands intérêts, à tenir les fils multipliés de ces négociations délicates. En horreur aux hauts barons, aux yeux desquels la faveur d'un tel homme était un scandale, en lutte avec les évêques, seigneurs territoriaux de leurs cités épiscopales, dans lesquelles ils prétendaient interdire aux officiers du duc tout acte de juridiction et toute ingérence administrative, Landais n'était guère soutenu par la bourgeoisie, généralement favorable au chancelier Chauvin, son rival, et rencontrait des sympathies encore moins vives dans les masses, qui ne comprenaient point pourquoi la Bretagne s'épuisait d'hommes et d'argent dans l'intérêt de tant de princes étrangers, venus à la cour du seigneur duc afin d'y dévorer, au milieu des fêtes, la substance du pauvre peuple. Examinons avec quelque détail les éléments de l'opposition du sein de laquelle allait sortir la tempête.

Le règne de François II fut une sorte de combat permanent livré à l'épiscopat, combat durant lequel il est à remarquer que ce prince se vit presque toujours soutenu par la cour de Rome contre les prélats bretons, dont le grand moyen de résistance au gouvernement ducal était d'en appeler au métropolitain de Tours, derrière lequel ne manquait jamais de se montrer le bras séculier du roi de France. Tantôt c'était l'évêque de Léon, qui, prétendant, en vertu du droit de bris et naufrage, disposer seul d'une baleine jetée par la tempête sur son littoral, invoquait pour ce grave intérêt l'autorité de son archevêque ; tantôt c'était Maurice d'Acigné, évêque de Nantes, qui refusait aux officiers du duc le droit d'instrumenter pour une poursuite criminelle dans les murs de cette ville ; plus tard enfin, c'était Jacques d'Épinay, évêque de Rennes, qui « faisoit voir, nous dit dom Lobineau, le mauvais caractère de son esprit par de sourdes pratiques contre le gouvernement [1]. » Perdu

1. Sur les diverses contestations de Landais avec les

de mœurs, violemment soupçonné d'avoir participé dans sa jeunesse au meurtre du malheureux prince Gilles de Bretagne, l'évêque de Rennes avait été frappé plusieurs fois par les censures apostoliques. Lorsque, à la pressante sollicitation de Landais, le pape l'eut fait déposer après une procédure longue et régulière, peu de gens auraient pris le parti d'un prélat brouillon et scandaleux, s'il n'était dans la nature de toutes les oppositions de fort peu regarder au choix des instruments, et si le grand trésorier n'avait commis la faute de faire profiter sa famille des dépouilles de l'homme mort de désespoir sous le coup de sa disgrâce. L'un de ses neveux, déjà coadjuteur de Rennes, se trouva pourvu de ce grand siége, devenu vacant. Ajoutons ici qu'empressé de pousser la fortune de sa famille dans l'Église, toujours accessible aux hommes nouveaux, Landais avait fait donner, presque au sortir de l'enfance, au second fils de sa sœur, mariée à Adenet de Guibé, l'évêché de Tréguier, que ce jeune prélat échangea plus tard contre celui de Nantes, en attendant que, vingt ans après la mort de son oncle, Jules II mît le comble à sa fortune ecclésiastique en lui accordant le titre de légat et la pourpre romaine.

Landais rencontrait dans le conseil de François II des résistances non moins sérieuses qu'au dehors, et j'ai déjà indiqué l'antagonisme constant de ce minis-

évêques, voyez dom Lobineau, *Histoire de Bretagne*, t. I, liv. xviii, et dom Taillandier, continuateur de dom Morice, t. II, liv. xiv.

tre et du chancelier. Pour soutenir la lutte contre son adversaire, Chauvin trouvait dans son origine, qui le rattachait à la noblesse, et dans le concours chaleureux des gens de loi et des gens d'Eglise, car le chancelier était clerc, quoique marié, des points d'appui qui manquaient au trésorier. Que le chancelier de Bretagne eût la confiance de Louis XI, cela n'est que trop certain ; mais qu'il ait oublié ses devoirs de ministre breton au point de compter parmi les nombreux pensionnaires du roi de France, c'est là un fait qui n'est pas nettement établi pour l'histoire, quoique cette accusation ait été énergiquement maintenue par Landais dans tout le cours du procès dont le meurtre de Chauvin forma le principal, pour ne pas dire le seul chef d'accusation.

La haine effrénée portée par d'Argentré à Landais a eu pour résultat de faire à cet historien doter de toutes les vertus l'ennemi de l'homme auquel il attribuait tous les vices. En regard de ce que dit cet historien de l'austère probité du chancelier, il faut bien placer un fait qui projette quelque ombre sur le tableau. Au début de sa carrière, Chauvin avait été poursuivi comme concussionnaire, sous la double prévention d'avoir exagéré à son profit les droits du sceau, et d'avoir, durant une guerre avec l'Angleterre, vendu des saufs-conduits à des marchands anglais. Les faits n'étaient ni contestables ni contestés [1] ; mais ils ne parurent pas

1. Voyez l'information relative à cette affaire au tome II des

suffisants pour déterminer une condamnation de pé-
culat, ni même pour provoquer une disgrâce, le
souverain n'étant pas alors moins débonnaire que la
conscience publique n'était facile. De 1463, date de
cette affaire, à 1481, date de son arrestation, Chauvin
continua donc à exercer les fonctions de chancelier
de Bretagne. Tout à coup on le voit arrêté par les
archers de la garde ducale, jeté en prison et placé
sous une accusation que des commissaires sont
chargés de poursuivre, sans que ceux-ci aient jamais prononcé aucun arrêt. Cependant en l'absence
de tout jugement, dans le silence des tribunaux,
saisis d'étonnement et d'effroi, tous les biens du
chancelier sont séquestrés, y compris les lits de sa
femme et de ses enfants, à ce point que sa famille,
naguère opulente, est réduite à la plus affreuse misère
et obligée, nous disent les contemporains, de *tendre
la main aux passants*. L'on ne trouve ni dans Alain
Bouchart ni dans d'Argentré, si favorables l'un et
l'autre au chancelier, aucune sorte de renseignements
sur les faits qui lui furent alors imputés; pas un document ne paraît exister dans nos archives bretonnes
sur la procédure mystérieuse poursuivie pendant une
année par les soins de François Chrestien, créature et
ami du chancelier, contre son malheureux prédécesseur. Aucun rayon de lumière n'éclairerait donc cette

Preuves de l'Histoire de dom Lobineau, col. 1401, information
copiée sur l'original. — Archives de Nantes, arm. K, cass. A,
n° 10.

affaire, si d'Argentré, sénéchal de Rennes, admis à relever les réponses adressées par Landais au procureur général durant le cours de son procès, ne nous avait conservé celles qu'il fit à l'imputation d'avoir ordonné la mort de Guillaume Chauvin. D'après Landais, celui-ci trahissait le duc depuis plusieurs années; il divulguait au roi tous les secrets du conseil et se préparait, au moment de son arrestation, à se retirer en France, où François Chauvin, sieur de La Muce, son fils, servait depuis longtemps d'intermédiaire entre son père et Louis XI; il avait dû le faire mourir secrètement afin que le roi, auquel Chauvin en avait appelé, ne le fît pas enlever de force de sa prison [1].

Quoi qu'il en soit de la vérité de ces assertions itérativement reproduites, la mort de l'infortuné chancelier fut précédée d'une lente agonie, durant laquelle les raffinements de la haine l'emportèrent probablement sur les calculs de la politique. Traîné de prison en prison sous prétexte que le roi préparait un coup de main pour le délivrer, Chauvin fut enfin enfermé dans le château de l'Hermine, où Clisson avait aussi attendu la mort. Le gouverneur fut immédiatement changé, et deux hommes à la dévotion de Landais, installés comme lieutenants du château, reçurent l'ordre d'en finir, comme par l'effet d'une maladie natu-

---

1. *Response de Landays au premier chef d'accusation proposé par le procureur général du duc.* — D'Argentré, ch. 29, p. 727.

relle, avec ce vieillard affaibli et déjà mourant, « ne se trouvant contre luy, dit d'Argentré, que peu ou point de charge. » Ce siècle affreux n'etait pas moins fécond en matière de supplices qu'en matière de crimes. Le chancelier mourut-il de faim comme Gilles de Bretagne? fut-il empoisonné comme le frère de Louis XI, noyé comme le frère d'Édouard IV, étouffé comme les enfants de celui-ci? Les murs de sa prison auraient pu seuls le dire; mais en s'écroulant ils ont emporté leur secret. La seule chose que vit le public, ce fut « le corps descharné, pâle, défiguré et deffait, lui restant seulement la peau et les os, qui fut enterré à Vannes par quatre pauvres, aux Cordeliers, n'assistant en ce dernier office aucun de ses parents, par craincte de Landays, lequel, venu à chef de son entreprise, continuoit en toute arrogance [1]. »

Porter de tels coups, c'était provoquer de terribles vengeances et hâter l'heure d'une catastrophe préparée par l'isolement du ministre et par la haine chaque jour surexcitée de ses ennemis. Le meurtre du chancelier fut un motif spécieux pour des hommes qui avaient à peine besoin d'un prétexte, et peu de jours après la consommation du drame de Vannes, les seigneurs les plus considérables de la cour de Nantes résolurent d'enlever de force le trésorier dans la demeure même du souverain, et de porter contre lui une accusation capitale, fondée sur divers cas, entre lesquels la mort de Chauvin formait le grief principal. Parmi

1. D'Argentré.

les chefs de l'entreprise figuraient Jean de Châlons, prince d'Orange, fils d'une princesse de Bretagne, le maréchal Jean de Rieux et Louis de Rohan, seigneur de Guémené. A la suite de ces personnages venaient une trentaine de gentilshommes et plusieurs bourgeois, ennemis personnels de Landais, parmi lesquels deux neveux de Chauvin, dont l'intervention était assurément fort naturelle. Dans la journée du 7 avril 1484, les conjurés, bien pourvus d'armes cachées sous leurs vêtements, se divisèrent en deux troupes, afin de saisir le ministre soit dans son propre domicile, soit dans le palais, s'il travaillait avec le duc. L'une des bandes se dirigea donc vers sa maison de campagne et y parvint au moment où Landais se mettait à table pour souper; mais ses domestiques, surpris des allures de ces étranges visiteurs, parlementèrent assez long-temps avec eux pour donner à leur maître le temps de s'enfuir. L'invasion du château de Nantes, sans être plus heureuse, eut un effet plus étrange. Les conjurés pénétrèrent sans rencontrer de résistance jusque dans l'appartement de François II, et, s'étant prosternés devant leur souverain, ils lui déclarèrent, avec les formes respectueuses de toutes les révoltes féodales, qu'ils venaient, pleins de dévouement pour sa maison et pour lui-même, arracher d'auprès de sa personne un traître, ennemi secret de sa famille, dont il se préparait à vendre les droits à la France, chargé d'ailleurs de crimes monstrueux et en horreur à Dieu comme aux hommes.

Pendant que le timide François II s'efforçait, par des promesses et des explications évasives, de détourner la mort de la tête de son ministre, que les barons allèrent rechercher jusque dans les combles de la demeure ducale, un incident fort imprévu vint changer tout à coup la face des choses. En présence de la brusque invasion dont il ignorait la cause, le peuple nantais, voyant le château plein de tumulte et de bruit, crut qu'on en voulait à la vie du duc, et, s'ameutant de toutes les parties de la ville, il braqua contre les portes fermées par les conjurés tous les canons qui purent lui tomber sous la main, demandant avec furie la tête des seigneurs qu'il aurait peut-être secondés dans leur révolte, s'il en avait connu le motif véritable. Alarmés de ces manifestations et certains que Landais leur avait échappé, les conjurés n'eurent, pour l'instant, d'autre souci que de sortir du château par ses diverses issues secrètes.

Le duc, délivré tout à coup après de longues heures d'angoisse, s'empressa de rappeler auprès de lui son ministre, pendant que les complices du complot avorté galopaient en toute hâte vers Ancenis, place forte appartenant au maréchal de Rieux, bien munie par celui-ci de soldats, d'armes et de vivres, parce qu'elle avait été désignée d'avance pour point de retraite en cas d'échec. Ils furent bientôt rejoints dans cette ville par François de Laval, seigneur de Montafilant, par les dames de Laval et de Rieux, Gilles du Guesclin, Guillaume de Sévigné, Pierre de Villeblanche, les neveux de Maurice d'Acigné, évêque de Nantes, et par une foule d'autres gentilshommes, vassaux des trois grandes maisons placées à la tête de l'insurrection.

Ayant résolu de faire face à tous ses ennemis, présumant d'ailleurs que ceux-ci ne manqueraient pas de démasquer bientôt leurs véritables projets, Landais fit déclarer criminels de lèse-majesté tous les sujets du duc qui avaient osé pénétrer dans sa demeure avec l'intention de lui faire violence. Peu de jours après, un ordre souverain ordonna leur mise en jugement, et prescrivit au préalable, par mesure de sûreté publique, la prise et démolition immédiate de toutes leurs places et châteaux, l'abatis de leurs futaies et la mise sous séquestre de tous leurs immeubles. « Landays osa bien même, s'écrie d'Argentré, bastir une lettre de sa main, sous le nom du duc, par laquelle il déclaroit tous les chefs et capitaines qui entreroient en capitulation avec les barons et seigneurs criminels de lèse-majesté, et confisquoit leurs biens comme de trahistres. *Ce fust une forcenerie dont jamais homme n'ouït parler de telle outrecuidance*[1]. »

Cependant les hauts barons réunis dans Ancenis travaillaient avec une ardeur dépouillée d'artifices à justifier l'*outrecuidance* du ministre assez mal-appris pour appliquer à une rébellion ouverte les principes de répression alors admis par tous les États européens.

1. *Histoire* de d'Argentré, ch. 18.

« La persécution de Landais, dit dom Lobineau avec sa bonhomie ordinaire, obligea les seigneurs d'avoir recours au roi de France, ou plutôt à madame de Beaujeu, qui le gouvernait; principalement le prince d'Orange, Pierre de Villeblanche et Jean Le Bouteiller, seigneur de Maupertuis, lesquels, persuadés, ou *feignant de l'être*, qu'après la mort du duc François le duché devait appartenir au roi, en vertu de la cession faite à Louis XI par Nicole de Bretagne, traitèrent avec lui le 22 octobre à Montargis. Ces trois seigneurs, au nom de tous les autres, que Landais poussait à bout, promirent au roi par leur scellé que si le duc mourait sans enfant mâle, ils emploieraient corps, biens, alliés, amis et sujets, pour lui faire avoir la possession de la Bretagne; mais s'ils étaient excusables en quelque sorte de s'être unis ensemble pour renverser la fortune de Landais, ils ne le furent point du tout d'avoir pris le parti de disposer à leur gré de la succession du duché de Bretagne, et leur haine contre le favori les fit tomber dans une faute qui *justifiait en quelque sorte tout ce qu'il avait publié contre eux* [1]. »

Il serait difficile de tirer une conclusion plus juste de prémisses plus étranges. Si le traité de Montargis est un acte coupable, ce n'est point à coup sûr à Landais qu'il faut l'imputer; ce n'est pas même par les embarras qu'éprouvaient les barons réfugiés à An-

---

1. Dom Lobineau, *Histoire de Bretagne*, t. I, p. 742.

cenis que sa conclusion peut s'expliquer, car la régente ne mit pas un pareil prix aux secours financiers
et militaires qu'elle s'empressa de faire passer à l'insurrection bretonne. Cet acte fut l'expression très-
spontanée des sentiments entretenus depuis longtemps
par quelques seigneurs. Lorsque après le supplice de
Landais ces barons eurent reconquis la plénitude du
pouvoir à la cour ducale, le traité de Montargis demeura le programme de leur conduite politique, l'expression parfois dissimulée, mais toujours persistante,
de leurs vœux. Pendant que la nation bretonne adhé-
rait du plus profond de son cœur à la cause de la
princesse dont l'enfance avait été bercée dans les orages,
ges, pendant que sa fidèle et modeste noblesse aspirait à verser pour elle la dernière goutte de son sang,
Anne ne rencontrait à côté d'elle dans sa cour que des
calculateurs égoïstes ou des ennemis implacables.

Convaincu qu'il jouait la dernière partie de son
pays contre la France, Landais déploya dans cette
lutte suprême une habileté digne à coup sûr d'un
meilleur sort. Il mit sur pied, avec une promptitude
extraordinaire pour le temps, les ressources militaires
du duché, provoquant par des proclamations tous les
Bretons, nobles, roturiers et vilains, à joindre le duc
sans retard, afin de l'aider à détruire jusqu'en ses
fondements le *nouveau Calais* qu'avec l'aide de quelques traîtres la France édifiait alors sur les marches
de la Bretagne[1]. Les registres de la chancellerie, dé-

1. Ce sont les paroles même de Landais répondant dans son

posés aux archiyes ducales, nous ont conservé les
mandements par lesquels, dans ce pressant danger,
François II appela autour de sa personne sa milice,
qui en peu de jours lui eut fourni quatre mille hommes, la partie de sa noblesse demeurée fidèle, qui lui
apporta le secours de quinze cents lances, et les francs-
archers du pays, qui paraissent s'être élevés au chiffre
d'environ quinze mille [1]. Toutes ces troupes furent
réunies à Nantes, afin de préparer une attaque contre
Ancenis, où venaient d'entrer des forces considérables
conduites par L'Escun, le principal agent du parti
français en Bretagne, et par les sires de La Hunaudaye, de Molac et de Tyvarlen.

Cependant Landais n'était pas tellement absorbé
par ses préparatifs militaires, qu'il ne songeât à prê-

interrogatoire aux imputations du procureur-général sur le
seizième chef d'accusation, c'est-à-dire l'ordre donné par lui
de démolir les fortifications d'Ancenis. — D'Argentré, liv. xii,
p. 731.

1. Mandemens du duc pour les monstres générales du pays
afin de résister aux ennemis et traistres sujets qui le veulent
assaillir, du 1er et du 11 octobre 1484. — Mandement au procureur de Lamballe pour envoyer à l'armée 1,200 Lamballays,
affin d'assiéger Ancenis. — Mandement à Morice de La Moussaye et à Pierre Huguet afin de tenir les monstres générales
du diocèse de Rennes, 8 octobre 1484. — Mandement du duc
contre Jehan de Challons, Françoise de Dinan, Jehan de
Rieux, François de Laval, Louis de Rohan, seigneur de Guémené, Pierre du Pont, Jean de Coatmen, Pierre de Ville-
franche, etc., retirés en France et tenant Ancenis contre luy,
ordonnant de leur courir sus, 3 octobre 1484.

ter main-forte aux princes français venus sur ses instances à la cour de Bretagne. Il comprenait fort bien que la cause de ceux-ci était la cause même des ennemis de la couronne de France, et qu'en armant pour le duc d'Orléans, il armait pour la Bretagne elle-même. Déjà il avait mis à la disposition de ce prince et du comte de Dunois un corps d'archers avec deux cent cinquante lances. Peu après, une proclamation de François II annonçait à la nation française que le duc de Bretagne croyait devoir au sang royal qui coulait dans ses veines de ne pas demeurer plus long-temps insensible aux maux qui accablaient le peuple français, qu'il armait en conséquence pour seconder les généreux desseins du duc d'Orléans, son cousin, et délivrer la France du gouvernement arbitraire d'une *certaine femme* dont l'habileté et la perfidie avaient fait avorter toutes les réformes convenues à Tours l'année précédente dans la session des états généraux [1]. Ajoutant enfin aux manifestations officielles ces rumeurs et ces calomnies populaires dont il reste toujours quelque chose, Landais fit répandre par tout le royaume les bruits les plus flétrissants sur la conduite privée de madame de Beaujeu et, paraît-il, sur la naissance du roi Charles VIII [2].

1. Voyez le texte de ce long manifeste, en date du 29 janvier 1485, aux *Preuves* de dom Lobineau, t. II, ch. 1421.

2. *Mémoires sur Charles VIII*, publiés dans le tome I des *Archives curieuses de l'Histoire de France*, d'après un manuscrit de la bibliothèque de Saint-Germain-des-Prés.

Cependant le jour décisif approchait, car les armées du duc et des barons étaient sur le point d'en venir aux mains pour décider du sort de la Bretagne. Le 24 juin 1485, les troupes ducales débouchèrent de Nantes pendant que celles du vicomte de Rohan et du maréchal de Rieux sortaient elles-mêmes d'Ancenis; mais les soldats du duc avaient été dangereusement travaillés durant leur séjour à Nantes : avec une habileté que les circonstances servaient d'ailleurs, on leur avait représenté tout ce qu'il y avait d'inique et de cruel à verser le sang de ses concitoyens et de ses proches pour une cause qui était, disait-on, celle d'un seul homme. « Le Dieu des armées, s'écrie notre principal historien breton, ne permit pas qu'ils en vinssent aux mains. Il se trouva de part et d'autre des gens de bien qui surent ménager les esprits de telle sorte que des deux armées il ne s'en fit qu'une, et que la perte de Landais fut unanimement jurée de part et d'autre. La joie fut universelle [1]. »

Une telle joie était plus naturelle en France qu'en Bretagne, car à partir de ce jour-là le pouvoir de ses souverains, seul gage de son indépendance politique, n'exista plus, et l'accord soudain des troupes fidèles avec les conjurés ouvrit la période d'anarchie à laquelle, après trois ans d'angoisses, l'épée victorieuse de La Trémoille vint enfin mettre un terme. Rentrés à Nantes comme en triomphe, les chefs des deux ar-

---

1. *Histoire* de dom Lobineau, liv. xx, p. 745.

mées sommèrent le chancelier Chrestien de décerner
une prise de corps contre le trésorier, *unique auteur
de la présente guerre.* Après quelques moments d'hésitation, ce magistrat obéit à ces instances, appuyées
par des démonstrations armées et par l'imminence
d'une insurrection populaire. Landais se réfugia dans
la chambre du duc, et au moment où la foule furieuse
envahissait ce dernier asile, il se cacha, paraît-il, dans
la garde-robe du prince. Le chancelier, se jetant alors
aux genoux de François II, le supplia de sauver, par
une concession nécessaire, les jours de son ministre
et peut-être les siens. Écoutons ici le récit d'un contemporain qui dans sa jeunesse fut peut-être l'un des
acteurs de cette terrible scène : « Le duc envoya le
comte de Foix (son beau-frère) pour cuider appaiser
le peuple ; mais il fut si très pressé qu'il ne cuida jamais recouvrer la chambre du duc, et quand il y fust,
il lui dist : Monseigneur, je vous jure Dieu que j'ai-
merois mieulx être prince d'un million de sangliers
que de tel peuple que sont vos Bretons. Il vous faut
de nécessité délivrer votre trésorier, autrement nous
sommes tous en dangier. Sur ces paroles arriva en la
chambre le chancelier de Bretaigne, et dist : Mon souverain seigneur, je suis contrainct de prendre et constituer prisonnier votre trésorier Pierre Landays, et
vous plaire ce tollérer et pacifier votre peuple. —
Pourquoy, dit le duc, veut mon peuple que vous le
preniez ? Quel mal a-t-il faict ? — Monseigneur, dit le
chancelier, on luy mest sur plusieurs mauvais cas

moult scandaleux et de dangereuse conséquence.
Peut-être que c'est à tort. Quand il sera pris, le peuple cessera son émotion, et lui sera justice administrée. — Ore me promectez-vous, dist le duc, que vous ne lui ferez que justice? Et dist le chancelier : Monseigneur, sur ma foi, je vous le promets. A donc que le dict duc vint prendre par la main son trésorier Landais, et le livra, disant : Je vous le laisse et vous commande sur votre vie que ne souffriez aucun grief ou desplaisir lui estre faict hors justice. Il a été cause de vous faire chancelier, et pour ce soyez-lui ami en justice. — Monseigneur, dit le chancelier, ainsi serai-je[1]. »

La victime était livrée, l'arrêt était rendu d'avance, et les bourreaux étaient prêts. Il fallut pourtant traverser l'angoisse de ces formalités dérisoires par lesquelles la haine ajoute aux joies de la force triomphante les plaisirs plus raffinés de l'hypocrisie. Landais fut conduit à la prison du Bouffay, au milieu d'un peuple immense, calmé par la certitude d'une prochaine exécution juridique, qui poursuivait d'injures stupides le défenseur, non pas irréprochable, mais courageux, de cette nationalité bretonne dont il emportait dans sa tombe la dernière espérance.

Assuré d'une condamnation dictée d'avance, Landais avait entretenu jusqu'au dernier moment l'espérance d'y échapper par l'attachement du souverain auquel il avait voué une fidélité que le cynisme de ses

1. *Chronique* d'Alain Bouchart, liv. IV, f. CCII.

ennemis avait vainement affecté de mettre en doute. Quand il apprit qu'il était abandonné de son maître et qu'il fallait se préparer à mourir, cette sentence, nous dit Bouchart, lui parut « moult dure et cruelle. » Il demeura calme toutefois, mit ordre aux affaires de sa conscience, et sur le soir, accompagné de deux religieux auxquels il recommanda le soin de sa sépulture, il fit à pied, au milieu d'une foule immense, le long trajet qui séparait la prison du gibet. Il y monta sans émotion apparente, jetant du haut de l'échelle un regard de mépris sur le peuple breton, qui applaudissait au supplice du dernier défenseur de la cause bretonne.

Le résultat presque immédiat de la mort du grand trésorier fut, ainsi qu'il était naturel de l'attendre, un rapprochement avec la France, qui profitait de la chute du plus persévérant et du plus habile de ses ennemis. Peu de mois après, une sorte de convention fut signée à Bourges entre les ministres de Charles VIII et les trois ambassadeurs de François II, acte étrange conclu par des hommes auxquels manquaient à la fois et la liberté de leurs résolutions et le courage de les avouer. Par cet acte, qu'il faudrait qualifier de trêve plutôt que de traité, toutes les questions relatives à la succession du duché de Bretagne étaient réservées, de manière à laisser le malheureux duc mourir en paix pour que les traîtres n'eussent pas à rougir devant lui de leur trahison[1].

1. Traité de Bourges du 12 novembre 1485. *Preuves* de dom Morice, t. III, col. 485.

Mais l'entente avec la France ne pouvait être durable, quelle que fût la souple habileté des négociateurs, car d'une part la Bretagne, par l'organe de ses
états et le vœu de ses populations, persistait à reconnaître le droit héréditaire des deux filles de François II,
de l'autre le duc d'Orléans, en rébellion ouverte contre
le gouvernement de la régente, conservait dans ce
pays l'attitude et l'influence que lui avait ménagées
la hardie politique de Landais. Par un revirement
subit dont les secrets mobiles paraissent avoir échappé
aux écrivains contemporains, une nouvelle ligue
offensive et défensive contre la France fut signée,
quelques mois après le traité de Bourges, entre le
duc de Bretagne, le duc d'Orléans, le comte de Dunois, Maximilien, roi des Romains, le prince d'O-
range, agent de ce souverain à la cour de Nantes, et
enfin quelques seigneurs du parti français rentrés en
grâce après l'exécution de Landais, et qui commençaient à entrevoir plus d'avantages dans le mariage
d'Anne de Bretagne, opéré sous leur influence, que
dans une soumission pure et simple à la France après
la mort de François II. Cette ligue, nous dit d'Argentré, « portoit pour cause la défense des personnes et
biens des dames Anne et Isabel de Bretaigne ; elle
estoit formée, ajoute l'historien, de belles et grandes
liaisons, mais les chefs ne se recontrèrent pas tous
aux affaires. Ceci mit le duc en guerre avec le roi,
dont il n'avoit nul besoing, s'il eust esté bien con-
seillé ; mais la Bretaigne estoit la retraite ordinaire

des princes et puînés de France, quand ils estoient
en discord avec les roys leurs aînez, et le duc pensoit
besoigner par eux et se défendre des entreprises du
roy. Ce fut une grande cause de la ruine du pays, et
aussi de la noblesse, qui y demeura en ceste querelle. »

Les anciens confédérés d'Ancenis, signataires du
traité de Montargis, qui continuaient à maintenir la
validité de la cession faite à la France par les héritiers
de Penthièvre, estimèrent le moment favorable pour
intervenir, et promirent à Charles VIII de seconder
l'invasion française sous deux conditions : la première, que le roi ajournerait jusqu'à la mort très-prochaine du duc ses projets sur la Bretagne ; la seconde,
que les Français n'établiraient de garnison dans
aucune des forteresses appartenant aux hauts barons, qu'ils ne grèveraient pas le peuple et payeraient
scrupuleusement toutes leurs dépenses. « Le roy
accorda ces articles-là, n'ayant garde d'y faillir, car
il n'y avoit qu'à mettre le pied dedans par l'advis et
consentement des seigneurs de Bretaigne et sans résistance : aussi le roy les jura et signa de sa main.
Ce faict, incontinent après, voici venir en même
temps le seigneur de Saint-André, accompagné de
quatre cents lances et six mille hommes de pied qui
entrèrent en Bretaigne par un endroict ; le comte de
Montpensier, lieutenant du roy, par un autre ; Louis
de Bourbon, puyné du comte de Vendosme, avec un
autre nombre d'hommes ; le seigneur Louis de la Tré-

moille, vicomte de Thouars, beau-frère du comte de Montpensier, par un autre, tellement que le pays fut incontinent couvert de gens de 'guerre de par le roy. Les princes et seigneurs françois qui lors estoient auprès du duc se trouvèrent fort en peine et non sans cause, car ils n'y avoient rien pourvu, et il n'y avoit nul d'entr'eux qui n'eust grand besoing de conseil, et qui alors n'en demandast plutost que de se mesler d'en donner [1]. »

Les troupes françaises furent à peine entrées en Bretagne que leurs généraux, ignorant ou méprisant les articles signés entre le roi et les barons, s'y établirent comme en pays conquis, saccageant les campagnes, démolissant les fortifications réputées dangereuses, mettant garnison dans tous les châteaux sans s'inquiéter du nom et des sentiments personnels de leurs nobles propriétaires. Quintin, Ploërmel, Moncontour, Châteaubriand, Vannes, furent assiégés et mis à sac, et bientôt le dernier duc de Bretagne se trouva bloqué dans sa ville de Nantes, héroïquement défendue par les bourgeois et par les milices bassesbretonnes, accourues au secours de leur souverain aux abois. En présence du dédain qui leur était témoigné et du peu de cas que faisait l'armée française des conventions antérieures, les hommes de Montargis comprirent que l'avenir n'appartient jamais aux traîtres, lors même qu'ils l'ont préparé. Le ma-

1. *Histoire* de d'Argentré, liv. xii, p. 745.

réchal de Rieux écrivit au roi, qui s'avançait lui-même vers les frontières du duché, lui rappelant ce qu'il appelait leur traité, le suppliant, puisque ses généraux persistaient à le méconnaître, de retirer ses troupes de la Bretagne, qui n'avait pas mérité d'être aussi indignement ravagée. « L'envoyé du sire de Rieux, qui estoit homme advisé, fist sa charge, et remontra en particulier à la dame de Beaujeu, qui manioit les affaires du royaume, que le roy savoit bien ce qu'il avoit esté par luy promis, juré et accordé aux barons de Bretaigne, sans lequel accord jamais ils ne fussent condescendus à prester la main au roy pour faire ce qu'il avoit faict au dict pays. Mais la dame advoua ouvertement l'intention qui menoit le roy, et lui dist à trac et sans honte : « Mon ami, dictes à mon cousin le mareschal de Rieux, vostre maistre, que le roy n'a poinct de compaignon, et que, puisqu'il est entré si avant, il en veut venir à bout. » Ceste réponse descouvroit assez la volonté de ceux qui se vouloient couvrir et servir d'occasion, et que la vérité estoit qu'elle vouloit se saisir de ceste terre de Bretaigne[1]. »

Comme pour blesser les barons à l'endroict le plus sensible, la régente fit commencer le siége d'Ancenis, propriété du maréchal de Rieux, place alors considérée comme le premier boulevard de l'aristocratie baronniale dans le duché. L'instinct politique de

1. D'Argentré, p. 754.

la monarchie française se révélait partout, et avait quelque chose de si impétueux, qu'il l'emportait même sur la prudence. Emporté d'assaut, Ancenis fut incontinent rasé, d'ordre personnel du roi, nous dit d'Argentré. La place de Châteaubriand, appartenant à la maison de Laval, subit le même sort, et bientôt après la prise de Fougère et de Saint-Aubin-du-Cormier vint achever l'œuvre de la conquête et le démantèlement de la péninsule bretonne. Personne n'ignore que ce fut sous les murs de cette dernière forteresse que se livra la bataille qui décida pour jamais du sort de la Bretagne, et qui, après une lutte de six cents ans, donna raison à la géographie contre la nationalité, aux grandes armées contre les petits peuples. Le 27 juillet 1488, une masse de paysans bretons vint attaquer les Français, retranchés sous les murs de Saint-Aubin-du-Cormier. Ces recrues étaient nombreuses et braves; mais les chefs manquaient aux soldats, car les plus grands seigneurs de la Bretagne servaient dans l'armée de la Trémouille, tandis que, par un contraste étrange, l'héritier de la couronne de France se trouvait dans les rangs de l'armée bretonne. Celle-ci engagea la bataille avec la résolution de mourir plutôt qu'avec l'espérance de vaincre. Récemment réconcilié avec son souverain et avec sa patrie, le maréchal de Rieux, qui commandait les Bretons, ne leur inspirait ni estime ni confiance; et en voyant le premier prince du sang de France dans ses rangs et tant de seigneurs

bretons engagés avec l'ennemi, l'armée, torturée
d'angoisses, doutait à la fois d'elle-même, de ses
auxiliaires et de ses chefs. L'air était tout rempli de
bruits de trahisons et de mystérieux murmures, et la
nuit même qui précéda la bataille, un tumulte soudain ayant éclaté dans le camp, les Bretons furent
sur le point de se précipiter sur les tentes occupées
par le duc d'Orléans. Il fallut, pour rassurer l'armée,
que ce prince et le prince d'Orange missent pied à
terre et vinssent de leur personne combattre au milieu des fantassins, désarmant ainsi la calomnie par
leur courage, et présentant leur tête pour gage de
leur fidélité. Ce fut sous ces sinistres auspices que se
prépara la dernière journée de la Bretagne, et que son
histoire vint s'achever dans un désastre où elle aussi
perdit tout, fors l'honneur.

François II, presque en enfance, et qui, depuis la
mort de Landais, avait transmis au maréchal de
Rieux la conduite de ses affaires et la tutelle des deux
princesses ses filles, survécut à peine au coup qui
avait décidé du sort de sa famille et de sa patrie. La
Bretagne allait toutefois subir encore les horreurs de
trois années d'angoisse et d'anarchie. Des rochers du
Léon, des landes de la Cornouaille, de toutes les
gorges des montagnes d'Arrhé et des Montagnes-
Noires, du fond des dernières bicoques sur lesquelles
flottait encore l'étendard semé d'hermines, partit un
long cri de désespoir et d'amour. Partout la princesse Anne fut acclamée avec ivresse, et l'on vit cette

souveraine de quatorze ans, sans armée, sans villes
closes, bientôt après sans capitale, commencer à travers les fondrières et les forêts la vie errante dont les
pérégrinations périlleuses ont imprimé le cachet
d'une immortelle poésie aux châteaux et aux chaumières qui l'abritèrent pour une nuit. Anne avait
encore moins à se défendre des Français, maîtres de
presque tout son duché, que des seigneurs de sa cour,
presque tous résolus à la livrer à ses ennemis, si elle
n'acceptait pas l'époux que chacun d'eux voulait pour
elle. Une anarchie sans exemple régnait en effet dans
la cour vagabonde de la princesse, dont l'âme était
déjà à la hauteur des situations les plus terribles
comme des résolutions les plus héroïques. Chacun y
manifestait avec impudeur la prétention de disposer
de la main de sa souveraine, sous peine de traiter avec
les Français. Le vicomte de Rohan entendait faire
épouser à ses deux fils les deux filles de François II,
comme si la France, qui l'employait à ravager sa patrie, lui eût permis de régner sur elle ! Mme de Laval
exerçait contre la princesse, élevée par ses soins, une
persécution éhontée, afin de la contraindre à donner
sa main à Alain d'Albret, son frère, malgré ses cinquante ans, ses huit enfants et sa face rubiconde,
dont la fille n'avait cure, nous dit l'un des historiens
de Charles VIII[1]; enfin le maréchal de Rieux, l'un des
premiers auteurs des malheurs de son pays, penchait

1. Jaligny.

alternativement pour l'une ou l'autre de ces candidatures, pendant que la princesse, inspirée par l'instinct
de ses devoirs envers ses peuples et fidèle à ce qui
survivait encore des traditions politiques du dernier
ministre de son père, se résolvait à prendre pour protecteur et pour époux Maximilien d'Autriche, ennemi
naturel de la France, prince puissant et réputé très-
éclairé, vers lequel l'attiraient la délicatesse de ses
goûts et la culture un peu recherchée de son esprit.

Cette résolution dut être accomplie dans le plus
profond secret, car le palais de Nantes n'était plus
qu'une prison où la princesse se trouvait gardée à
vue par la félonie et par l'intrigue. Le mariage, conclu par procureur avec le roi des Romains[1], ne tarda
pas pourtant à être divulgué, et la duchesse fut
comme assiégée dans sa demeure par ses grands officiers, tandis que deux nouvelles armées françaises
pénétraient en Bretagne. Contrainte de s'enfuir pour
se dérober aux poursuites de son tuteur et de sa gouvernante, la malheureuse princesse vit se fermer devant elle les portes de ses principales villes. D'Albret
et le maréchal de Rieux la repoussèrent de Nantes,
bientôt après livrée aux Français, et Anne fut réduite
à soutenir dans les murs de Rennes un siége sans espoir. Vainement quinze cents Allemands, embarqués

---

1. Quoique ce mariage n'ait jamais été consommé, et qu'il
ait dû être annulé deux ans plus tard, on conserve aux archives
ducales quelques actes dans l'intitulé desquels la duchesse Anne
de Bretagne prend la qualification de reine des Romains.

sur la mer du Nord, furent-ils tardivement envoyés
par Maximilien pour défendre sa femme; plus vainement encore cinq ou six mille Anglais tentèrent-ils
un dernier effort afin d'arracher la Bretagne à la
France. A peine débarqués, ces auxiliaires intéressés
d'une cause perdue comprirent qu'il n'y avait plus
dans ce pays, trahi par ses défenseurs naturels, ni
gouvernement, ni armée, et que la fortune de la
France l'emportait là comme partout. « Les principaux seigneurs bretons, nous dit un grand historien,
dont les uns avoient été gagnés par le roi de France,
dont les autres estoient livrés à un aveugle esprit de
faction, avoient mis les affaires du duché dans une
telle confusion que les Anglois, ne voyant plus aucun
gouvernement ni aucun corps d'armée auxquels ils
pussent se joindre, et ne craignant pas moins leurs
alliés que leurs ennemis, prirent le parti de repasser
en Angleterre[1]. »

Tout était donc consommé; le crime avait enfanté
l'anarchie, et, selon sa destinée habituelle, l'anarchie
avait dévoré sa proie. Ce fut dans cette situation désespérée que Dieu fit son œuvre. Au moment où personne en Europe ne soupçonnait un tel projet,
Charles VIII eut la soudaine inspiration de consommer
le grand travail de sa race par l'union spontanée de
la Bretagne à la couronne. Affrontant le péril d'une
nouvelle guerre contre l'Allemagne et l'Angleterre, il

1. *Histoire de Henri VII*, par F. Bacon, œuvres com-
plètes, tome XIII, p. 165

enleva du même coup à Maximilien sa femme et lui
renvoya sa fille, à laquelle il était fiancé, et qui vivait
à Paris depuis sa plus tendre enfance. Torturée dans
ses plus intimes affections, la duchesse Anne s'inclina
sous la volonté de la Providence, et le désespoir dans
l'âme, mais le calme sur le front, la princesse la plus
lettrée de son siècle donna sa main au prince inculte
et grossier dont elle était la conquête.

Lorsque le 6 décembre 1491 la duchesse Anne
consentit enfin à épouser le roi Charles VIII dans
la chapelle du château de Langeais, son pays était
envahi, ses places étaient occupées par des garnisons
françaises, et dans sa cour l'infortunée princesse
n'avait pas moins à redouter la trahison que la violence. Sauver son honneur de souveraine en rempla-
çant sur son front, par la couronne royale, le bandeau
ducal, pour jamais brisé, c'était là tout ce que pouvait
faire alors la faible héritière des rois bretons. La
position ne comportait pas d'exigences, et la Bretagne
n'en eut aucune. Le contrat signé le jour même de la
cérémonie religieuse impliquait le transfert pur et
simple de tous les droits de la princesse à son royal
époux, et par ordre de primogéniture, selon la loi
française, aux enfants issus de leur union, de telle
sorte que le duché, devenu partie intégrante et indi-
visible de la monarchie, devait suivre la destinée de
celle-ci. Une seule réserve était faite pour le cas où le
roi viendrait à mourir avant la reine sans laisser
d'enfants de leur mariage : dans ce cas, qui vint pré-

cisément à se produire, la reine devait reprendre en Bretagne le plein exercice de ses droits de souveraineté, mais sous l'expresse condition de vivre dans le veuvage, à moins qu'il ne lui convînt d'épouser le nouveau roi ou le plus proche héritier de celui-ci [1].

Rédigé avec la promptitude et le secret qui avaient présidé au mariage lui-même, le contrat ne stipulait d'ailleurs aucune sorte de garantie pour les sujets de la reine-duchesse.

Si le peuple breton n'avait eu que le premier contrat de mariage de la duchesse Anne à opposer aux ministres du bon plaisir et aux entreprises des hommes de cour chargés de représenter à Rennes le roi de France, un pareil rempart n'aurait donc pas été fort solide, et l'on ne voit pas comment cette province aurait pu se refuser à suivre le sort des autres; mais le cours des événements ne tarda pas à provoquer un changement sensible dans la situation respective de la Bretagne et de la France. Charles VIII étant mort subitement en 1498, après avoir perdu ses quatre enfants, décédés en bas âge, la reine de France redevint tout à coup duchesse de Bretagne aux termes de son contrat de mariage, et le duché, reposé des longues guerres qui l'avaient épuisé, délivré de l'occupation étrangère et rentré dans l'entière possession de ses ressources, se retrouva en mesure de traiter avec le royaume sur un pied d'égalité. Le mariage de

1. Contrat de mariage de Charles VIII et d'Anne de Bretagne. — *Preuves* de dom Morice, t. III, col. 715.

la reine veuve avec le successeur du feu roi était trop ardemment souhaité par Louis XII, trop conforme d'ailleurs aux intérêts politiques de ses sujets, pour que la duchesse, utilisant le changement de situation qui lui permettait de dicter des conditions à son tour, n'en fît pas profiter une ambition surexcitée par les longues épreuves de sa vie.

Brantôme a tracé de notre bonne reine Anne un tableau d'une vérité saisissante. Chacun la voit charmante sans vraie beauté, d'une suprême élégance malgré sa petite taille et l'inégalité sensible de sa marche; on la suit heure par heure en son beau château de Blois, traversant chaque matin *le perche aux Bretons* [1] pour échanger avec ses fidèles gentilshommes de longs regards de reconnaissance, édifiant chaque soir par sa conversation le cercle de ses demoiselles d'honneur, lisant du grec, bardant ses lettres de vers latins, prenant plaisir à recevoir les ambassadeurs, afin de répondre à chacun dans sa langue. On l'aime jusque dans ses fautes; on pardonne à l'exaltation de sa foi l'âpreté de ses poursuites contre les Juifs, à l'orgueil du sang son acharnement contre le maréchal de Gié, qui, né son sujet, tenta de l'empêcher de redevenir souveraine. Dans ce caractère exalté et naïf, dans ce doux entêtement, il y a je ne sais quelle grâce forte et suave à travers laquelle apparaît une pointe

1. Nom donné à une terrasse du château attenante à la chapelle.

anticipée du bel esprit de l'hôtel de Rambouillet et de l'austérité de Port-Royal.

Cette gracieuse femme n'avait pu entretenir pour Charles VIII que des sentiments où le devoir tenait plus de place que la tendresse. Il allait en être tout autrement dans une seconde union. Sans faire remonter au premier voyage du duc d'Orléans en Bretagne la romanesque histoire de ses amours, il y a tout lieu de croire que le premier prince du sang avait subi depuis longtemps le doux empire qu'Anne, sans le chercher, exerçait autour d'elle, et qu'après le décès de son époux, la reine n'eut aucun effort à faire, quoi qu'en puisse dire Brantôme, *pour fomenter encore ses anciens sentimens dans sa poitrine échauffée.* Ayant résolu de mettre à profit une passion qu'elle n'ignorait pas, elle partit pour la Bretagne sans laisser pénétrer ses véritables intentions, et réclama immédiatement, à titre de souveraine indépendante, le départ des troupes françaises. Elle munit de garnisons et de commandants sûrs toutes les places de son duché, et attendit avec confiance au château de Nantes les ouvertures du nouveau roi. Cette diplomatie, où l'amour du roi promit tout à l'ambition de la reine, marcha aussi vite que si la télégraphie électrique avait été déjà trouvée. Après quatre mois de veuvage, Anne avait pris l'engagement d'épouser Louis XII sitôt que ce prince aurait pu faire dissoudre son premier mariage, qui remontait à dix-huit années[1], et le

1. La mort de Charles VIII est du 17 avril 1498 ; l'engage-

roi, tout entier à cette douce perspective, s'inquiétant beaucoup moins que la reine-duchesse de la question politique, la laissa maîtresse de régler à son gré ce qui concernait le sort et l'avenir de cette Bretagne, qui l'avait trop bien accueilli dans ses épreuves pour qu'il lui disputât aucun avantage dans la plénitude de son bonheur.

Si le premier contrat de mariage de la duchesse avait été rédigé dans la pensée de confondre la Bretagne avec le domaine de la couronne et de soumettre les Bretons au droit commun, le second fut inspiré par une idée toute contraire. Le but que se proposèrent les négociateurs choisis par la princesse, et qu'ils atteignirent sans résistance, tant elle avait su profiter de ses avantages, fut de séparer l'administration des deux pays, et de reconstituer, à la mort des époux, l'ancien duché dans les conditions mêmes où il avait été antérieurement placé vis-à-vis de la monarchie. L'article 1er du contrat disposait en effet qu'à la mort du dernier survivant, la souveraineté de la Bretagne appartiendrait non au premier, mais au second fils issu de l'union du roi avec la duchesse, aux filles à défaut de mâles, et, à défaut d'enfants, aux héritiers collatéraux de la reine-duchesse[1]. Louis XII n'était donc qu'usufruitier du duché; il n'obtenait sa femme

___

ment d'Anne de Bretagne est du 18 août. — Voyez les *Preuves* de dom Morice, t. III, col. 794.

1. Traité de mariage entre Louis XII et Anne de Bretagne, du 7 janvier 1498. *Preuves* de dom Morice, t. III, col. 813..

qu'au prix de la plus importante province de ses États, et sa tendresse conjugale venait rendre inutile le travail de plusieurs siècles. Anne se réserva d'ailleurs l'administration de son duché, car le roi lui reconnut le droit d'y nommer à toutes les charges vacantes, dont les lettres et provisions devaient être c ellées en Bretagne même. Enfin, quelques jours après le royal hyménée, célébré à Nantes par la volonté expresse de la reine, des concessions plus importantes encore étaient faites à la province.

Un édit solennel[1] stipulait « qu'aucune loi ou constitution ne seroit faite au pays de Bretaigne, fors en la manière accoutumée par les rois et ducs. » Et, sur sa foi et parole de roi, Louis XII s'engageait « à garder ce pays en tous ses droits et libertés, à ne rien changer qu'avec le consentement des états en ses franchises, usaiges, coutumes, tant au faict de l'église, de la justice, commé chancellerie, conseil, parlement, chambre des comptes, trésorerie, etc. » Aucun impôt, sous quelque forme que ce pût être, ne pouvait être levé en Bretagne que du consentement des états; l'assentiment de ceux-ci était également nécessaire pour que la noblesse bretonne fût obligée de servir le roi à la guerre hors de la province. « Nous voulons et entendons ne tirer les nobles hors du dict pays, fors en cas de grande et extrême nécessité. » Enfin il était établi que tous les bénéfices religieux de la province seraient

[1] Voyez le texte de ces articles dans les *Preuves* de dom Morice, t. III, col. 815.

exclusivement conférés à des sujets bretons. L'ensemble de ces actes constituait manifestement une séparation administrative pour le présent, il préparait une séparation politique pour l'avenir. Si Louis XII peut et doit certainement être blâmé de les avoir consentis, ces articles ne formaient pas moins entre la province et la couronne des titres aussi sacrés que peuvent l'être toutes les conventions internationales.

L'opinion publique ne s'était guère préoccupée de ces conventions matrimoniales au moment où elles étaient signées à Nantes, parce qu'on en ignorait alors la portée précise; mais sitôt que le royaume se trouva en présence d'une application éventuelle de ce contrat, l'émotion fut générale, et malgré toute la tendresse qu'il portait à *sa Bretonne*, le bon Louis XII, obsédé de remontrances, se vit contraint de calmer les alarmes de ses fidèles sujets, justement effrayés de voir se relever le formidable boulevard à l'abri duquel l'Angleterre avait si longtemps menacé la France.

Deux filles seulement étaient nées de l'union de ce prince avec Anne de Bretagne. Claude, l'aînée d'entre elles, était donc appelée, en vertu de l'acte de 1498, à hériter du duché maternel, et le roi le reconnaissait si bien que de 1501 à 1505 il signa trois traités successifs par lesquels il promettait la main de cette princesse au jeune Charles de Luxembourg, futur héritier des maisons d'Autriche, de Bourgogne et d'Espagne, en assignant pour dot à sa fille le duché de Bretagne avec diverses autres provinces. Les états généraux se firent en 1506 les organes de l'inquiétude universelle, et le roi dut renoncer à un projet qui, s'il avait été accompli, aurait ajouté la Bretagne aux vastes domaines de Charles-Quint. Les états firent plus : dans une pensée contraire à celle qu'ils venaient de faire échouer, et afin d'assurer l'union de la Bretagne à la couronne, ils recommandèrent très-vivement le mariage de la future héritière du duché avec François, comte d'Angoulême, héritier présomptif du trône. Louis XII dut déférer à ce vœu si légitime en effet, et, bravant pour la première fois les résistances prononcées d'Anne de Bretagne, il fit célébrer, aux applaudissements de tout le royaume, les fiançailles des deux enfants royaux[1]. La reine-duchesse voyait avec une sorte de désespoir une mesure dont le but était de resserrer entre son pays et la France, le lien politique qu'elle avait fait tant d'efforts pour relâcher ; de plus, cette noble femme, qui aurait possédé toutes les vertus, nous dit Brantôme, *n'étoit le si de la vengeance*, ne pouvait se résigner à recevoir pour gendre le fils de la comtesse d'Angoulême, son implacable ennemie. Dans l'impuissance d'empêcher ce mariage, elle ne songea désormais qu'à en retarder l'accomplissement, qui n'eut lieu qu'en 1514, trois mois après la mort de la reine.

Tant que vécut la duchesse Anne, la Bretagne fut

1. Traité de mariage de François de Valois avec madame Claude de France, 26 mai 1506. — *Preuves* de dom Morice, t. III, col. 878.

comblée de ses bienfaits et de ceux de Louis XII, qui,
en oubliant les injures, n'oubliait point les services
rendus au duc d'Orléans. Cette province ne s'inquiétait donc en aucune façon du changement, très-peu
sensible d'ailleurs, introduit dans sa condition politique. Sa souveraine gouvernait, du château de Blois
aussi bien que du château de Nantes, le cher pays
qu'elle vint plusieurs fois visiter. C'est à cette période
de sa vie que remontent les excursions de la reine-duchesse, par des sentiers à peine frayés, jusqu'aux villages les plus reculés de la péninsule, ses pèlerinages
aux sanctuaires ornés par ses dons et doublement
consacrés par sa présence.

Durant l'année qui sépara la mort du roi de
celle de la reine, Louis XII, aux termes de son
contrat de mariage, conserva l'usufruit du duché.
Le 1er janvier 1515, jour du décès de ce prince,
la pleine souveraineté de la Bretagne passa aux
mains de madame Claude, devenue seule duchesse
du chef de sa mère, et cette princesse remit, trois
mois après, l'usufruit du duché au roi François Ier,
son époux, « pour en jouir son dict seigneur et mari
la vie durant de celui-ci, et être réputé et tenu vrai
duc de Bretaigne, comte de Nantes[1]. » Enfin par son
testament, probablement écrit en l'année 1524, qui
fut celle de sa mort, la reine Claude légua la propriété

_____

1. Don du duché de Bretaigne fait à vie par la reine Claude
au roi François Ier, du 22 avril 1515. — *Preuves* de dom Morice, t. III, col. 939.

du duché de Bretagne au dauphin, son fils aîné, après
en avoir attribué de nouveau l'usufruit à François Ier.

Claude avait laissé deux fils : en appelant à la succession ducale l'aîné de ces princes, héritier de la
couronne de France, elle avait dérogé dans sa disposition principale au contrat de mariage de sa mère,
qui, afin d'assurer dans l'avenir la séparation de la
Bretagne, avait attribué cette province au puîné. D'a-
près les historiens bretons, le testament de Claude
contraria beaucoup la province; toutefois les états ne
crurent devoir adresser aucune réclamation à la couronne, soit que les idées favorables à l'union eussent
depuis trente ans gagné du terrain, soit que ce généreux pays ne voulût pas aggraver les périls de la France
dans une crise où l'existence de la monarchie était en
question. C'était à l'heure de nos héroïques revers en
Italie et au plus fort de la lutte soutenue contre Charles-
Quint. Notre vieux d'Argentré, malgré ses antipathies contre la France, a enregistré avec une sorte de
patriotique orgueil le nom des guerriers bretons qui
partagèrent à Pavie la captivité de François Ier[1]. En
de pareils temps, des gentislhommes ne pouvaient en
effet arguer du droit écrit de ne pas combattre hors
des limites de la province. N'y avait-il pas d'ailleurs,
pour eux comme pour la France, *extrême nécessité*
d'honneur? La noblesse bretonne ne marchanda pas
son or plus que son sang : elle concourut pour une

---

1. *Histoire de Bretaigne*, liv. XII, ch. 69.

large part au payement de la rançon du monarque, et lorsqu'il fallut acquitter, par l'impôt du vingtième, celle des princes demeurés en otages à Madrid, elle témoigna une égale bonne volonté. Seulement, afin de constater que son concours financier était l'effet tout spontané de son dévouement, et point du tout le résultat d'une obligation qu'elle se refusait à reconnaître, il fut arrêté que les nobles et les propriétaires de terres nobles apporteraient la vingtième partie de leurs revenus au lieu qui leur serait indiqué, et qu'après avoir attesté par serment que la somme apportée représentait bien ce vingtième, ils la déposeraient eux-mêmes dans un coffre scellé ; qu'enfin le produit de cette collecte ainsi faite dans les neuf diocèses serait adressé directement au roi, sans passer par les mains d'aucun de ses agents [1]. Ainsi, sans que la couronne y perdît rien, la noblesse bretonne sauvegarda ses droits et ceux de la province.

Cependant l'urgence d'une mesure décisive apparaissait de plus en plus. Formé par de cruelles épreuves, le bon sens public demandait s'il n'était pas beaucoup plus important pour la France de conserver la Bretagne qne de poursuivre des conquêtes en Italie. La donation testamentaire faite au dauphin par la reine Claude ne garantissait point l'avenir, et n'avait pas été d'ailleurs régulièrement ratifiée par les états de la province. Le chancelier Duprat entreprit de mener à

1. *Histoire* de dom Taillandier, liv. xvii, p. 251.

bonne fin l'union définitive du duché avec la couronne, et crut possible de l'obtenir à trois conditions : se faire secrètement et à prix d'or des créatures dans les trois ordres; susciter la proposition dans le sein même des états, afin de sauvegarder leur amour-propre; enfin garantir par les plus larges stipulations les droits et les priviléges de la province, de manière qu'en perdant son autonomie politique, la Bretagne eût au moins la certitude de conserver son autonomie administrative. Le chancelier, très-propre à une négociation de ce genre, noua des rapports étroits avec le président Des Déserts, homme fort influent dans le tiers et dans la noblesse, ainsi qu'avec Pierre d'Argentré, sénéchal de Rennes, père et prédécesseur de l'historien.

Voici les très-solides arguments du père résumés par le fils avec une répugnance assez mal dissimulée : « Tant qu'il y auroit chef en Bretaigne, ne falloit espérer nulle paix; et continuant la guerre, la Bretaigne estoit un camp, et terre de frontière pour estre pillée de l'Anglois et des François et de leurs associés. Quant aux priviléges du pays et des seigneurs, il y avoit moyen de s'en mettre en sûreté en stipulant une assurance des libertés et priviléges de tous estats, et *en prendre lettres;* on disait que les princes du pays ne laissoient de lever des tailles et impositions comme l'étranger, et plus encore s'ils estoient nécessités de soutenir des guerres contre de plus puissans qu'eux; que jamais les seigneurs du pays n'avoient eu tant

d'affection aux ducs, au passé, qu'il n'y eust toujours quelqu'un d'eux qui pour ses commodités particulières ne s'adjoignist au parti du roy. Qui n'avoit
ouï ou lu cela dont la mémoire estoit encore frais-
che? Que le roy de France estoit un grand roy qui
ne souffriroit jamais cet angle de pays en repos s'il
n'en estoit seigneur irrévocable, et qu'au vrai dire
l'assurance de la paix que l'on pouvoit avoir par
l'union estoit à préférer à tout ce qu'on sçauroit dire
et opposer [1]. »

Telle était en effet la vraie morale politique à tirer
des longues annales bretonnes : la péninsule devait
appartenir à la France sous peine de devenir aux
mains de l'Angleterre une sorte de Portugal, où une
indépendance nominale aurait à peine voilé les plus
tristes réalités de la sujétion. Chaudement commentées par le président Des Déserts, ces bonnes raisons finirent par triompher aux états de Vannes. François Ier, conduisant le dauphin duc de Bretagne, était
venu de sa personne dans le duché pour avancer cette
grande affaire, et la fascination exercée par sa bonne
grâce ne contribua pas peu à l'heureuse issue de la
négociation qui assura la perpétuité de l'œuvre commencée par Charles VIII et compromise par Louis XII.
Le 4 août 1532, les trois états, étant tombés d'accord
après de longues et orageuses délibérations, présen-
tèrent au roi une requête afin d'unir à tout jamais le

1. *Histoire de Bretaigne*, liv. XII. ch. 70.

duché de Bretagne à la couronne, à la condition expresse que le roi s'engagerait *à conserver tous les droits, priviléges et libertés de la province*, et que le dauphin, entrant à Rennes comme duc de Bretagne, y prêterait le même serment. La requête des états fut acceptée par le roi dans les termes mêmes où elle lui avait été présentée, et afin de confirmer d'une manière à la fois plus éclatante et plus précise les engagements pris par la couronne, François Ier les consigna dans des lettres patentes [1].

L'édit de ce prince, se référant à tous les actes antérieurs, maintenait en pleine vigueur, sauf ce qui se rapportait à la succession ducale, tous les articles énoncés au contrat de mariage d'Anne de Bretagne avec Louis XII. La puissance législative continuait donc d'appartenir en Bretagne aux états, et la puissance judiciaire au parlement, sauf certains cas d'appel déterminés; les impôts ne pouvaient y être consentis que par les trois ordres périodiquement assemblés. Il était même certaines contributions indirectes, connues sous le nom des *billots*, exclusivement affectées à des besoins locaux spécifiés; enfin aux termes des articles consentis par Louis XII, articles que l'honneur breton interdit d'ailleurs à la noblesse d'invoquer jamais, les gentilshommes demeuraient libres de ne pas suivre le roi à la guerre au delà des

1. Voyez l'édit de François Ier et l'acte intitulé *Confirmation des priviléges de Bretagne*, août 1532. — *Preuves* de dom Morice, t. III, col. 999 et suiv.

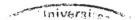

frontières, et les bénéfices ecclésiastiques de la province ne pouvaient être conférés qu'à des sujets bretons. Tel était le gouvernement que François Ier et le
chancelier Duprat promettaient solennellement à la
Bretagne au moment où ils détruisaient en France la
monarchie des états et où se fondait sur l'arbitraire et
la vénalité le régime du bon plaisir! On préparait à
Vannes une ère parlementaire, à Fontainebleau le
gouvernement de madame de Pompadour!

Le texte des articles délibérés à Vannes et consa-
crês par l'édit de François Ier était ordinairement reproduit dans l'acte final de chaque session législative.
Cet acte connu sous le nom de *Contrat des états*, recevait la signature du président des trois ordres et
celle des commissaires du roi. Ces articles constituèrent donc au pied de la lettre la charte même de la
province, la base inébranlable, quoique toujours mé-
connue, de ses persévérantes réclamations.

LES

ÉTATS DE BRETAGNE

CHAPITRE PREMIER

LA MONARCHIE FRANÇAISE EN BRETAGNE
APRÈS LA RÉUNION.

Les états de Vannes prirent une résolution sensée
lorsqu'ils demandèrent à François Ier « d'induire
par union perpétuelle icelui pays au royaume de
France, afin que jamais ne s'émût guerre, dissension
ni inimitié entre eux [1]. » Ils garantirent l'avenir
autant que cela est donné à la prudence humaine
en obtenant, pour prix d'un consentement que personne ne leur contestait alors la faculté de refuser,
l'engagement « d'entretenir et garder les droits, libertés et priviléges du pays assurés tant par chartes
que autrement. » La joie du peuple breton fut donc
naturelle lorsqu'à la suite de ces grandes transactions le jeune dauphin de France, petit-fils d'Anne de

---

1. D'Argentré, *Histoire de Bretagne*, liv. XIII, chap. 70.

Bretagne, fit une magnifique entrée à Rennes par permission du roi son père, « administrateur usufructuaire du duché en qualité de vrai duc et propriétaire du pays de Bretaigne. »

Bertrand d'Argentré avait assisté dans son enfance aux solennités qu'il se complaît à rappeler cinquante ans plus tard dans le tumulte des guerres civiles. C'est de son style le plus coloré qu'il a décrit ces pompes populaires et les pieuses cérémonies du sacre ducal depuis l'instant où le jeune prince, revêtu d'une tunique de pourpre fourrée d'hermine, entra selon l'antique usage en l'église cathédrale de Saint-Pierre « pour'y veiller tout au long la nuit jusques après matines. » Le vieil historien éprouve d'ailleurs une peine visible à se résigner à cette abdication. La postérité est plus juste qu'il n'a pu l'être lui-même envers les hommes qui la consentirent, et l'équité avec laquelle nous apprécions aujourd'hui l'œuvre de 1532 conduit à reconnaître qu'en renonçant dans l'intérêt de son repos à l'indépendance que lui avaient formellement réservée pour l'avenir les clauses du second contrat de mariage de la reine-duchesse, la Bretagne rendit à la France un service immense. Il est à peine nécessaire de dire quelles désastreuses conséquences aurait amenées pour la monarchie une pareille séparation accomplie tandis que Charles-Quint ou Philippe II dominait l'Europe. Qui ne pénètre le cours tout différent qu'aurait pu prendre l'histoire du monde moderne, si, par l'extinction de la postérité d'Anne de Bretagne, la France avait été exposée au péril de voir se relever dans la péninsule bretonne une souveraineté placée dans les conditions de vassalité où s'était trouvé le duc François II vis-à-vis de Louis XI, et si les rois de la maison de Bourbon, au lieu de s'avancer vers les Pyrénées et vers le Rhin, avaient dû recommencer sur les bords de la Loire l'œuvre des princes de la maison de Valois?

Personne n'ignorait ceci au seizième siècle. De là l'effroi général qui saisit tous les corps de l'État lorsque sous Louis XII on put craindre un moment de voir Charles de Luxembourg obtenir au préjudice du duc d'Angoulême la main de la princesse Claude, qu'Anne de Bretagne, sa mère, entendait assurer au jeune prince qui fut plus tard Charles-Quint. François Ier et le chancelier Duprat purent présenter à bon roit l'acte d'union comme leur plus grande œuvre politique. Cet acte est la principale chose qui soit restée de ce long règne théâtral. Mais ce qui était évident pour tous les contemporains du seizième siècle avait cessé de l'être pour l'âge suivant. Lorsque la royauté eut absorbé en elle tous les droits de la nation, ses serviteurs malavisés voulurent effacer un souvenir qui impliquait l'existence d'un titre antérieur au sien. Une meute d'historiens et de pamphlétaires, en tête de laquelle on regrette d'avoir à placer l'abbé de Vertot, fut gagée pour lacérer l'histoire de Bretagne de manière à restituer le bénéfice du passé à ce pouvoir sans bornes auquel allait bientôt manquer l'avenir.

Attaquée chaque jour dans ses institutions par les lettres de cachet et les arrêts du conseil, la Bretagne eut à défendre ses annales contre les plus insolentes entreprises de l'érudition salariée. Ses premiers rois furent transformés en lieutenants de Clovis, ses ducs cessèrent d'être des ennemis pour devenir des rebelles en insurrection contre leur souverain légitime. Le contrat d'union consenti par la province avec la plus entière liberté fut présenté comme un acte tout gratuit émané du bon plaisir royal, qui ne comportait aucune condition. Telle est à peu près la substance des nombreux écrits par lesquels, depuis le ministère de M. d'Argenson jusqu'à celui de M. de Maupeou, la chancellerie française répondait aux délibérations des états et aux remontrances encore plus accentuées du parlement[1].

Les conditions attachées à l'union proclamée aux états de Vannes n'ont, selon la presse officieuse de ce temps, d'autre valeur que celle d'un engagement moral spontanément pris par nos rois, car les représentants du pays n'étaient ni en droit ni en mesure de traiter avec eux. La Bretagne fut comme toutes les autres provinces du royaume un grand fief indûment détaché de la couronne durant l'anarchie féodale, fief que nos rois conservaient toujours le droit, pour ne

---

1. Voyez, entre beaucoup d'autres, les trois lettres du contrôleur général de Laverdy à M. d'Amilly, premier président, réunies sous ce titre : *Preuves de la pleine souveraineté du roi sur la province de Bretagne;* Paris 1765.

pas dire le devoir de réintégrer. Si les preuves de la conquête sont beaucoup plus rares dans cette province que dans les autres sous les deux premières races, elles suffisent cependant pour établir le droit des suzerains. D'ailleurs, en faisant monter au treizième siècle sur le trône ducal des princes issus du sang capétien, la Bretagne avait implicitement reconnu sa dépendance de la monarchie française, et s'était rattachée au trône par l'adoption d'un de ses rameaux. Le contrat de mariage de Louis XII avec la duchesse Anne fut un acte nul en soi, du moins dans les stipulations qui reconnaissent à une province le droit de se séparer du corps de la monarchie. Ce droit avait été aliéné par le premier mariage d'Anne de Bretagne avec Charles VIII, puisqu'il est de principe en matière féodale que le fief servant est absorbé et assujetti par le fief dominant, lorsqu'il lui a été un seul moment incorporé. François Ier n'avait donc à accepter aucune condition pour régler une situation fixée antérieurement, et qui ne pouvait être infirmée par des réserves contraires au droit public du royaume.

A ces subtilités empruntées à la jurisprudence féodale, il était trop facile de répondre. La souveraineté des ducs de Bretagne, que leur vassalité fût plus ou moins étroite, avait brillé d'un assez sombre éclat dans les annales de la France durant les longues guerres du quinzième siècle pour ne pouvoir plus être contestée, et rien n'était plus étrange que de voir les ministres de Louis XV nier des droits que les ministres

de François Ier, mieux placés pour les juger, avaient
authentiquement reconnus en s'attachant à les éteindre. Le contrat de mariage de 1498 avec Louis XII,
où ces droits étaient plus spécialement consacrés, stipulait qu'à la mort du roi et de la reine, « pour que
la principauté de Bretagne ne soit et ne demeure abo-
lie pour le temps à venir, il a été accordé que le second enfant mâle ou les filles à défaut des mâles qui
isseront de ce mariage seront et demeureront princes
de Bretagne pour en jouir et user comme ont coutume
de faire les ducs, en faisant par eux aux rois les rede-
vances accoutumées. » Si le vote de l'union n'était
venu changer le cours régulier des choses, à la mort
de François Ier la souveraineté de ce pays aurait donc
reposé sur la tête de la reine Claude, fille aînée d'Anne
de Bretagne ; en cas de prédécès de celle-ci, elle aurait passé sur celle de son second fils, et à défaut d'un
second héritier mâle sur celle de sa fille Marguerite,
duchesse de Savoie. Les états de Bretagne auraient
eu le droit évident de se joindre à cette princesse pour
réclamer l'exécution du contrat, dont toutes les stipulations avaient été combinées par la reine Anne de
manière à rendre dans l'avenir la séparation inévitable.
Après les descendants de la reine Claude, Renée, duchesse de Ferrare, sa sœur, était en mesure de se
présenter, et son droit n'était méconnu par aucun
contemporain. De plus les descendants de Charles de
Blois et de Jeanne de Penthièvre avaient formellement
réservé leurs prétentions, et celles-ci étaient alors

jugées assez sérieuses pour que trois ans après l'union François Ier estimât prudent, de les éteindre en les achetant[1]. Aux états de Vannes, la Bretagne céda à la couronne un droit qui n'était alors contesté par personne; ce pays put donc imposer des conditions à une cession aussi profitable à la monarchie, et celle-ci se trouvait manifestement obligée vis-à-vis des populations bretonnes par tous les principes du droit international.

L'union modifia peu le gouvernement qui régissait la Bretagne. Le duc d'Estampes, issu de la maison de Brosse-Penthièvre, gouverna prudemment ce pays sous Henri II comme sous François Ier, et les franchises bretonnes paraissent avoir été à cette époque généralement respectées. Les trois ordres étaient réunis chaque année à Rennes, à Nantes, à Vannes ou à Vitré. Cette réunion était provoquée par des lettres patentes du roi adressées au gouverneur, lettres énonçant avec le nom des commissaires royaux les questions principales sur lesquelles le monarque appelait l'attention de l'assemblée; elles indiquaient aussi le plus souvent le chiffre du don que réclamait le roi du dévouement des états, chiffre qui variait avec les circonstances politiques que ses commissaires avaient mission d'exposer. Ces lettres étaient communiquées par le gouverneur aux évêques et aux abbés formant le premier ordre, aux gentilshommes

---

1. Traité de Crémieu du 23 mars 1535.

auxquels leur naissance donnait accès aux états,
enfin aux villes et communautés formant l'ordre du
tiers.

La perte des procès-verbaux des états, dont la série
régulière ne se retrouve qu'à partir de 1567, laisse
une lacune de trente années à peu près dans les débats de ces assemblées. On peut inférer cependant du
silence de d'Argentré, gardien jaloux de tous les priviléges constitutionnels de sa patrie, que le droit capital des états, celui de voter les subsides, s'exerça
dans toute sa plénitude malgré la difficulté des temps.
Cet historien déplore souvent en effet, mais sans jamais
les condamner, les sacrifices pécuniaires que dut s'imposer la Bretagne sous les règnes de François Iᵉʳ et
Henri II, pour sauver l'intégrité du territoire français.
Tout en trouvant l'union fort lourde, il n'attaque pas
la manière dont la royauté exerçait alors sa souveraineté sur la province, qui lui apportait sans murmurer
le tribut de son or comme celui de son sang. On trouve
d'ailleurs dans les *Actes de Bretagne* divers états de
finances rédigés par les commissaires royaux, ap-
prouvés par les trois ordres, états subdivisés en nombreux chapitres, et qui contiennent des détails aussi
minutieux que pourrait le faire un budget moderne [1].

1. M. Daru a reproduit le budget de 1534, arrêté dans l'année qui suivit l'union. Il est divisé en recettes et dépenses, et
fait monter les revenus du roi, nets des charges de perception et des gages de tous les officiers royaux dans le duché, à
la somme de 450,000 liv. tournois, ce qui équivaut, d'après la

Une seule contestation sérieuse au point de vue financier paraît s'être produite durant le long règne de François Ier. Comme ce débat caractérise et l'époque et le pays, il convient d'en faire connaître le motif dans les termes mêmes où l'expose le noble jurisconsulte qui consacrait à l'histoire les rares loisirs d'une carrière toute remplie par l'étude des lois. Les extrémités auxquelles la France s'était trouvée conduite par sa lutte contre Charles-Quint déterminèrent en 1543 l'établissement d'un impôt dit des villes closes, dont le produit fut affecté à la solde de 50,000 hommes de pied. A l'incitation des membres du tiers état, le gouverneur imagina de faire concourir au payement de cet impôt, établi d'ailleurs régulièrement, quelques nobles d'ancienne extraction « sous couleur que partie d'entre eux tenaient office de judicature et les autres faisaient profession d'avocats, prétendant que de telles tailles ne pouvaient être exempts que les nobles vivant noblement et continuellement suivant les armes. Sur quoi s'étant mû procès, fut cette imposition rejetée, et déclaré que les gentilshommes exerçant état de judicature ou plaidant pour parties ne contrevenaient à l'état de noblesse et devaient jouir de tous les priviléges d'icelle, car anciennement par la coutume de Bretaigne n'était permis qu'aux nobles avoir l'administration de justice, en étant lors incapables les roturiers. Cette coutume n'était sans

valeur du marc d'argent, à 1,800,000 fr. environ de notre monnaie. *Histoire de Bretagne*, t. III, liv. IX.

raison appuyée de l'autorité des plus excellents philo-
sophes et politiques qui aient été, à savoir Aristote
en sa *Politique*, Platon dans *Alcibiade*, Boëce en sà
Consolation philosophique, lesquels n'ont voulu autres seigneurs et juges aux républiques que ceux qui
étaient de noble génération, blâmant les Lacédémo-
niens, l'État desquels fut ruiné pour avoir mis gens
non nobles et de basse condition aux gouvernements
et charges publiques, la noblesse ayant une nécessité
empreinte de ne forligner de la vertu de ses ancêtres,
étant toujours en vue d'un désir et recommandation
de· vrai honneur, combien qu'en autres états et
conditions d'honneur la vertu se fasse aussi connaître [1]. »

Dans une contrée et dans un temps où de telles
doctrines pouvaient être hautement professées, la magistrature était assurée d'acquérir honneur et influence. Lorsque par son édit de 1553 Henri II eut
définitivement constitué le parlement de Bretagne,
qui n'avait été jusqu'alors qu'une sorte de commission permanente des états, les plus vieilles races de
la province s'empressèrent d'y acheter des charges.
La distinction à peu près générale ailleurs entre la
noblesse d'épée et la noblesse de robe ne s'établit
point en Bretagne, et cette égalité de la toge avec les
armes, qui assurait à la magistrature bretonne une
haute autorité morale, explique fort bien le caractère

1. *Histoire de Bretagne*, XIII, ch. 71.

politique que prit plus tard le parlement de Rennes;
elle fait comprendre l'entente facile qui s'établit pour
la défense des droits de la province entre ce corps et
les états dans le courant du dix-huitième siècle.

Les idées développées par d'Argentré, si étranges
qu'elles soient pour nous, étaient d'ailleurs celles de
tous ses contemporains. Éguiner Baron, François
Duaren, célèbres jurisconsultes bretons de ce temps-
là, n'éprouvaient, encore qu'ils appartinssent à la
roture, aucune surprise en entendant le vieux sénéchal tenir ce langage empreint de fierté, mais exempt
d'insolence. Dans les idées qui dominaient alors, le
noble était l'homme politique complet, car lui seul
exerçait dans toute leur plénitude les trois grandes
fonctions sociales, administrer, juger et combattre.
Couvert de sa cotte de mailles ou bien assis sur son
tribunal, le gentilhomme du moyen âge était dans la
même situation que le citoyen romain, auquel le droit
antique conférait le monopole de la souveraineté nationale. Quoique en Bretagne l'accord fût certainement
plus intime que dans les autres provinces entre les
populations rurales et la classe maîtresse du sol, parce
qu'aucun souvenir de conquête ne s'élevait pour les
séparer, nulle part ailleurs la doctrine sortie du moule
féodal ne s'était produite et maintenue dans une plus
rigoureuse pureté. La manière dont les masses entendaient et acceptaient les droits du gentilhomme laisse
fort bien comprendre pourquoi les états de Bretagne
finirent par donner accès dans leur sein à quiconque

pouvait justifier de la simple qualité de noble. Le gentilhomme à l'épée de fer, qui avait quitté sa charrue pour paraître aux grandes assises de son pays, s'y montrait en vertu d'un titre égal à celui des neuf grands barons de la province, à peu près comme le pauvre citoyen de la *Suburra* arrivait au forum pour voter dans les comices entre le descendant des Jules et celui des Claudius. C'était une sorte de suffrage universel appliqué à quiconque avait obtenu l'initiation au droit politique du temps.

Si les états se montrèrent sévères gardiens de leurs prérogatives financières, ils laissèrent promptement tomber en désuétude plusieurs priviléges importants garantis à la province par Louis XII et par François Ier, soit que ces priviléges fussent manifestement incompatibles avec l'intérêt de la monarchie, soit qu'il répugnât à leur honneur de les invoquer. Au nombre des articles le plus promptement mis en oubli figure au premier rang celui qui subordonnait au consentement des états l'emploi hors de Bretagne des milices, du ban et de l'arrière-ban de la noblesse, enfin des compagnies d'hommes d'armes à la solde des seigneurs bretons. Je n'ai rencontré nulle part la trace d'une observation faite par les états relativement à la destination donnée par le roi aux forces militaires de la province, réserve d'autant plus remarquable qu'il n'est guère de session où des débats très-vifs ne se soient engagés entre les commissaires royaux et les trois ordres à propos des garnisons françaises établies dans les places fortes de la Bretagne. Le mode de casernement de ces troupes provoquait en effet des plaintes et des récriminations continuelles, et les États ne parvinrent à triompher de ces difficultés que par la création d'un fonds général d'abonnement annuel voté par l'assemblée au commencement du dix-huitième siècle. De ce silence sur les questions militaires et de ces débats fréquents sur les intérêts financiers, on peut inférer que les états n'hésitèrent point à abandonner dès l'origine à la couronne l'entière disposition de la force armée.

Indépendamment de sa part dans la défense commune, ce pays avait une obligation particulière sur laquelle on voit que l'attention des trois ordres demeure constamment attachée. Il lui fallait défendre un littoral immense, qui, durant la seconde moitié du seizième siècle, fut constamment menacé, car la France fut presque toujours en guerre à cette époque soit avec l'Espagne, soit avec l'Angleterre. La lutte contre le saint-empire et les guerres civiles qui la suivirent avaient empêché nos rois de songer à la marine ; aucun travail de défense ne protégeait les havres nombreux de la Bretagne, et ses côtes n'étaient pas moins dégarnies que ses arsenaux. C'était donc avec ses seules ressources qu'elle était contrainte de se protéger contre des débarquements dont l'imminence tenait tous les esprits en alarme, et qui s'accompli rent trois fois en vingt-cinq ans. La seule force qu'elle pût opposer aux flottes qu'on signalait journellement

à l'horizon , c'étaient quelques compagnies de
gardes-côtes formées et commandées par les gentilshommes du littoral. Cette force très-imparfaite,
puisqu'elle se réunissait au son du tocsin pour se séparer bientôt après, était de la part des états l'objet
de la plus vive sollicitude. Ce fut à en payer l'armement qu'ils affectèrent la plus grande part des
droits utiles attribués à l'amirauté de Bretagne. Pour
ne pas tarir la source de ceux-ci, ils soutinrent plus
tard une lutte fort vive contre le cardinal de Richelieu, afin que l'amirauté bretonne conservât avec
ses revenus propres et sous un chef particulier une
existence entièrement indépendante de l'amirauté
française.

La ressource véritable à l'heure des grands périls,
c'était l'élan d'une population qui, à la vue des voiles
anglaises, se sentait possédée d'une sorte de mystérieuse fureur. Du fond des landes armoricaines, des
chaumières suspendues aux flancs des rochers, sortaient des hommes à la longue chevelure, armés du
penbas, dont les coups avaient, quinze siècles auparavant, rompu plus d'une fois le carré des légions romaines : rudes combattants qui se jetaient sans ordre
aux sons gutturaux d'une langue inconnue sur l'ennemi gorgé de butin. Il faut voir quel souffle épique
digne de Froissart court dans les dernières pages de
d'Argentré, lorsqu'il dépeint le brave Kersimon taillant
en pièces à la tête de quinze mille paysans sur la plage
du Conquet, en 1559, les Anglais et les Hollandais

débarqués d'une flotte de cent voiles « pour mettre le feu à nos églises après infinité de choses scandaleuses et infâmes, puis faisant les mêmes exploits aux prochains villages et bourgades avec telle furie qu'ils se montraient sans comparaison plus désireux de sang que de butin.» Ce rempart vivant protégeait seul efficacement la sécurité du royaume sur son plus vaste littoral, et nous verrons qu'il ne cessa pas d'en être ainsi sous les règnes suivants, car les choses se passèrent en 1758 sur la grève de Saint-Cast de la même manière que sur celle du Conquet.

Bertrand d'Argentré n'apprend pas seulement l'histoire de Bretagne, il révèle la Bretagne elle-même telle qu'elle était encore lorsqu'elle se donna aux rois de France. On voit reparaître dans ses pages cette âpre contrée toute hérissée de gentilhommières fortifiées et couverte encore de forêts druidiques. Des landes marécageuses où quelques défrichements attestent la présence d'une population rare et pauvre, des villes fermées où l'industrie naissante, particulièrement celle des toiles, commence à élever des fortunes, sur la côte des champs plus fertiles venant jusque dans les flots affleurer une plage rendue plus redoutable par l'avidité des hommes que par la fureur des tempêtes, ainsi se montre ce vaste promontoire plongeant au loin dans les vapeurs de l'Océan. Peu de grandeur dans le paysage, si ce n'est lorsqu'on mesure de la cime des masses granitiques l'immensité de la mer et des cieux, peu d'art et moins encore

de richesse dans les habitations seigneuriales, à part
de rares châteaux où quelques grands personnages,
Français d'intérêts comme d'habitudes, ont fait pénétrer les merveilles de la Renaissance; mais, au-dessus
des tourelles et dominant les plus vieux chênes, des
flèches aériennes et des églises d'un style inspiré,
partout des monuments pour attester que sur cette
terre imprégnée de foi les dures réalités de la vie
touchent moins les hommes que les fortifiantes espérances de l'éternité.

La race qui habite au seizième siècle ce pays, à peu
près séparé des autres provinces du royaume, a une
physionomie singulière, car elle est forte avec les apparences de la faiblesse. Dans son travail lent, mais
assidu, dans les mélancoliques cantilènes dont elle
l'accompagne, on sent une énergie native que n'épuise
ni un régime débilitant ni l'usage pleinement accepté
des plus rigoureuses privations. Au milieu de ces la-
boureurs vivent bon nombre de gentilshommes en
parfaite entente avec eux. Dans leurs manoirs protégés par quelques fossés bourbeux, ceux-ci embras-
sent à peu près les mêmes horizons que leurs paysans,
avec lesquels ils se confondent par la communauté
des croyances et des habitudes. Nulle part ne se manifeste sur la terre celtique ni le dédain des vainqueurs
ni l'humiliation des vaincus, parce qu'aucune barrière
ne s'y révèle entre les races, si loin que le regard
plonge dans la nuit des temps. Le Français, longtemps ennemi, n'est plus, depuis le règne de la

bonne duchesse, qu'un étranger avec qui on n'entend
pas se confondre, mais que l'on ne songe plus à éloigner. Les gentilshommes, qui un siècle plus tard
entreront en foule dans les régiments formés par
Louvois, ne se rencontrent encore aux armées royales
que dans les compagnies d'ordonnance levées par les
Rohan, les Rieux, les d'Avaugour ou les Penthièvre,
ces gentilshommes demeurant plus attachés au pen-
non herminé des grands vassaux qu'à l'étendard
fleurdelisé des rois. On ne les voit pas au Louvre, car
l'ambition leur manque comme la fortune; ils vivent
sur leurs domaines, à peu près sans argent, des produits d'ailleurs abondants de leur manse seigneuriale;
ils n'aspirent pas à d'autres plaisirs que ceux de la
chasse aux loups et des joutes militaires du papegault
arrosées par des libations copieuses. Ils ne savent à
peu près rien des intérêts qui divisent les grandes
factions de cour sous les fils de Henri II; ils demeu-
rent indifférents aux sanglants débats engagés à
Paris entre les princes et les chefs de la féodalité seigneuriale, lors même que ceux-ci commencent à
prendre leur point d'appui sur les partis religieux.
C'est qu'à vrai dire rien de tout cela ne les touche
tant que la foi catholique ne paraît point directement
menacée. Patriotes résignés, ils acceptent la réunion,
mais sans en profiter pour eux-mêmes, justifiant par
leur attitude ce qu'écrivait en 1537 une spirituelle
princesse qui visitait alors en Bretagne le vicomte de
Rohan, son beau-frère : « Dans ce pays-ci, en se

montrant trop bon Français, on risque beaucoup de
passer pour un mauvais Breton[1]. »

La racine de cette nationalité si vivace, c'est la foi
catholique. Portée par des apôtres venus des îles de
Bretagne et d'Hibernie dans la péninsule armoricaine
antérieurement aux grandes migrations, elle fit passer
ce peuple de la main des druides sous celle des prêtres
chrétiens sans qu'il eût à traverser le paganisme cor-
rupteur de l'ère impériale. Dans la croyance qui
l'enfantait à une vie nouvelle se concentraient pour
cette race à l'imagination rêveuse et tendre toutes ses
aspirations des deux côtés de la tombe. Maintenir
intacte la puissance de l'Eglise qui gardait le dépôt de
sa foi, telle fut sa première pensée lorsqu'elle associa
son sort à celui de la monarchie française. Vouant à
la cour de Rome une soumission sans bornes, la Bretagne demeura *pays d'obédience* après le concor-
dat de François Ier, et ce prince n'en appliqua que
partiellement les dispositions dans cette province,
même après l'avoir réunie à la couronne. A partir du
quatorzième siècle, l'Eglise bretonne avait réclamé
des papes une protection plus spéciale dans l'espérance de résister avec leur concours à l'influence du
grand Etat voisin qui menaçait déjà l'indépendance
du pays. Les ducs n'admirent jamais les principes
de la pragmatique; et les rois, après la réunion,

1. Lettres de la princesse Marguerite de Navarre, édit. de
1845, p. 164.

durent accepter pour cette province un droit canonique différent, du moins sur plusieurs points, de celui qui prévalait dans les autres parties de leurs domaines. Les constitutions apostoliques continuèrent d'être reçues en Bretagne, il en fut ainsi des censures pontificales ; les causes spirituelles et bénéficiales ne cessèrent pas, du moins en droit, de ressortir à la cour de Rome, et celle-ci conserva longtemps le privilége de nommer à certains bénéfices lorsqu'ils venaient à vaquer durant certains mois de l'année [1]. La Bretagne resta donc comme étrangère à l'église gallicane, et les perspectives nouvelles qui s'ouvrirent à cette époque pour les autres parties de l'Europe demeurèrent fermées pour elle.

Provoquée par des abus peu sensibles en cette contrée et par une disposition d'esprit qui ne s'y révélait pas encore, la réforme en Bretagne n'eut d'action et ne fit de progrès que dans une certaine sphère. Sans avoir eu chance d'y faire jamais un nombre de prosélytes un peu considérable, le protestantisme y eut l'étrange effet de provoquer après la mort de Henri III une lutte terrible. La Bretagne dut défendre ses croyances contre les plus redoutables adversaires, car les chefs de toutes les grandes familles féodales, auxquelles ce pays avait depuis plusieurs siècles remis le soin de ses destinées, appartenaient au parti réformé. Les

1. Ogée, *Dictionnaire de Bretagne*, introduction, p.176. — *Histoire de dom Taillandier*, p. 262. — *Actes de Bretagne*, t. III, col. 1065, 1080, 1089.

maisons de Rohan, de Rieux, de Laval et celle de la Trémoïlle, qui hérita de la dernière, avaient embrassé les opinions nouvelles, et consacraient tous leurs efforts à les étendre dans leurs vastes domaines. Mais les riches barons qui avaient pu, sous Charles VIII, introduire les armées françaises au cœur de leur pays, ne parvinrent pas à étendre la doctrine nouvelle en dehors du cercle intime de leurs maisons. On peut suivre cette lutte d'un peuple contre ses chefs naturels dans le tableau non suspect qui nous en a été tracé sur des documents contemporains. Philippe Le Noir, sieur de Crévain, qui exerça le ministère pastoral en Bretagne jusqu'à la révocation de l'édit de Nantes, a rédigé, d'après des manuscrits laissés par son aïeul, une histoire des églises protestantes de ce pays depuis l'année 1557 jusqu'au milieu du règne de Henri IV[1]. Crévain n'est ni un écrivain brillant ni un esprit élevé; il a des accès de crédulité qui siéraient mieux à un moine du douzième siècle qu'à un ministre calviniste. On dirait que le protestantisme de ce pasteur breton sent le terroir; mais après tout Crévain est modéré en même temps qu'il est convaincu. Il n'est donc pas de témoin en mesure de susciter moins d'ombrage, et qui apporte de meilleurs titres pour être cru.

Son récit, dénué de talent sans l'être d'originalité,

---

1. *Histoire ecclésiastique de Bretagne depuis la réformation*, par Philippe Le Noir sieur de Crévain, manuscrit de la bibliothèque de Rennes, publiée par B. Vaurigaud, pasteur de l'église réformée de Nantes, in-8°; Paris, Grassart, 1851.

s'ouvre par la mission évangélique que poursuivit en
Bretagne Dandelot, « tout récemment sorti de sa prison de Milan, où il s'était durant cinq ans informé de la
vérité à loisir, devançant tous les autres seigneurs en
la propagation de la doctrine céleste. » Ce brillant colo-
nel-général de l'infanterie française avait, pour agir
sur la Bretagne, des moyens que personne ne possédait au même degré. Il était l'époux de Claude de Rieux,
héritière des grands biens de cette maison, et ce fut
dans les terres de sa femme que Dandelot répandit la
doctrine dont il était si ardemment pénétré. Il se faisait
accompagner de deux ministres ambulants, auxquels
il assurait sur ses domaines, malgré les édits, l'inviolabilité garantie au frère de l'amiral de Coligny et au
neveu du connétable de Montmorency. Crévain semble
croire que Dandelot commença par convertir à sa
croyance la dame douairière de Laval, sa belle-mère.
Par l'influence de celle-ci, Vitré, chef-lieu de sa principale baronnie, devint le siége de la seule église
évangélique qui ait conservé une certaine vitalité au

Dandelot s'arrêtait à Blain, chez Isabeau de Navarre,
vicomtesse de Rohan, qui y résidait en souveraine au
milieu de ses jeunes enfants et de ses nombreux vassaux. Il est à présumer que, sans être encore conver-
tie au protestantisme, la tante de Jeanne d'Albret té-
moignait déjà pour cette doctrine des dispositions que
les exhortations de Dandelot rendirent de plus en plus
favorables. A partir de ce jour, le vaste château de

Blain, héritage de la maison de Clisson passé dans celle de Rohan, devint en Bretagne la vraie citadelle de la réforme, les protestants s'y réfugiant aux jours de crise pour en sortir sitôt que l'horizon semblait se rasséréner. Les nombreux serviteurs de la première maison de Bretagne furent inscrits, et très-souvent d'office, aux registres de la religion nouvelle. On comprend de quel enthousiasme doit être transporté Crévain lorsqu'il décrit la splendeur de cette demeure quasi royale s'ouvrant, comme l'arche au milieu des grandes eaux, pour recevoir ses coreligionnaires en détresse. Rien de plus légitime que l'admiration qu'il exprime pour cette vieille race dont la renommée commence avec « Ruhan ou Rohan, fils puîné de Conan Meriadec, premier roi de Bretagne, et de la princesse Ursule d'Angleterre, *quelque peu avant la naissance de la monarchie française.* » Il faut, dit-il, reconnaître sans aucune contestation que les deux puissantes maisons de Rohan et de Laval, l'une par Isabeau de Navarre, l'autre par Dandelot, ont été « comme deux canaux par où le Seigneur a fait tout d'abord couler la grâce de la vérité en cette province pour la réformation; Dieu s'est servi d'elles, et après lui c'est à elles que nous devons notre délivrance et notre soutien[1]. »

Si naturelle que soit la reconnaissance de Crévain, il exagère singulièrement l'importance des services

---

1. *Histoire ecclésiastique de Bretagne*, p. 62.

effectifs rendus par ces deux familles à la réformation. En Bretagne, une douzaine d'églises situées dans leurs domaines particuliers et pourvues de pasteurs, quelques centaines de vassaux suivant leurs seigneurs au prêche comme à l'armée, quelques réunions assez nombreuses à Nantes et à Vannes, réunions auxquelles l'écrivain lui-même reconnaît que les auditeurs étaient conduits par la curiosité plutôt que par la sympathie, tel fut le seul résultat de la mission de Dandelot dans ses terres de Bretagne. Plein de zèle et d'ardeur, ce jeune guerrier prêchait à la fois de bouche et d'exemple, et Claude de Rieux ne s'y épargnait pas davantage. « Madame sa femme, secondant son zèle et pour donner bon exemple à tous ses sujets, surtout à ses officiers, qui étaient dans de bons sentiments pour la vraie religion, se faisait porter tous les dimanches en litière jusqu'à la Roche-Bernard, à deux lieues de la Bretesche, quoiqu'elle fût grosse d'enfant bougeant et indisposée. Malheureusement il n'en était pas ainsi pour les autres églises, parce que Dieu ne leur avait pas donné un bras séculier tel que le grand Dandelot, qui autorisait les assemblées par son crédit et par sa présence en un lieu qui était à lui. »

Le désir de posséder l'appui du bras séculier que Crévain exprime ici, avec la plupart des hommes de son temps, à quelque religion qu'ils appartiennent, se comprend d'ailleurs fort bien. Les protestants avaient en effet la vie fort dure en Bretagne, et l'arbre de la réforme y portait plus d'épines que de fruits. La

prédication des ministres expédiés de Paris ou de Ge-
nève n'avait guère d'autre effet que d'exaspérer un
peuple profondément catholique, de faire réclamer la
sévère application des édits, lorsqu'ils étaient rigoureux, comme l'édit de juillet, et d'en provoquer la violation lorsqu'ils étaient indulgents, comme celui de
janvier. Dans la plupart des localités où les réformés
célébraient leur culte, dans celles même où la présence de quelques huguenots était seulement soup-
çonnée, l'agitation se produisait sans retard, malgré les efforts persévérants du duc d'Estampes pour
gouverner avec une modération qui était à la fois
une inspiration de son caractère et un calcul de sa
politique. Ici des religionnaires étaient assommés ou
lapidés, ailleurs la haine du peuple s'exerçait jusque
sur des cadavres traînés sur la claie. Lorsqu'ils n'é-
taient pas protégés par l'ombre du donjon seigneu-
rial, les lieux d'assemblée étaient sans cesse envahis
par la foule, quelquefois démolis, parfois incendiés.
A Guérande, où les protestants s'étaient trouvés un
moment assez forts pour entreprendre de faire le
prêche dans la principale église de la localité, cette
tentative donna lieu à une sorte de siège en règle,
conduit par M. de Créquy, évêque de Nantes. Ce prélat vint à Guérande, mit en batterie des coulevrines,
et, si l'on croit Crévain, fit défoncer par tous les carrefours des barriques de vin de Gascogne, « afin que
Bacchus achevât ce que le zèle aurait commencé. » A
Rennes, les cordeliers organisèrent une grande pro-

cession ; puis, ayant caché des pierres dans leurs manches, ils les firent pleuvoir comme grêle sur quelques maisons dont les habitants étaient suspects d'attachement aux idées nouvelles. A Nantes, les huguenots étaient chassés par le peuple du lieu d'assemblée que leur avait régulièrement attribué le gouverneur, la maison où se tenait le prêche était mise à sac et livrée aux flammes.

En compensation de tant d'amertumes, on n'obtenait que des résultats fort restreints et des plus précaires. Les moissonneurs manquaient comme la moisson, « tant l'éloignement et le nom breton épouvantaient! » Aux meilleurs temps de la réforme, en 1568, lors de la paix de Longjumeau, quand la cause de la liberté de conscience semblait favorisée par les calculs de la reine mère et par la lassitude générale, sur une liste de plus de deux mille cinq cents églises réformées, alors constituées dans le royaume, la Bretagne ne figurait encore que pour dix-huit. Quatre ans plus tard, après le massacre de la Saint-Barthélemy, bien que ce forfait n'eût heureusement provoqué dans cette province aucun crime ni même aucune agitation, tous les ministres s'enfuirent en Angleterre ou à La Rochelle pour y attendre des jours moins orageux. Le culte protestant ne fut plus célébré que dans la chapelle du château de Blain, où vinrent se réfugier tous les calvinistes des environs, entretenus par une splendide hospitalité.

Durant la guerre de la Ligue, les réformés, en trop

petit nombre pour constituer un parti religieux, n'y prirent part qu'à titre de champions du droit monarchique héréditaire; et, lors de la pacification générale sous Henri IV, une église, celle de Vitré, maintenue par l'influence de la maison de Laval, resta seule debout, et seule aussi représenta la Bretagne protestante au synode de Saumur[1]. Le calvinisme, qui dans une partie de nos provinces méridionales avait pu se greffer sur des souvenirs locaux, demeura donc généralement antipathique à tous les instincts de la race armoricaine. Cela est vrai surtout dans la Bretagne bretonnante, et le dernier missionnaire de ce pays a pu dire au pied de la lettre dans le cours du dix-septième siècle « qu'il est à naître qu'on ait vu un Breton bretonnant prêcher dans sa langue autre religion que la catholique[2]. » Si les populations rurales résistèrent à l'action des grandes familles auxquelles était inféodée la plus grande partie du sol breton, il en fut à peu près de même de la bourgeoisie. Cette classe, qui n'avait d'importance au seizième siècle que dans les villes maritimes, particulièrement à Nantes, à Saint-Malo et à Morlaix, après être demeurée calme jusqu'à l'indifférence dans le cours des guerres de religion sous les trois fils de

1. Voici la teneur du décret synodal : « La province de Bretagne, qui n'a aussi qu'une église, sera jointe à celle de Normandie. » (*Synode national*, 13 décembre 1598, t. I, p. 198.)
2. Le père Maunoir.

Henri II, s'engagea sans aucune hésitation dans la lutte contre la royauté protestante ouverte en 1589, mais en se montrant fort empressée d'en sortir après l'abjuration de Henri IV.

La noblesse fut plus sérieusement entraînée dans la réforme, et l'influence des grandes maisons seigneuriales suffit pour l'expliquer. Le protestantisme des gentilshommes bretons ne persista pas d'ailleurs au-delà de celui de leurs chefs, et ce fut l'affaire de deux générations au plus. Tout le monde s'était mis en règle avec la cour bien avant la révocation de l'édit de Nantes. Quoique la très-grande majorité des magistrats demeurât catholique, le parlement de Rennes fut le corps qui se montra le plus accessible aux idées nouvelles. Toutefois, pour pouvoir admettre avec Crévain qu'en 1604 douze membres de cette compagnie célébraient encore la cène en robe rouge, il faut probablement comprendre dans ce nombre quelques conseillers protestants auxquels le roi avait conféré en Bretagne des charges dites françaises.

Les troubles provoqués dans certaines localités par l'exercice du culte protestant avaient eu trop peu d'importance pour compromettre d'une manière grave la tranquillité presque constante de la Bretagne. Plus souvent en butte à des traitements injurieux qu'à de sanglantes violences, les huguenots furent mieux protégés par leur impuissance qu'ils n'auraient pu l'être par leur résistance armée. Toujours modéré, quoique très-fermement catholique, comme le prouve son testament[1], le duc d'Estampes avait eu soin de restreindre dans les plus étroites limites le concours réclamé de la province pour les opérations militaires entreprises contre les huguenots en Poitou et en Normandie. La Bretagne, malgré quelques émotions partielles, avait donc toujours joui de la paix pendant que la France, attelée au char des grandes factions princières, voyait les prises d'armes se succéder, comme les traités succédaient aux traités et les édits de proscription aux édits de tolérance.

Mais le duc d'Estampes, mort en 1565, avait été remplacé par le vicomte de Martigues, son neveu, que le sang de Penthièvre rattachait aussi à la Bretagne. Si cette province continua de résister encore énergiquement aux exigences financières de la cour, et si elle n'envoya aux armées du roi qu'un contingent fort restreint, ce ne fut pas le fait de son nouveau gouverneur. Homme d'un grand cœur, mais rempli de toutes les passions de son temps, le successeur du duc d'Estampes aurait voulu faire partager ses ardeurs à la Bretagne, chose facile s'il n'avait eu affaire qu'aux masses, mais à peu près impossible par l'obligation rigoureuse pour lui de marcher d'accord avec les états et les grandes corporations municipales, résolûment opposées à toute ingérence dans les affaires de la monarchie et de la cour.

---

1. *Actes de Bretagne*, t. III, c. 1343.

Lorsqu'une arquebusade eut enlevé cet héroïque soldat au siége de Saint-Jean d'Angely, Charles IX le remplaça par le duc de Montpensier, afin d'accomplir l'engagement pris, selon quelques historiens, par le roi François Ier, d'attribuer toujours à un prince le gouvernement de la Bretagne. Le chef d'une branche de la maison de Bourbon se trouvait forcément engagé dans les luttes d'ambition dont les peuples payaient alors les frais et dont la religion voilait la cynique impudence. Sans être enclin par tempérament à la cruauté, le duc de Montpensier était par calcul capable d'accomplir les actes les plus révoltants. La lettre écrite au lendemain de la Saint-Barthélemy, qui reste attachée à sa mémoire comme une flétrissure immortelle[1], ne permet pas de douter que ce gouverneur n'eût tenté de renouveler à Nantes les massacres accomplis à Paris, s'il se fût alors trouvé dans sa province. Que serait-il résulté d'une pareille tentative? L'attitude modérée, quoique nullement sympathique, conservée par la bourgeoisie nantaise vis-à-vis des protestants en butte aux insultes du peuple laisse croire que ces odieuses provocations n'auraient pas rencontré d'instruments, lors même que le gouverneur les aurait appuyées de sa pré-

1. Lettre du duc de Bourbon-Montpensier à Guillaume Harrouys, sieur de la Seilleraye, en date de Paris, 26 août 1572. (Registres de la ville, 8 septembre 1572, fol. 5.) *La Commune et la Milice de Nantes*, par M. Mellinet, t. III, p. 255. Voy. aussi l'*Histoire de Nantes*, par l'abbé Travers, t. II, p. 441.

sence. Ni Guillaume Harrouys, ni ses dignes échevins,
ni les chefs de la garde civique qui, dans la séance
du 3 septembre 1572, accueillirent par un magnifique silence l'invitation au meurtre adressée à la
mairie de Nantes par la lettre du gouverneur, ne seraient demeurés spectateurs impassibles d'un pareil
attentat contre une minorité protégée par sa manifeste impuissance, et l'on peut croire que le gouverneur n'aurait entraîné personne. Le dernier des pré-
fets rencontre aujourd'hui, pour faire exécuter ses
ordres, mille fois plus de facilité que n'en pouvait
trouver pour gouverner la Bretagne en 1572 le duc
de Montpensier, prince du sang.

En observant dans leur mécanisme très-compliqué
les institutions du seizième siècle, on est frappé des
facilités qu'elles présentaient pour résister au pouvoir,
et des faibles moyens dont celui-ci disposait alors
pour faire exécuter ses ordres. Sur tous les points du
territoire se dressaient en face de la royauté des
forces indépendantes existant en vertu d'un titre
aussi respectable que le sien. C'était d'abord un clergé
maître d'une grande partie du sol qui, indépendamment de son immense autorité morale, exerçait une
autorité politique permanente comme premier ordre
de l'État. Représenté pour la gestion de ses intérêts
financiers par des assemblées générales, ce clergé était
constitué dans tout le royaume en chapitres régis par
des règles canoniques qui avaient le caractère de lois
du royaume. De plus, le territoire était couvert d'un

réseau de puissantes abbayes, qui opposaient aux injonctions de l'autorité civile un vaste système d'exemptions et d'immunités. Venait ensuite une noblesse déjà dépossédée sans doute de sa puissance féodale, mais qui conservait la direction suprême de toutes les forces militaires de la monarchie. De ses rangs sortaient en effet tous les chefs qui recrutaient l'armée et la conduisaient au combat sous leurs propres couleurs. C'était enfin le tiers état, avec lequel la couronne n'avait pas moins à compter qu'avec les ordres privilégiés. Partout grandissaient des villes auxquelles la royauté concédait à prix d'argent certains droits déterminés, depuis le droit de se taxer jusqu'à celui de se garder elles-mêmes. Ces privilèges, il fallait bien les nommer ainsi, puisque le droit commun n'existait alors pour personne, étaient énoncés dans des contrats dont l'écriture était trop fraîche au seizième siècle pour qu'on osât déjà l'effacer; ce ne fut qu'à la fin du dix-septième siècle que le pouvoir imagina de les abolir pour arriver, au dix-huitième, à revendre aux communes des droits dont celles-ci ne manquèrent pas de se voir bientôt après dépouillées définitivement.

A côté des maires, échevins, consuls et capitaines des compagnies de garde civique, sortis de l'élection, se présentait une autre classe de fonctionnaires qui, quoique directement associés à l'action du pouvoir, conservaient pourtant certaines conditions d'indépendance. C'étaient les officiers royaux proprement

dits, les membres des cours souveraines et des diverses juridictions spéciales, les sénéchaux et juges
des présidiaux, les trésoriers des finances , suivis de
la légion de fonctionnaires créés à titre de ressource
budgétaire et sans aucune nécessité résultant du service public. Si étrange que fût cette manière de battre
monnaie, ces fonctions achetées n'en prenaient pas
moins le caractère d'une sorte de propriété hérédi-
tairement transmissible, et la charge acquise à prix
d'argent permettait certainement une tout autre attitude que l'emploi révocable conféré aujourd'hui par
la faveur. Sous le régime de la vénalité des offices,
leurs places appartenaient aux fonctionnaires ; il est
arrivé plus tard que les fonctionnaires ont appartenu
à leurs places.

Devant le faisceau de tant de forces existant par
elles-mêmes, quels étaient jusqu'au milieu du dix-
septième siècle les moyens d'action d'un gouverneur
dans une grande province pourvue d'états périodiquement assemblés? Le pouvoir administratif, con-
fondu avec l'autorité militaire, ne disposait, avant la
création des intendants, d'aucun agent proprement
dit. Le gouverneur, presque toujours représenté par
un lieutenant général, n'avait à sa disposition, en
cas de conflit avec les pouvoirs locaux, que ses gardes,
dont les états étaient appelés chaque année à fixer la
dépense, en même temps qu'ils votaient sous forme
de dons les allocations attribuées au gouverneur lui-
même, à sa famille, à ses secrétaires et à sa maison.

Le dépositaire de l'autorité royale dans la province avait habituellement sous ses ordres, il est vrai, trois ou quatre régiments et quelques compagnies de gendarmerie appelés pour tenir garnison dans un très-petit nombre de places fermées ; mais, loin d'ajouter aux moyens d'action du gouverneur, ces régiments étaient pour lui l'occasion de difficultés perpétuelles. Quelquefois les villes refusaient de les recevoir, arguant de leurs priviléges ; le plus souvent elles leur contestaient l'octroi des vivres ou du logement. Dénuées de toutes ressources financières autres que les taxes de consommation qu'elles s'imposaient elles-mêmes pour certains objets déterminés, les communautés urbaines ne manquaient jamais de s'abriter derrière les états, et ceux-ci, en faisant les fonds demandés pour l'entretien des garnisons, entraient dans les plus minutieux détails de réglementation afin d'en limiter le chiffre. Jusqu'au ministère de Louvois, rien n'était plus précaire que le sort des régiments établis dans certaines places de l'intérieur, sans vivres, sans couvert assurés, et qui se trouvaient souvent contraints par les résistances municipales à vivre de maraudage dans les campagnes.

Je ne voudrais pour exemple de l'impuissance à laquelle étaient fréquemment condamnes, au seizième siècle, les dépositaires les plus élevés de l'autorité royale que les événements accomplis dans la seule ville de Nantes depuis la nomination du duc de Montpensier jusqu'au jour où il fut remplacé comme gou-

verneur de Bretagne par le jeune duc de Mercœur.
Dans le cours de ces dix années, il se passa à peine
un jour qui ne fût signalé par un conflit entre M. de
Bouillé, lieutenant général pour le roi dans le comté
de Nantes, et cette quinteuse communauté nantaise, à
cheval sur ses privilèges, toujours disposée à prêter
de l'argent au roi, mais toujours résolue à le lui refuser, s'il prétendait au droit de l'exiger. Respectueuse
pour le duc de Montpensier et pour M. de Bouillé,
son représentant, la municipalité se dédommageait
en contrecarrant en toute occasion M. de Sanzay,
lieutenant du château, et celui-ci ne manquait pas
de rendre la pareille à M. le maire et à messieurs du
corps de ville. Rien d'ailleurs n'était alors plus mal
défini que les limites entre l'autorité municipale et
le pouvoir du commandant de place. Tantôt l'autorité militaire voulait augmenter l'effectif de la garnison, tandis que les représentants de la cité s'y opposaient, tantôt ceux-ci réclamaient à titre de propriété
municipale les munitions et les armes, tantôt ils se
plaignaient des soldats de la garnison et prétendaient
les soumettre à leur juridiction, constamment décli-
née par le pouvoir militaire. Ces débats opiniâtres se
terminaient devant le parlement ou devant l'assemblée des états, seule en mesure de régler par son intervention décisive les difficultés financières.

Fréquemment exposée sous Charles IX et sous
Henri III aux excursions des armées protestantes rassemblées sur les marches du Poitou, la ville de Nantes

obsède M. de Bouillé de ses protestations et de ses
plaintes, et va plus d'une fois jusqu'à menacer de
s'armer pour sa propre défense. Les magistrats populaires perdent d'ailleurs tout sang-froid sitôt qu'un
conflit s'engage entre la ville et le lieutenant du
château. La capitaine René de Sanzay, qui fit passer
de si mauvaises nuits aux Nantais, était une figure
des plus originales. Avec des qualités qui appartenaient en propre à son temps, il avait des dispositions
qui lui auraient ménagé dans le nôtre une fortune
éclatante. Rude et brave comme un officier d'aventure,
ce vieux soldat de bonne maison, formé dans les guerres de Flandre, était l'homme de l'obéissance passive ;
il en avait le culte, pour ne pas dire le fanatisme.
Vrai colonel de gendarmerie, il s'inclinait devant le
sabre de M. de Bouillé, comme il exigeait que tout
Nantais s'inclinât devant le sien. Dans le canton d'Uri,
il aurait fait saluer son bonnet ; mais les bourgeois
de Nantes s'y prêtaient peu, et chaque jour M. de
Sanzay recevait du bureau de la ville les plus sanglantes admonestations[1]. La mairie n'hésitait pas au
besoin, lorsque le gouverneur tardait trop à blâmer
son subordonné, à députer elle-même en cour, et les
députés rapportaient à Sanzay de la part du roi l'ordre
de respecter à l'avenir les priviléges de ses chers et amés

1. Extrait des registres de la ville, 5 mai 1574, 3 janvier
1575, 29 mars, 27 avril 1575, etc. — Travers, *Histoire de
Nantes*, t. II, p. 447 à 465.

sujets, bourgeois et manants de sa bonne ville de Nantes [1]. Les choses allèrent plus loin. Comme il était à
cette époque moins facile qu'aujourd'hui de se débarrasser d'un fonctionnaire compromettant, le gouverneur dut concéder aux bourgeois·le droit étrange de
monter la garde dans le château concurremment avec
la garnison placée sous les ordres du lieutenant, afin
que celui-ci ne pût jamais tourner ses canons contre
la ville. Pus tard, Sanzay fut contraint de partager son
commandement avec un second lieutenant du roi, le
capitaine Gassion, sans être admis à faire valoir, comme il l'aurait fait de nos jours, ni ses droits à la retraite, ni ses titres incontestables à l'avancement.

C'était surtout avec l'assemblée des états que les
gouverneurs de province étaient appelés à compter.
L'impérieuse obligation d'obtenir par l'accord des
trois ordres le vote préalable des dépenses contraignait
à des transactions journalières un pouvoir auquel les
ressources financières ne manquaient pas moins que
les forces matérielles. Je me suis proposé de suivre
ces assemblées dans leur action, restreinte sans doute
relativement à l'idée que nous nous faisons aujourd'hui
d'un corps politique, mais très-efficace relativement
aux intérêts spéciaux qu'elles avaient mission de pro-

---

1. Voyez, entre plusieurs autres pièces, *Lettre d'interdiction
au sieur de Sanzay de juridiction sur les marchands et habitants de Nantes*, dans les *Actes de Bretagne*, t. III, col. 1202,
et aux mêmes *Actes* la longue correspondance de Sanzay avec
le duc d'Estampes, col. 1326 et suiv.

téger; j'exposerai donc sommairement ce que cette
action fut en Bretagne dans la période qui nous occupe en ce moment.

Cette époque, durant laquelle la guerre étrangère
et la guerre civile réduisirent la France aux abois, vit
fleurir une branche fort lucrative d''industrie bursale,
celle qu'imagina François Ier lorsqu'il joignit à l'hérédité des offices la création de charges innombrables
constituées à seule fin de remplir ses coffres. Poursuivant cette veine de plus en plus fructueuse, Henri II
doubla le personnel de toutes les cours, et deux titu-
laires furent attribués à la même fonction afin de la
gérer alternativement. Le système semestriel fut appliqué à l'administration des finances comme à la magistrature; les trésoriers de France furent annulés par
l'établissement des commissaires départis; on érigea
en offices royaux les charges d'huissiers priseurs, d'arpenteurs, d'experts, de marchands de vin et jusqu'à
celle des mesureurs de charbon[1]. Les états de Bretagne
luttèrent avec persévérance contre cette ruineuse invasion de fonctionnaires inutiles. Ce fut là l'objet principal des remontrances que les députés choisis dans les
trois ordres avaient mission de porter en cour après
la clôture de chaque session. Je donnerai la substance
de ces remontrances et des procès-verbaux des assises
nationales, en suivant l'ordre chronologique depuis
l'année 1567, époque où·commence la série non in-

1. Bailly, *Histoire financière de la France,* t. I, p. 248.

terrompue des registres rédigés par les soins de leur
greffier et de leur procureur-général-syndic [1].

Les états de 1567 se réunirent à Vannes dans les
derniers mois de l'année. Les lettres patentes servant
d'instructions pour les six commissaires du roi sont
adressées à Sébastien de Luxembourg, vicomte de
Martigues, comte et bientôt après duc de Penthièvre.
Le roi prescrit au gouverneur « de remontrer bien au
long ses grandes et pressantes affaires et de bien faire
entendre la somme de deniers que pour ce il est besoin de faire lever sur ses sujets du pays et duché de
Bretagne. » Au début de la session, les trois ordres

---

1. J'emprunterai la plupart de mes citations aux manuscrits de la Bibliothèque impériale, fonds des Blancs-Manteaux,
n° 15, 1 et 2 et n° 75. Ce sont des comptes rendus très-subs-
tantiels rédigés par les bénédictins de l'abbaye de Redon d'après
la volumineuse collection des *Registres des états*, dont il existe
plusieurs copies, mais dont la plus complète se trouve à
Rennes aux archives départementales, où l'obligeance du savant archiviste, M. Quesnet, l'a mise à ma disposition. Les manuscrits des Blancs-Manteaux finissent avec le dix-septième
siècle. Pour l'époque suivante, mon honorable et savant con-
frère M. le marquis de La Borde m'a mis en mesure de consulter les registres des archives impériales, et j'ai eu recours
en Bretagne à des copies assez nombreuses existant soit dans
les dépôts publics, soit dans les bibliothèques particulières.
Les dates précises des délibérations, d'après lesquelles on
pourra toujours recourir aux originaux, me dispenseront de
citations dont il serait facile de surcharger un travail tel
que celui-ci. Je reproduirai autant que possible textuellement
les manuscrits en employant toutefois l'orthographe moderne,
afin d'éviter d'année en année, et souvent de feuillet à feuillet,
des disparates choquantes.

réunis en assemblée générale sur le théâtre, c'est de ce nom qu'on désigne toujours la salle commune, entendent et débattent très-longuement le travail des diverses commissions, et le vote des sommes demandées par les commissaires du roi a lieu à l'unanimité des trois ordres, dont l'entente paraît avoir été toujours considérée comme indispensable pour toute allocation financière. Les ordres, retirés d'abord dans leurs chambres respectives, puis délibérant en commun, votent également pour l'année suivante les diverses contributions afférentes à la Bretagne. Celles-ci se composent des impôts et deniers d'octroi spécialement affectés aux travaux de défense et de viabilité de la province, des fouages, sorte de tailles payées par feu et par exploitations rurales, des grands et petits devoirs, acquittés sur les boissons et le tabac. Quoique dans cette session, terminée en un mois, le plus complet accord eût régné entre les commissaires du roi et les représentants du pays, le cahier des remontrances est écrit d'un style dont nos conseils-généraux n'ont pas conservé l'usage. Voici quelques articles pris au hasard. Les états protestent contre la présence dans l'assemblée en qualité de commissaire du roi du sieur Marc de Fortia, premier président de la cour des comptes de Nantes, antérieurement accusé par eux de méfaits graves contre le service du roi, le bien et le repos du pays [1]. Ils protestent contre la pré-

1. Marc de Fortia était premier président de la cour des

tention élevée par les membres du parlement de se considérer comme exempts du droit extraordinaire de dix sous par pipe de vin voté par les états sur tous les habitants sans distinction, afin de former le fonds de 500,000 livres attribué au roi pour le rachat de son domaine. Ils demandent que les chambres du parlement ne jugent jamais en matière grave à moins de dix juges présents, dont la moitié au moins seront Bretons. Ils s'élèvent avec la plus grande énergie contre la détention de Jean Avril, leur trésorier, détenu à Paris contre tout droit et justice, en manifeste infraction des priviléges du pays. Sans refuser la somme de 120,000 livres énoncée dans les lettres du roi et que Sa Majesté demande à ses fidèles états en ses nécessités pressantes, ils font remarquer que, « par accord et priviléges spéciaux accordés aux dits trois états de tout temps et ancienneté par les ducs de Bretagne et rois de France, leurs prédécesseurs, par le contrat de mariage de la feue reine Anne et union dudit duché à

comptes lorsque des commissaires du roi furent envoyés à Nantes sous la conduite du sieur Michel Tambonneau, maître des requêtes, afin d'imposer à cette compagnie, au lieu et place de ses vieux usages, les règlements appliqués à la cour des comptes de Paris. Cette révolution intérieure, suscitée par un acte de bon plaisir, provoqua une sorte d'émeute parmi les magistrats bretons. Il paraît résulter de l'ensemble des faits que le premier président ne s'associa point à l'indignation de ses collègues, et ce fut probablement cette circonstance qui concourut à provoquer la flétrissure attachée par les états au nom de Marc de Fortia. — Archiv. de Nantes, liv. 4 des mandements. — De Formont, *Hist. de la cour des comptes de Bretagne*, p. 82.

la couronne de France, il est entre autres choses ex-
presses porté que, sans le consentement desdits états,
ne seront levés aucuns deniers ni imposés aucuns
nouveaux devoirs, subsides et impositions audit pays de
Bretagne, ni ne pourra être fait aucune innovation dans
la justice du pays... Les états voient de jour en jour
à leur grand regret leurs droits et priviléges enfreints...
Plaise à Sa Majesté se remémorer qu'en l'an 1561,
lorsque les états lui accordèrent la somme de 500,000
livres pour racheter son domaine aliéné, ce fut parce
que sa bénignité leur promit de les entretenir en
leursdits priviléges [1]. »

En 1568, les états s'assemblèrent à Nantes au mois
de novembre. Charles IX les avait convoqués par lettres patentes données à Saint-Maur-les-Fossés. Après
avoir constaté les immenses dépenses qu'il a dû faire
dans les derniers temps à cause des troubles et de la
guerre civile, le roi entre dans un minutieux détail
des dépenses de ses armements et de celles de son
hôtel; il expose que ces dépenses ne peuvent être
couvertes que moyennant une taille de 4 millions sur
tout le royaume, accrue de 600,000 livres par suite de
la gravité des circonstances. Toutefois Sa Majesté
veut bien se contenter, en ce qui concerne la Bretagne, des fouages ordinaires augmentés d'un droit de
12 deniers tournois par livre. Les états votent les

1. Ont signé au registre pour les trois ordres : Bertrand,
évêque de Rennes, François Du Gué, Pierre de Sévigné, Marc
de Rosmadec, Ch. Busnel.

subsides réclamés, mais en demandant formellement que, sur la somme qui proviendra des fouages, il soit fait distraction de ce qui a été fourni l'année précédente au vicomte de Martigues pour les frais d'organisation de l'armée bretonne appelée en France au secours du roi. Il s'agit sans doute ici du corps à la tête duquel Martigues avait culbuté à Saint-Mathurin-sur-Loire les troupes de Dandelot, vainement secourues par La Noue, avant le siége de Lamballe, où cet héroïque soldat fut, comme Turenne, *couronné d'un boulet à la tête de l'armée*[1].

Le premier soin des états est d'insister vivement pour la mise en liberté de leur trésorier Avril, celui-ci continuant d'être détenu à Paris sous l'inculpation de malversations, « desquelles il n'appartient qu'à la cour des comptes de Bretagne de connaître. » Du cahier des remontrances, je détache seulement quelques articles. « Sera remontré à Sa Majesté que par les anciennes chartes et priviléges du pays est porté que, sans le consentement des états, aucun office nouveau ne sera audit pays établi. Sera donc suppliée Sa Majesté de révoquer l'établissement de tous les nouveaux officiers naguère établis. » Les états expriment un vif étonnement de ce qu'une somme de 17,000 livres empruntée par Sa Majesté à plusieurs habitants des villes dudit pays n'a pu être remboursée au terme fixé, « ce qui va à compromettre le nom du roi. »

1. Saint-Simon.

Ils demandent le remboursement immédiat de cette somme sur les deniers de la recette générale de Sa Majesté en Bretagne; ils demandent surtout que la morte-paye soit régulièrement comptée aux garnisons de Nantes, Brest, Saint-Malo et Concq, « réduites à grande pauvreté et mendicité. »

L'édit de pacification de 1568 contrarie visiblement la Bretagne dans l'ardeur de ses sentiments religieux. C'est sans doute à cette dispostion générale des esprits que correspond le vœu qu'ils expriment, « que les édits naguère faits soient exécutés de manière que les officiers et bénéficiers étant de la religion prétendue réformée seront contraints de se défaire desdits offices, et commandement fait par le roi, tant à ses lieutenants généraux qu'à sa justice, de ne les souffrir jouir au pays de Bretagne desdits offices sous peine de s'en prendre à eux. » Les états résument enfin leurs réclamations dans un seul mot, qui exprime à la fois leurs regrets et leurs espérances; ils demandent à être remis, pour le fait de la justice et des finances, comme pour toute chose concernant leurs droits et priviléges, dans l'état où ils étaient sous le règne de Louis XII. En remontant ainsi par ses plus chers souvenirs vers l'époux de sa bien-aimée duchesse, la Bretagne tout entière exhale son âme dans un dernier cri de reconnaissance et d'amour.

Les états de 1569 et ceux de 1570 ne présentent rien qui mérite d'être rappelé. Leurs remontrances sont copiées presque textuellement sur les précédentes. Les demandes des commissaires du roi ne donnent lieu à aucune discussion. Le retour alors prononcé vers le parti catholique dirigé par MM. de Guise, parti auquel semble adhérer plus résolûment la reine mère, motive peut-être l'empressement des états à accueillir toutes les demandes de la cour. Ils viennent d'ailleurs d'obtenir de celle-ci une concession considérable due à leurs efforts persévérants. Un arrêt du conseil privé du roi abolit toutes les procédures entamées contre les sieurs Avril et Lefourbeur, trésoriers de Bretagne; ces procédures sont déclarées mises à néant conformément aux priviléges de la province et aux justes réclamations des états.

En 1571, une convocation extraordinaire a lieu d'urgence à Rennes, le roi demandant, en dehors des allocations antérieures, une somme indispensable pour satisfaire sans aucun retard les Suisses et les lansquenets afin d'assurer l'évacuation du royaume. Sur cette somme, 300,000 francs forment le contingent assigné à la Bretagne par le conseil de Sa Majesté. Les députés répondent que la Bretagne est épuisée, son commerce étant grandement diminué par les troubles du royaume et le peu de sûreté de la navigation. Néanmoins, à cause de la nécessité pressante où se trouve Sa Majesté, ils consentent, « sans tirer à conséquence pour l'avenir, » à voter une somme de 120,000 livres, laquelle sera levée dans chaque évêché au prorata de ses contributions ordinaires et d'après un tableau annexé à la délibération. Les états entendent d'ailleurs qu'il soit procédé à cette levée dans chacun des neuf diocèses par un bureau formé des juges aux présidiaux, des officiers municipaux et des principaux membres de la noblesse nominativement désignés par eux.

En 1574, le roi Charles IX envoie à M. de Bouillé, son lieutenant général en Bretagne, l'ordre de convoquer à Rennes les états de la province. Les lettres patentés portent que Sa Majesté est dans la nécessité de lever sur tout son royaume une somme extraordinaire de 1,100,000 livres pour la formation d'une grande armée à la tête de laquelle elle annonce l'intention de se placer elle-même. Les états sont convoqués pour qu'ils aient à fournir le contingent de la province; ceux-ci mettent peu d'empressement à répondre à la convocation royale. La plupart des évêques, plusieurs députés des villes, sont absents, et les bancs de la noblesse sont à peu près dégarnis. Les trois ordres énumèrent par l'organe de leurs présidents les énormes dépenses auxquelles ils ont été conduits depuis le commencement des guerres civiles pour fournir des troupes au roi et pour organiser la défense des côtes, dépenses d'autant plus difficiles à justifier aux yeux des populations que la Bretagne a dû supporter les conséquences d'agitations auxquelles sa fidélité à l'Église et son dévouement au roi l'ont laissée à peu près étrangère; ils concluent en refusant de prendre aucune part dans cette charge extraordinaire, qui ne saurait regarder un pays au sein duquel aucune faction n'a troublé la fidélité des sujets.

Pendant le cours de ces débats mourut Charles IX, et l'un des premiers soins de Catherine de Médicis, investie de la régence jusqu'au retour de Henri III, alors en Pologne, fut d'adresser à M. de Bouillé une lettre pressante pour qu'il eût à faire revenir les états sur la résolution qu'ils avaient prise [1]. Il parut impossible à ceux-ci de saluer l'avénement d'un nouveau souverain par un refus. Ils accordèrent donc une somme de 60,000 livres en faisant remarquer la situation déplorable de la province, dont le commerce était nul depuis que les rebelles de La Rochelle interceptaient par leurs vaisseaux toutes les communications maritimes. Les états accomplirent dans le cours de cette session un acte des plus hardis, qui sortait manifestement de la sphère de leurs attributions. Ils firent défense de recevoir dans la charge de président des comptes, qu'il avait acquise avec l'agrément du roi, le sieur Verger [2], « jusqu'à ce qu'il se fût purgé d'appartenir à la nouvelle secte et aux opinions réprouvées. » Ils terminèrent leurs travaux par une déclaration hardie. « Sur ce que le sieur de La Touche (un des commissaires du roi) aurait aujourd'hui remis

1. Lettre de la reine-régente, du 22 juin 1574.
2. René Verger, pourvu d'un office de président, avait été agréé par le chancelier de France le 7 septembre précédent. Sur le refus de la chambre, il fut admis à la suite de lettres de jussion le 10 août 1575. — *Histoire de la Cour des Comptes,* p. 307.

aux mains du procureur-syndic des états une lettre patente du roi pour faire lever sur les villes closes la somme de 40,000 livres pour la solde de 50,000 hommes de pied, attendu que ces levées sont contraires aux priviléges du pays, par lesquels Sa Majesté ne peut imposer deniers sans le consentement des états, a été conclu que le roi sera supplié vouloir maintenir les états en leurs priviléges et ne faire à l'avenir lever aucuns deniers sans leur exprès consentement,...... et, au cas qu'on voulût passer outre auxdites levées, ont donné charge à leur procureur-syndic et aux procureurs des villes de s'y opposer, même de prendre les juges et commissaires du roi à partie, et se sont rendus garants des frais et indemnités. » Le ministre de l'intérieur ne manquerait pas de casser aujourd'hui une délibération rédigée en pareils termes. Nos ancêtres avaient des rudesses de langage dont nous nous sommes désaccoutumés, et la suite de ce travail en fournira de nombreux exemples.

Aux états de 1576, le roi Henri III annonce par une lettre du 26 juillet qu'il est dans l'obligation, attendu les troubles religieux et les ruines et oppressions dont ils sont suivis, de lever sur son royaume, par voie de taille, la somme de 4,600,000 livres. Il requiert en conséquence ses fidèles sujets de Bretagne d'avoir à prendre leur part de cette charge, qui devra porter sur les fouages auxquels sont soumis tous les habitants dont la condition roturière comporte l'application de la taille. Les états déférèrent au vœu du

roi par une délibération laconique, en se réservant
d'ailleurs une entière liberté pour la manière d'appli_
quer la contribution demandée. Dans le cours de cette
session, ils nommèrent des députés choisis dans les
trois ordres pour représenter la Bretagne aux prochains états généraux convoqués à Blois; enfin, la
tenue fut terminée par une protestation des neuf
évêques, des délégués des chapitres et des abbés de
la province, formant l'ordre du clergé, contre l'application que le parlement et la cour des comptes de
Paris prétendaient faire à la Bretagne du droit de ré-
gale, auquel, disent-ils, ce pays n'a été soumis dans
aucun temps.

Quand l'ordre de l'Église énonçait ses prétentions,
il était difficile que la noblesse ne se crût pas autorisée
à l'imiter. Aussi les membres du second ordre protes-
tent-ils énergiquement avant de se séparer contre un
récent édit de Henri III qui, en appliquant pour les
besoins de son trésor le système des anoblissements
achetés, atteint dans leur honneur tous les gentilshommes. Ils ont appris avec une douleur inexprimable
que « le seigneur roi a fait un édit portant création
de quarante nobles, invention contraire au bien et aux
priviléges du pays, et demandent qu'il plaise à Sa Majesté ordonner que cet édit n'aura lieu en Bretagne. »

De 1577 à 1582, les états semblent ne s'être pas
réunis annuellement. Deux sessions eurent lieu à
Vannes. Celle de 1577 fut surtout remarquable par la
vivacité avec laquelle l'assemblée se prononça contre

les innovations fiscales opérées par un gouvernement dissipateur. Malgré les engagements pris aux premiers états de Blois, et qui furent consignés plus tard dans une ordonnance restée célèbre[1], Henri III, dès le début de son règne, avait cherché des moyens nouveaux « pour fouiller aux bourses des bourgeois, » comme disait Sully, et chaque jour voyait s'abattre sur la France une nuée de nouveaux fonctionnaires, contraints de reprendre sur le public le prix toujours excessif de leurs charges inutiles. « Plaise à Sa Majesté, disent les états dans le cahier de remontrances remis à leurs députés en cour, supprimer les nouvelles érections faites en ce pays de la chambre des requêtes du palais, des officiers alternatifs et internuméraires de la chambre des comptes, enquesteurs, gardes-notes, arpenteurs et priseurs, procureurs postulants, greffiers des présentations, notaires, huissiers, cabaretiers, hôteliers, gourmets jurés et sergents extraordinaires, d'autant qu'il est entré bien peu de finances desdits offices ès-coffres du roi, et doivent les acquéreurs regretter leur témérité et vouloir répéter leurs deniers, et pour couper la racine à ce mal plaise à Sa Majesté faire observer les anciennes ordonnances qui condamnent comme simonie exécrable la vente des magistratures. »

Dans la session de 1579, les mêmes plaintes et les mêmes vœux sont reproduits. Les trois ordres protes-

_____

1. Ordonnance de Blois, du mois de mai 1579.

tent également avec vivacité contre la prétention
élevée par le gouvernement royal d'empêcher la traite
libre des grains hors du royaume par la voie de mer.
Ils mettent la même insistance à demander la suppression de la traite dite foraine, par suite de laquelle
les agents du fisc prélevaient des droits sur les produits du territoire breton exportés par les marches du
Maine, de l'Anjou et de la Normandie. Ces impôts sont
signalés comme manifestement contraires à l'esprit
du contrat d'union, parce qu'au lieu de confondre les
intérêts de l'ancien duché avec ceux du royaume, ils
tendent à les séparer. Les états de 1582 virent s'engager des débats fort animés, principalement soutenus
par le sieur de Cucé, premier président du parlement,
et par le sieur Myron, trésorier de France et général
des finances en Bretagne, commissaires du gouvernement. Les trois ordres concédèrent au roi le fouage
habituel de sept livres sept sous par feu, accru d'une
légère redevance pour l'entretien de quelques compagnies de gendarmerie; ils votèrent sur leurs revenus
ordinaires l'octroi annuel d'une somme de 70,000
écus pendant cinq ans, mais en subordonnant ce vote
à la condition qu'il plairait à Sa Majesté d'accorder
les requêtes énoncées dans leurs cahiers et de casser
toutes les nouvelles érections d'offices, « la province
et les communautés urbaines gardant le droit de
constituer leurs agents de la manière qu'elles estime-
ront la plus utile à leurs intérêts. »

Les états de 1582 marquent une date importante

dans l'histoire de la province, car ils furent présidés
par Philippe-Emmanuel de Lorraine, duc de Mercœur,
auquel le roi son beau-frère venait de concéder le
gouvernement de la Bretagne au préjudice des droits
précédemment attribués au jeune prince de Dombes,
petit-fils du duc de Montpensier [1]. Ce prince ne tarda
pas à engager la province dans une politique en désaccord complet avec celle qui avait prévalu depuis
plus de vingt ans. Ce pays avait vu, depuis le commencement des troubles, éclater dans le royaume
quatre guerres civiles auxquelles il était demeuré
étranger, recevant à peine le contre-coup des agitations qui ensanglantaient les contrées voisines. Les
sympathies de la catholique Bretagne pour la maison
de Guise n'y avaient déterminé jusqu'alors ni armements, ni manifestations éclatantes. La Ligue, qui avait
depuis six ans un grand conseil de gouvernement à
Paris et des agents accrédités dans les cours étrangères, n'avait pas encore pris racine en Bretagne ; ce
n'est que vers 1585 qu'on en rencontre les premières
traces sérieuses. A cette époque, on voit succéder tout
à coup à une longue tranquillité les horreurs d'une
guerre acharnée. Quelle part faut-il faire aux événements dans cette transformation soudaine? quelle influence est-il juste d'attribuer au nouveau gouverneur de la province? que faut-il penser surtout des

1. Les lettres de provision accordées par Henri III au duc
de Mercœur sont datées de Bourbon-Lanci, le 5 septembre
1582.

sentiments que la Bretagne entretenait alors à l'égard
de la monarchie française?

Les faits exposés plus haut ont répondu d'avance à
ces questions. L'édit d'union n'avait pas été agréable
à la Bretagne, mais il y avait été universellement accepté comme nécessaire, et depuis 1532 le pays avait
plutôt profité que souffert de son association au sort
de la grande monarchie voisine, car il en était devenu
partie intégrante en conservant la plénitude de sa vie
nationale. Ses richesses avaient augmenté par l'extension de son commerce maritime principalement avec
l'Espagne et le Portugal, et la France avait fait la
fortune militaire de quelques gentilshommes bretons
entrés à son service, sans imposer encore ce service
lui-même à la masse des populations. Le pays, qui
connaissait à fond ses droits comme doivent toujours
les connaître les peuples jaloux de les faire respecter,
les avait vu violer plus d'une fois; mais les résistances
n'avaient pas eu moins d'éclat que les griefs, et la
liberté de la plainte ne manqua jamais de provoquer
le redressement.

On a vu par des témoignages authentiques avec
quelle vivacité se produisait le sentiment breton et
quelle séve possédaient les institutions nationales. Un
peuple sensé ne pouvait aspirer à changer un pareil
état de choses au prix de chances terribles et incertaines. Aussi est-il impossible de trouver dans les
faits quelque fondement pour l'opinion toute moderne
qui voudrait expliquer par une arrière-pensée de sé-

paration la guerre engagée en 1589 contre Henri IV par la presque totalité du pays. Il ne faut jamais que les historiens prêtent aux peuples ou trop d'esprit ou trop de calcul, car il est rare qu'aux heures solennelles de leur vie ceux-ci ne disent pas ce qu'ils pensent, ou qu'ils pensent autre chose que ce qu'ils disent. La dissimulation, qui est le tort des individus, n'est jamais celui des masses. Les nations qui meurent ne mentent pas, et si le duc de Mercœur conspira pour se ménager une souveraineté, il eut si peu la Bretagne pour complice qu'il n'osa pas même la prendre pour confidente.

CHAPITRE II

Lorsqu'en 1579 Henri III procurait au duc de Mer-cœur la main de Marie de Luxembourg-Martigues, c'était afin d'assurer à son jeune beau-frère le gou-vernement de la Bretagne. Déjà menacé par la Ligue et bientôt conduit à la sanctionner faute de se sentir assez fort pour la combattre, il mettait une grande province à la discrétion d'un prince lorrain qui pou-vait à un double titre s'y présenter comme prétendant. Par sa propre descendance de la maison de Châtillon comme par celle de sa femme, Philippe-Emmanuel de Lorraine se trouvait en effet réunir et confondre sur sa tête tous les droits des comtes de Blois et de Pen-thièvre [1]; mais des considérations de prévoyance n'é-taient pas de nature à retenir un monarque insou-ciant qui jouissait du présent sans rien attendre de l'avenir.

1. *Alliances de la maison de Lorraine*, par Pierre Birée, in-12 ; Nantes 1593.

Durant les premières années de sa résidence en Bretagne, l'attitude du duc de Mercœur fut irréprochable. Pendant que le chef de la maison de Guise imposait les armes à la main à la faiblesse de Henri III le traité de Nemours, son parent protestait au sein des états de Bretagne de son dévouement pour le monarque aux ordres duquel il continuait à déférer[1]. L'attitude réservée de Mercœur vis-à-vis du duc de Guise et de la Ligue aurait-elle contrarié sa pensée secrète, qu'elle lui eût été imposée par le sentiment général de la province. Depuis le commencement des guerres de religion et des intrigues princières développées à leur ombre, la Bretagne s'était trop bien trouvée de sa circonspection pour consentir à y renoncer au profit d'une ambition particulière. Si elle changea soudainement d'attitude, ce fut sous l'empire d'un intérêt moins égoïste et sous le coup d'une sorte de nécessité.

Le nouveau gouverneur arrivait-il dans cette province avec la résolution déjà arrêtée de profiter des chances de la guerre civile pour faire valoir ses prétentions à la couronne ducale, dès que la mort de Henri III lui en fournirait l'occasion? La plupart des historiens contemporains l'affirment. De Thou le pense comme d'Aubigné, Davila semble le croire comme Mathieu. Cette opinion a été adoptée par les auteurs de

1. Registres manuscrits des états de Vannes de 1582, des états de Nantes de 1585. — *Actes de Bretagne*, t. III, col. 1467 et suiv. — *Histoire de dom Taillandier*, liv. xix.

l'histoire bénédictine, ardemment dévoués à l'autorité royale et très-opposés à la Ligue ; elle est donc
consacrée par une tradition à peu près générale. Les
écrivains modernes sont allés plus loin, car ils ont
prétendu faire entrer toute la population bretonne dans
le complot tramé par le duc de Mercœur, et pour eux
la guerre acharnée qui commença en Bretagne en
1589 pour ne finir qu'en 1598 s'est résumée dans une
tentative avortée de séparation [1].

Si autorisée que soit aujourd'hui cette opinion, on
est conduit à reconnaître, lorsqu'on serre les faits de
plus près, qu'elle ne repose sur aucune base solide, et
qu'en résistant à Henri IV, personne en Bretagne ne
songeait à déchirer le contrat de mariage de la duchesse Anne. Le duc et plus encore la duchesse de
Mercœur auraient été fort heureux sans nul doute de
voir s'accomplir le beau rêve d'une restauration ducale ; et, lorsqu'il leur naquit un fils qui reçut le nom
de Bretagne, ils aimaient peut-être à penser que ce
nom cesserait un jour d'être un vain titre [2] ; mais rien

---

1. Voyez surtout *la Ligue en Bretagne*, par M. L. Grégoire,
professeur d'histoire au lycée de Nantes, 1 vol. in-8, 1856 ;
Paris, Dumoulin.

2. Les historiens modernes ont tous attaché une importance
qu'elle n'eut jamais à cette qualification attribuée à l'enfant
dont la duchesse de Mercœur accoucha en 1589. Malgré l'édit
de François Ier qui avait, après la réunion, interdit de prendre
à l'avenir le nom et les armes de Bretagne, ce nom continua
d'être porté par tous les membres de la maison de Brosse-
Penthièvre, et le duc d'Étampes lui-même, gouverneur de la

ne constate chez eux la ferme volonté de donner à
ce rêve le caractère d'un projet sérieux ; et quand
on étudie dans ses manifestations les plus vives le
sentiment public, il faut bien reconnaître que, si la
Bretagne suivit son gouverneur dans la lutte commencée en 1589, elle l'aurait abandonné, si d'une
lutte engagée contre un roi protestant ce prince avait
prétendu passer à une guerre contre la monarchie
française.

. La duchesse de Mercœur, *la belle Nantaise*, mettait une grâce charmante à rappeler son origine bretonne au peuple de sa ville natale ; elle se mêlait à ses
fêtes et à ses jeux, s'associant à toutes les manifestations de sa haine contre les huguenots ; elle ne dé-
ployait pas moins d'habileté pour se concilier la rude
noblesse, demeurée ardemment catholique malgré la
défection des grandes maisons féodales, passées au
calvinisme. Dans sa cour prude et pédante, qui laissait pressentir l'hôtel de Rambouillet, on célébrait en
vers et en prose sa beauté et sa vertu, pendant que
des historiographes dévoués révélaient à la Bretagne
l'origine carlovingienne de la maison de Lorraine.
Pierre Biré, Julien Guesdon, emphatique auteur des
Loisirs de Rodope, Nicolas de Montreux, bel esprit
qu'aurait jalousé Voiture et qui portait sur ce Par-
nasse le nom d'Olénix du Mont-Sacré, d'autres écri-

province pour le roi, le prenait dans tous les actes officiels.
Voyez *Actes de Bretagne*, t. III, col. 1205 et suiv.

vains, dont les ouvrages imprimés à Nantes de 1589 à
1598 dorment aujourd'hui sous la poussière des bibliothèques, avaient entrepris en faveur de leur pro-
tectrice une sorte de croisade littéraire. Il n'était pas
de couronne qui pût rehausser l'éclat de son beau
front, et le premier trône du monde aurait été un
escabeau peu digne de ses pieds. Son illustre époux,
issu du sang impérial, réunissait les qualités d'A-
lexandre et de César, et la victoire de Craon n'était
pas moins glorieuse que celle d'Arbelles. Lorsque la
guerre civile fut engagée, la pléiade lutta de violence
avec le célèbre Le Bossu, le théologal Christi, le jaco-
bin Lemaistre et tous les prédicateurs de Nantes, fort
dignes à tous égards de figurer à côté de ceux de
Paris ; mais ni dans ces nuages d'encens ni dans ces
débordements de fureur il n'est possible de surprendre
d'invitation à séparer la Bretagne de la France et à
relever le trône des anciens ducs au profit de leur
noble fille. Aucune allusion précise ne s'applique à
ces ambitieuses espérances, lesquelles pouvaient cependant se produire en toute sûreté au sein de la
ville de Nantes, demeurée près de dix ans sans rapport avec l'autorité royale. Personne n'osait sans doute,
puisque les poëtes eux-mêmes n'osaient pas. C'est que
de tels vœux, probablement fort agréables au duc et à
la duchesse de Mercœur, ne correspondaient point au
sentiment qui avait mis les armes à la main de ce
peuple sincère et loyal. Les états de la Ligue assemblés à Nantes par Mercœur en 1592 étaient les véri-

tables organes de l'opinion lorsqu'ils affirmaient
« vouloir vivre et mourir inviolablement dévoués à la
monarchie, dont *ils demeuraient avec regret séparés
en attendant qu'il plût à Dieu de donner à la France
un roi catholique.* » Telle est la vérité, et bien loin
que Mercœur par ses hésitations ait manqué à la Bretagne, c'est au contraire la Bretagne qui a manqué à
Mercœur.

S'il avait convenu à ce pays de relever son étendard semé d'hermines, jamais circonstances n'auraient été plus favorables, car l'héritier de la maison
de Penthièvre avait à faire valoir des titres très-spé-
cieux au moment même où la province prenait les
armes sous une impulsion irrésistible. La mort du duc
d'Anjou, survenue en 1584, avait imprimé à l'opinion
publique un cours tout nouveau. Cette mort enlevait
au royaume la perspective d'une succession catholique, puisque la précoce sénilité de Henri III ne laissait plus attendre d'héritier du trône, et que la loi
fondamentale appelait à la couronne le roi de Navarre, chef reconnu du parti protestant. Aussi plusieurs villes importantes adhérèrent-elles à l'union, et
le parti de la Ligue se trouva-t-il constitué en Bretagne,
non pas, comme le disent la plupart des historiens,
par le travail et l'habileté du gouverneur, mais par la
pression qu'exerça sur les esprits un avenir fatal et
prochain.

Bientôt Henri III, chassé de sa capitale par un prince
devenu l'expression vivante des passions populaires,

recourait à l'assassinat pour se débarrasser aux états de Blois d'un ennemi non moins puissant au sein des trois ordres que dans les rues de Paris, et ce crime soulevait la France presque tout entière. Quelques mois plus tard, le coup de poignard de Jacques Clément répondait au coup de dague de Lognac, et dans la nuit du 2 août 1589 le camp de Saint-Cloud, plein de tumulte et d'anxiété, avait soudainement à résoudre le formidable problème que le droit héréditaire de Henri de Navarre venait poser pour le royaume très-chrétien.

Le meurtre du duc de Guise et du cardinal de Lorraine, qui avait séparé du roi la plus grande partie du royaume, eut en Bretagne un effet prompt et décisif. Cette province, jusqu'alors paisible, parut se repentir tout à coup de sa longanimité, et si elle s'engagea la dernière dans la lutte, ce fut avec la résolution d'y persévérer jusqu'au bout. A Nantes, la population courut aux armes, et des prédicateurs à la parole ardente et populaire devinrent les chefs du mouvement irrésistible, à la tête duquel Mercœur se trouva naturellement placé. Toutes les villes de quelque importance constituèrent, sous le nom de *corps politiques,* des assemblées paroissiales délibérantes où l'ardeur populaire triompha sans peine des hésitations de la bourgeoisie. Ces assemblées ne refusèrent rien au duc de Mercœur, consacré à leurs yeux par le sang du chef de sa maison; et ce prince, non pas sans le vouloir, mais sans avoir personnellement agi, fut proclamé tout d'une voix *chef et gouverneur de la Bretagne pour le maintien et tuition de la réligion catholique, apostolique et romaine, la conservation et liberté de la province, en attendant l'assemblée des états*[1]. Ce mouvement démocratique précéda la dernière résolution de Mercœur, et l'on pouvait juger qu'il serait irrésistible avant même que ce prince eût congédié M. de Gesvres, que lui avait expédié Henri III à la suite du meurtre de son cousin, afin de lui offrir des garanties pour sa sûreté personnelle.

Après le départ de cet agent confidentiel, le duc ne garda plus aucun ménagement avec le monarque. La duchesse de son côté entra dans la lutte avec la fermeté de son caractère et l'ardeur d'une ambition longtemps contenue. Elle pratiqua le capitaine Gassion, ancien serviteur de la maison de Penthièvre, qui commandait pour le roi le château de Nantes, et cet officier n'opposa nulle résistance au peuple, qui eut bientôt enlevé cette puissante forteresse. Remise aux mains d'un ligueur dévoué, elle servit de prison aux magistrats royalistes qu'envoyaient chaque jour à Mercœur les diverses villes de la province, à mesure qu'elles s'engageaient dans l'insurrection. Sous l'impulsion que lui imprimait la commune de Nantes, le

---

1. Les riches archives de Nantes contiennent un très-grand nombre de procès-verbaux de ces assemblées paroissiales, qui, durant la guerre de la Ligue, fonctionnèrent avec ardeur dans toutes les villes de Bretagne. M. Mellinet a donné plusieurs de ces délibérations intégrales ou par extrait dans *la Commune de Nantes*, t. III et IV.

flot montait en effet d'heure en heure. Il couvrit bientôt la péninsule entière. Dans cette vaste province, l'autorité du roi ne fut plus reconnue que dans quelques villes de guerre munies de garnisons françaises et dans un certain nombre de châteaux fortifiés appartenant pour la plupart aux maisons de Rohan, de Laval et de Rieux, alors engagées dans le parti protestant.

Rennes avait suivi l'exemple des autres cités bretonnes et s'était ralliée à la Ligue. Le sire de Talhouët, ardemment dévoué à ce parti, s'étant fait assister par une troupe de bourgeois et par quelques chanoines, avait ameuté le peuple en annonçant l'entrée prochaine dans la ville d'une bande de huguenots commandée par l'un des principaux gentilshommes de cette religion, le sire de Montbourcher, seigneur du Bordage. Sur ce bruit, d'ailleurs mal fondé, des barricades avaient été dressées, et MM. de La Hunaudaye et de Montbarot, le premier lieutenant général pour le roi dans la Haute-Bretagne, le second gouverneur de Rennes, avaient dû se retirer dans la citadelle avec toute la garnison. Promptement informé du mouvement populaire qui semblait devoir lui assurer la possession de cette importante cité, Mercœur était accouru pour sanctionner ce mouvement par sa présence. Ce prince parut à l'hôtel de ville, où il fut chaleureusement acclamé. Le lendemain, il vint au parlement, quoiqu'il n'ignorât pas l'attachement profond de ce grand corps pour l'autorité royale; mais un silence glacial accueillit sa déclaration de ne plus déférer aux ordres d'un roi auquel il imputait tous les crimes, à commencer par le plus invraisemblable de tous, le dessein arrêté de détruire la religion catholique. Un avis mystérieux reçu pendant la séance le détermina à quitter tout à coup la salle[1] et bientôt après la ville elle-même.

Sans s'inquiéter des forces militaires dont disposaient encore les serviteurs de l'autorité royale enfermés dans la citadelle, sans se rendre compte de l'immense autorité morale assurée à une compagnie aussi puissante que l'était le parlement de Bretagne dans la ville où il siégeait, Mercœur commit la faute de s'éloigner en concentrant tous ses efforts et toutes ses pensées sur le siège de Vitré, forte place qui, au milieu de l'insurrection générale de la Haute-Bretagne, restait désormais la seule porte par où les forces françaises pussent encore pénétrer dans la province. Pendant qu'il attaquait ce boulevard de l'hérésie, fief de la maison de Laval, avec l'assistance de toutes les populations rurales, Mercœur fut surpris par une nouvelle fort inattendue; son imprévoyance venait de recevoir un châtiment mérité : Rennes avait pour jamais échappé au parti de l'union catholique, et la ville parlementaire allait demeurer inébranlablement fidèle à la cause royale au milieu d'une contrée où Mercœur exerça durant plusieurs années une autorité à peu près souveraine.

1. C'est ce qui résulte des énigmatiques paroles du notaire royaliste Pichart dans son journal, tenu avec la sécheresse d'un répertoire, à la date du mardi 15 du mois de mars 1589.

Le complot qui enleva Rennes à la Ligue est probablement le seul qui ait jamais été tramé dans une chambre de notaires et exécuté par des gens de loi la hallebarde à la main. Quelques jours après le départ de Mercœur, le sénéchal et plusieurs notables de la ville, voulant la soustraire aux séditieux, « conférèrent ensemble de le faire et regardèrent comme ils y mettraient ordre. Ils conclurent que ledit jour de mercredi que les notaires étaient de garde, ils se saisiraient des clés de la ville et avertiraient les principaux des nôtres, qu'ils savaient tous être bons serviteurs du roi. Et de fait le mardi au soir, comme on était à bailler le mot d'ordre et à asseoir les gardes, ils commencèrent à mettre des hommes à eux en la tour aux foulons... La compagnie des notaires se saisit donc au matin de ladite tour, et alla criant par la ville *vive le roi!*... L'on était près d'entrer à l'église lorsque l'alarme arriva. Cela fit au prédicateur oublier son sermon, encore qu'il eût dit les jours précédents qu'il était prêt à mourir plutôt que jamais tenir le parti du roi[1]. » D'autres mémoires contemporains complètent les détails relatifs à cette surprise. Dans ceux du capitaine de Montmartin, ardent calviniste, nous voyons le sénéchal de Rennes, Mᵉ Guy Le Menneust, et les présidents Barin et Harpin courir *fort vertueusement* les rues armés d'une hallebarde, ameutant au cri de *vive le roi*, « qui semblait venir du ciel, » tous les suppôts

1. *Journal de Pichart,* col. 1699.

de la justice dont foisonnait la ville, et procédant eux-
mêmes à l'arrestation des principaux ligueurs surpris
et confondus. Le succès de cette journée paraît à
Montmartin tenir du miracle, « Dieu ayant manifestement jeté l'œil de sa miséricorde sur la malheureuse
Bretagne, qui semblait entièrement perdue, de telle
sorte que tout se trouva réduit sous l'autorité du roi
en son pristin état et ordre[1]. »

Lorsque les membres du parlement se sentirent
raffermis sur leurs siéges, leur premier soin fut de décréter le duc de Mercœur rebelle et criminel de lèse-
majesté. D'autres arrêtés ne tardèrent pas à atteindre
tous ses partisans, et autorisèrent les fidèles sujets du
roi à saisir, même sans le ministère de la justice, leurs
personnes, biens, terres et maisons. Le parlement fit
injonction à la chambre des comptes siégeant à Nantes
d'avoir à se transporter immédiatement à Rennes sous
peine de forfaiture ; enfin il défendit, sous peine de
mort, d'obéir à d'autres ordres que ceux qui seraient
donnés par les deux lieutenants généraux, MM. de
La Hunaudaye et de Fontaines, et pour la ville par
M. de Montbarot[2]. Afin de défendre cette vieille place,
entourée de campagnes soulevées, Montbarot dut déployer les dons les plus rares de l'esprit militaire. Les
magistrats, soutenus par leur foi inébranlable dans

1. Mémoires de Jean du Matz, seigneur de Terchant et de
Montmartin, gouverneur de Vitré, dans le *Supplément aux
preuves*, CCLXXVIII.

2. Registres du parlement de Rennes, arrêts des 7, 12, 21
avril 1589.

l'autorité monarchique, acceptèrent sans hésiter les périls d'une lutte où il y allait pour chacun d'eux de la fortune et de la vie. De tels hasards ne s'affrontent pas sans surexciter les passions chez les plus honnêtes. Aux fureurs de la guerre par les armes ne tardèrent pas à répondre les violences de la guerre par les arrêts. Le parlement de Rennes et celui que Mercœur s'était hâté d'instituer à Nantes rendirent bientôt l'un contre l'autre des sentences infamantes, conviant les citoyens au meurtre et à la spolation, les provoquant à courir sus d'une part aux ennemis de la monarchie, de l'autre aux ennemis de la religion.

Un jour, c'était au commencement du mois d'août 1589, le parlement, aux mains duquel ont passé tous les pouvoirs, est informé que le sénéchal de Fougères vient d'arriver à Rennes porteur d'une communication du duc de Mercœur. Ce prince fait savoir aux magistrats et aux bourgeois de cette ville que Henri III vient d'être assassiné et que ce prince expirant a désigné pour son successeur le roi de Navarre; il ajoute, comme une conséquence nécessaire de cette situation nouvelle, qu'il faut ou adhérer à l'union catholique dont il est le chef, ou reconnaître un roi protestant. Les magistrats se roidissent contre l'alternative qui les trouble. Au lieu de s'assurer de la vérité d'une pareille nouvelle, ils n'hésitent pas à y voir une odieuse machination; en vain le malheureux sénéchal prend-il Dieu à témoin de sa parfaite sincérité, il est jugé, condamné à mort séance tenante et immédiatement exécuté. « Ce

factieux, nous dit Montmartin avec un sauvage laco-
nisme, fut pris, pendu et étranglé à l'instant. Le président Barin, bon serviteur du roi, y mit la main[1]. »
C'est à se demander si ce fut à la sentence ou à la
corde! Quoi qu'il en soit de ce meurtre juridique, le
fait de la mort de Henri III n'était plus contestable le
lendemain, et deux jours plus tard le duc de Mercœur
faisait pendre à Nantes par représailles un magistrat
royaliste fortuitement tombé entre ses mains[2]. Ces
respectables magistrats, rapprochés la veille par une
estime mutuelle et qui s'excommuniaient réciproquement, n'étaient pas cependant séparés par un abîme.
Royalistes et Français, ils souhaitaient le triomphe de
la royauté française; catholiques, ils voulaient cette
royauté catholique, et la fatalité des circonstances les
conduisait à s'entr'égorger malgré la communauté de
leurs croyances et l'identité de leurs aspirations politiques. Dans les discordes civiles, les questions de
conduite entretiennent presque toujours des inimitiés
plus implacables que les questions de principe, car
l'on pardonne plus facilement à ses adversaires qu'à
ses amis.

A Rennes, on pensait au fond comme à Nantes, car
au parlement royaliste aucun magistrat n'estimait possible de constituer en France une royauté protestante,
et au parlement de la Ligue nul ne désirait remplacer
la dynastie capétienne par une dynastie espagnole ou

1. Mémoires de Montmartin, cclxxxiii.
2. D. Taillandier, liv. xix, p. 376.

lorraine[1]. Une pareille pensée ne se produisit jamais au sein des états convoqués à Nantes par le duc de Mercœur. La Ligue conserva donc à Nantes, malgré la violence des attaques à la personne du roi, une modération politique qu'elle perdit bien vite à Paris sous l'impulsion des agents espagnols. S'il exista jamais aux états de Bretagne un parti lorrain à proprement parler, il y garda un silence prudent malgré les agaceries de la duchesse de Mercœur. Pour ce qui touche l'Espagne, on était si loin de vouloir livrer à Philippe II la monarchie de saint Louis ou l'héritage d'Anne de Bretagne, qu'au moment même où les ligueurs, menacés par les premières opérations du maréchal d'Aumont, appelaient avec le plus d'insistance les secours du roi catholique, ils prenaient contre leurs suspects alliés les mesures de méfiance les moins équivoques et les plus blessantes.

Constituée en France dès l'année 1577 dans un pur intérêt d'influence, et lorsqu'il n'y avait pas encore à se préoccuper de l'éventualité d'une succession protestante, la Ligue était parvenue à enrôler les consciences au service de hautes ambitions; on comprend fort bien dès lors que cette grande faction s'y soit divisée en parti guisard, en parti espagnol et en parti politique, selon la diversité des résultats que

---

1. Le caractère monarchique et français des états de la Ligue a été mis hors de doute dans un excellent travail sur les procès-verbaux de cette assemblée, publiés par M. de Kerdrel, dans la *Revue de Bretagne*, décembre 1857.

chacun se proposait d'atteindre. En Bretagne au contraire, la Ligue, organisée plus tard et dans la seule
pensée de combattre un péril nettement défini, ne
permit ni à Mercœur, quoiqu'il dirigeât les forces
bretonnes, ni à Philippe II, quoiqu'il occupât le pays
par un corps d'armée, de substituer un intérêt politique à une question toute religieuse. L'honnêteté
publique découragea les plus persévérantes ambitions,
et cette malheureuse péninsule, envahie à la fois par
les Espagnols et par les Anglais, éleva une barrière
d'airain contre les uns et contre les autres.

Les magistrats de Rennes, demeurés fidèles au
nouveau roi, détestaient aussi cordialement les Anglais, qui servaient alors la cause de ce prince, que
les magistrats de Nantes redoutaient les Espagnols,
dont ils étaient contraints de réclamer les secours.
Les parlementaires royalistes étaient des catholiques
fort ardents, qui n'avaient jamais eu de goût pour la
messe du chancelier. Ils étaient même ennemis si
prononcés de la réforme et si peu disposés à la tolérance religieuse, que les huguenots étaient beaucoup
plus maltraités à Rennes sous le gouvernement royaliste qu'ils ne le furent à Nantes sous la domination
des ligueurs [1]. C'est que le duc de Mercœur pouvait

1. Les registres du parlement de Rennes du mois d'août
1589 au mois de février 1598, époque de la pacification, contiennent des arrêts nombreux rendus contre divers habitants
suspects d'hérésie, emprisonnés ou éloignés pour cette cause;
on y trouve également des interdictions portées contre la circulation de certains livres, etc. Les profanations commises

rester modéré, parce qu'en matière d'orthodoxie il n'était suspect à personne, tandis que le prince de Dombes et tous les serviteurs catholiques du roi protestant exagéraient à tout propos la répression religieuse, appliquant avec une rigueur calculée les édits du règne précédent, afin de détourner les suspicions populaires, toujours en éveil contre eux. Ils avaient reconnu le nouveau souverain pour deux motifs : d'une part, ils professaient la doctrine de l'inamissibilité du droit royal, qui depuis Louis IX jusqu'à Louis XIV constitua la foi politique de la magistrature française ; de l'autre, ces magistrats étaient si parfaitement convaincus de l'impossibilité où serait Henri IV de gouverner son royaume sans embrasser la religion des neuf dixièmes de ses sujets, qu'ils ne mettaient point en doute sa conversion prochaine, se refusant dès lors à sacrifier une loi fondamentale à un embarras momentané. Jusqu'à son abjuration de Saint-Denis, attendue quatre ans, le parlement et les états de Bretagne rappelèrent chaque année au roi en termes respectueux, mais fort nets, sa promesse de se faire prochainement instruire, promesse sans laquelle il aurait été abandonné au camp de Saint-Cloud par la presque totalité de la noblesse catholique, et qui lui

dans les églises par les Anglais, qui constituaient alors la principale force de l'armée royale en Bretagne, sont aussi l'occasion de remontrances fréquentes adressées à Henri IV, même avant sa conversion, par les membres du parlement et par les trois ordres des états.

avait concilié, dès le jour de son avénement, l'adhésion des cinq sixièmes de l'épiscopat français.

Lorsqu'en s'isolant du milieu dans lequel nous vi-
vons aujourd'hui on se replace par la pensée dans
l'atmosphère de ce temps, on comprend quelles angoisses le problème posé par l'avénement du roi de
Navarre dut susciter alors dans les consciences. Violer
la loi fondamentale de l'hérédité monarchique au détriment du chef de la maison de Bourbon, c'était livrer
la France à des perturbations sans fin et provoquer
les prétentions très-périlleuses de l'Espagne, qui se
prévalait du droit des femmes; mais quelles perspectives ne présentait pas d'un autre côté le parti contraire! La proclamation d'un prince protestant dans
une monarchie catholique constituait dans l'ordre politique comme dans l'ordre religieux une révolution
immense à laquelle rien n'avait encore préparé la
conscience publique. Je m'étonne que le savant historien de Henri IV ait pu assimiler sérieusement, en
matière de liberté religieuse et d'organisation sociale,
la France de 1589 à la Belgique de 1831, et croire
qu'un pareil changement aurait été sans conséquence
au seizième siècle parce qu'il n'a pas eu d'importance
au dix-neuvième [1]. Dans une société où les décisions
des conciles avaient le caractère de lois de l'État, où
le souverain, se qualifiant d'évêque du dehors, recevait à Reims le sacrement de la royauté, substituer à
l'union intime des deux puissances une séparation

1. M. Poirson, *Histoire du règne de Henri IV*, t. I.

dont aucun esprit n'avait encore conçu l'idée, c'était provoquer un bouleversement tout aussi radical que pourrait l'être de nos jours là substitution du droit canon au code civil ou de la législation criminelle de saint Louis à celle du code pénal. Henri IV aspira de bonne heure sans doute à devenir un jour le roi d'une transaction, mais il ne pouvait remplir ce rôle que dans la plénitude de sa force et après l'avoir conquise en se mettant en communion avec la grande majorité de ses sujets. Quelle autorité morale aurait de nos jours dans une monarchie constitutionnelle un souverain qui nierait la constitution? La haute raison de ce prince lui avait fait comprendre ceci bien avant son avénement au trône. Sa correspondance ne laisse aucun doute sur ce point[1]. Ce qui résulte également des faits les mieux établis, c'est qu'au mois d'août 1593 les affaires du roi, d'abord prospères, étaient retombées dans une situation si périlleuse qu'il lui fallait ou désespérer du succès ou donner suite sans plus tarder à sa promesse de se faire instruire. L'abjuration de Saint-Denis fut imposée au monarque par une impérieuse nécessité, et c'est la première victoire constatée de la souveraineté populaire sur le droit héréditaire.

---

1. On peut voir entre autres, au tome II de la collection des *Lettres historiques de Henri IV*, la lettre à MM. de la faculté de théologie au collége de Sorbonne, 2 octobre 1585, et la déclaration à MM. du clergé, de la noblesse et du tiers état, du 1er janvier 1586.

Lorsque la France était généralement résolue à
n'obéir qu'à un roi catholique, il n'y a pas à s'étonner
que la Bretagne se montrât plus irréconciliable encore avec la royauté protestante. Malgré la courageuse attitude du parlement de Rennes, malgré
la fidélité des garnisons françaises dans les villes
closes, on peut dire que le pays avait échappé à
Henri IV sans aucune intention de se détacher de la
monarchie. Dans sa durée de sept années, la guerre
civile passa dans cette province par deux phases très-
distinctes : elle fut soutenue avec ardeur par toutes
les classes de la société jusqu'à l'acte religieux qui fit
tomber la barrière élevée entre la France et son roi;
puis à la lutte où la population s'était engagée par
un devoir consciencieux succéda, de 1593 à 1597,
une épreuve terrible. La Bretagne, occupée par les
Anglais et les Espagnols et pillée par des brigands,
eut à supporter les souffrances des grandes invasions
barbares. Le fer, le feu, la famine et jusqu'aux bêtes
féroces attirées par le meurtre et la dévastation tortu-
rèrent ce malheureux petit peuple. La guerre civile
devint enfin dans cette contrée retirée une lucrative
spéculation pour des monstres que le duc de Mercœur
dut ménager, faute de pouvoir les faire pendre, et
que Henri IV se trouva conduit à traiter avec beaucoup plus de faveur qu'il n'en aurait accordé à des
belligérants réguliers.

Je ne me propose pas d'écrire l'histoire de la Ligue
en Bretagne, et j'ajoute que cette époque attend plutôt

un romancier qu'un historien. Les événements s'y déroulent dans une suite d'épisodes pittoresques auxquels manque la vraisemblance, lors même que la vérité en est le mieux constatée. Le peuple qui occupe cette scène sauvage unit à de naïves et touchantes vertus une sorte d'impassibilité qui le conduit à commettre comme à endurer des atrocités sans exemple. Surprises de places, dans lesquelles la ruse ne joue pas un moindre rôle que la force, défis chevaleresques qu'aurait immortalisés Froissart, insurrections de paysans suivies d'égorgements sans merci, mise à sac des châteaux, incendie des chaumières, populations affamées et dévorées par les loups, telles sont les scènes fantastiques et sanglantes qui s'accumuleraient dans ces pages, s'il se rencontrait jamais un grand peintre que tenteraient de pareils tableaux. Les témoignages écrits surabondent d'ailleurs, car aucune province n'est aussi riche que la Bretagne en monuments historiques de cette époque. Ni Montmartin le huguenot, ni Pichart le politique, ni d'Aradon l'ardent ligueur, ni La Landelle, ni Piré [1], ne sont assurément

---

1. J'ai déjà parlé du capitaine de Montmartin. — Jérôme d'Aradon, seigneur de Quinipily, frère de l'évêque de Vannes, fut un des plus braves lieutenants de Mercœur, dont il suivit jusqu'au bout la fortune. Ses mémoires, qui commencent en juin 1589 pour finir en août 1593, ont été insérés dans le *Supplément aux preuves de l'Histoire de Bretagne*. Nicolas Frotet, sieur de La Landelle, auteur de *la Ligue à Saint-Malo*, fut l'un des chefs les plus importants de la grande commune malouine. Rosnyvinen de Piré, conseiller au parlement de

des écrivains, et de tous les chroniqueurs bretons de
ce temps-là le chanoine Moreau mériterait seul ce
titre ; mais en joignant leurs témoignages aux actes
réunis par D. Morice et D. Taillandier on obtient un
vaste ensemble de documents qui manquait à Walter
Scott lorsqu'il jetait à l'avide curiosité de l'Europe
les *Chroniques de la Canongate* et les chefs-d'œuvre
qui suivirent. En attendant qu'on la raconte et qu'on
la peigne, je voudrais déterminer le vrai caractère de
cette lutte d'après la part qu'y prirent en Bretagne les
prêtres, les gentilshommes, les bourgeois et les paysans.

Le clergé presque tout entier s'engagea dans la
guerre dès le début. Tandis que, sur les cent dix-huit
archevêques et évêques que comptait alors le royaume,
cent s'étaient prononcés pour Henri IV dans les trois
premiers mois de son avénement, des neuf évêques
de Bretagne un seul reconnut les droits de Henri
de Navarre. En prenant cette résolution, Philippe
du Bec, évêque de Nantes, souleva contre lui toute la
population de sa ville épiscopale et dut abandonner

Bretagne, a écrit au commencement du xviie siècle une *Histoire de la Ligue en Bretagne,* publiée en 1739 sous le nom de
Guyot-Desfontaines, en 2 vol. in-12. La Bibliothèque impériale
en possède un manuscrit, fonds Blancs-Mant., no 176, plus
complet que l'ouvrage imprimé. Enfin la piquante chronique
du chanoine Moreau, conseiller-clerc au présidial de Quimper, est spécialement consacrée aux diocèses de la Basse-
Bretagne. Elle a été imprimée pour la première fois en 1836
par M. Le Bastard du Mesmeur.

immédiatement son siége. Par un motif contraire, Aymar Hennequin, évêque de Rennes, avait dû fuir après le mouvement qui fit rentrer cette ville, en 1589, sous l'autorité de Henri IV, car il y avait été décrété d'accusation et de prise de corps comme ligueur. Prélat d'une éminente capacité, Hennequin joua durant quatre ans un rôle considérable dans le grand conseil de la Ligue à Paris, mais sans s'y livrer pourtant ni au duc de Mayenne ni aux Espagnols. Il importe de remarquer en effet qu'aucun des prélats de la Bretagne, si on excepte le ligueur fougueux George d'Aradon, ne s'inféoda aux factions étrangères. Aussi l'évêque de Rennes n'hésita-t-il pas à rentrer dans son diocèse et à reprendre sa place aux états de la province après la conversion du roi ; à la tenue de 1595, il présidait l'ordre du clergé. On peut donc dire qu'en s'engageant dans la Ligue l'épiscopat breton ne dépassa jamais la mesure dans laquelle se maintint constamment à Paris le parti dit politique. Il avait reconnu Henri IV bien avant que les négociateurs de ce prince eussent obtenu à Rome du saint-siége l'absolution si longtemps retardée par les efforts des agents espagnols.

L'attitude de la noblesse bretonne fut conforme à celle du clergé. La très-grande majorité des gentilshommes suivit le drapeau du duc de Mercœur, et l'hésitation ne pénétra dans ses rangs qu'après l'abjuration de Saint-Denis. Quand le prince de Dombes fut envoyé par Henri IV afin de remplacer comme gouverneur le

comte de Soissons, prisonnier de la Ligue, renfermé au
château de Nantes, il n'amena point au roi « plus de
la moitié de la noblesse bretonne, » comme le dit
M. Poirson, trompé par des témoignages inexacts.
Lorsque ce jeune prince se rendit à Laval afin d'y recevoir Henri IV, son escorte était des plus brillantes
sans doute, car elle était formée par les membres des
trois plus grandes maisons de la province, assistés
de gentilshommes dont plusieurs avaient poussé le
dévouement féodal jusqu'à la profession d'une foi
nouvelle. Mais cette escorte était très-faible numérique-
ment, et si la noblesse royaliste n'avait été constamment appuyée par les troupes anglaises, qui n'éva-
cuèrent la province qu'en 1595, elle n'aurait résisté
dans aucune rencontre à l'arrière-ban des gentilshommes accourus à l'appel du duc de Mercœur des
parties les plus reculées de la péninsule. En dehors
des places appartenant en propre à MM. de Rohan,
de Laval et de Rieux, il y avait très-peu de châteaux
fortifiés, habités par des gentilshommes, sur lesquels
flottât l'étendard fleurdelisé au moment où commença
cette longue suite de siéges presque toujours suivis
d'effroyables égorgements. Les garnisons royalistes,
bien pourvues d'artillerie, firent, ils est vrai, plusieurs
entreprises heureuses dans le rayon restreint où elles
pouvaient s'étendre ; mais elles perdirent la plupart de
ces conquêtes quand les Espagnols eurent débarqué à
Blavet des forces suffisantes pour tenir les Anglais en
respect. L'armée catholique fut toujours très-supé-

rieure en nombre à l'armée royale, qui ne comptait qu'une très-faible partie des Bretons. Aussi, quoique Mercœur n'eût pas déployé dans cette guerre les talents d'un grand général, remporta-t-il à Craon, en 1592, contre le prince de Dombes et les Anglais, une éclatante victoire, parce qu'il avait derrière lui toutes les forces vives du pays. Si le prince lorrain n'en recueillit pas le bénéfice, et si sa position militaire ne tarda pas à s'agraver, c'est que la noblesse était devenue plus économe de son sang depuis que par l'abjuration du roi sa conscience avait cessé d'être intéressée dans un débat désormais sans motifs.

Ce fut surtout dans le tiers état que la Ligue provoqua les plus longs et souvent les plus héroïques sacrifices. L'union ne fut jamais pour lui une conspiration d'ambitieux, car en poursuivant la guerre au détriment manifeste de leurs intérêts, ces bourgeois obscurs n'aspiraient qu'à la joie désintéressée de combattre pour une idée, comme on dirait de nos jours. Les problèmes agités en 1589 impliquaient, indépendamment de l'importance dogmatique qu'ils présentaient, des questions de souveraineté et de liberté sur lesquelles on ne saurait fermer aujourd'hui les yeux. La Ligue, qui atteignit son but religieux en manquant son but politique, avait donné un incroyable essor à la vie municipale en France; elle fit descendre le souci des intérêts publics jusqu'aux plus modestes foyers; on peut dire qu'elle fut l'œuvre d'un peuple honnête

exploité par des chefs sans moralité. La Ligue conserva la monarchie catholique, dont elle entendait
faire un pouvoir limité, mais qui devint absolu par
l'effet de la victoire du droit héréditaire. Les communautés de Bretagne parvinrent à créer pour résister
à l'armée anglo-française des ressources tellement
abondantes, que, si l'existence n'en était attestée par
d'authentiques témoignages, on serait tenté, en plaçant le présent en regard du passé, de rejeter comme
impossibles les faits les mieux constatés. Entre toutes
ces villes où les bourgeois passent leur vie sur les
remparts, pointant les canons et recevant des arque-
busades, il en est une dans laquelle l'esprit municipal se révéla sous un aspect si original et déploya
une telle puissance, qu'il convient de s'arrêter tout
d'abord devant ce phénomène historique.

La ville de Saint-Malo eut une destinée orageuse
comme les flots qui l'enlacent. Sujette des ducs, elle
se donne ou s'offre tour à tour au pape, à son évêque, au roi de France, à quiconque consent à l'assister dans ses efforts pour conserver ses franchises
et le droit, auquel elle tient par-dessus tout, de veiller elle-même à sa propre sûreté. Depuis la réunion
de la Bretagne à la monarchie, le corps de ville malouin, composé des douze *conservateurs* et des quatorze capitaines des compagnies de la milice, traite
directement avec les rois; il leur procure contre de
bonnes sûretés de l'or, des matelots et jusqu'à des
flottes; la ville fait des sièges et des blocus en trai-

tant par entreprise avec le gouverneur de la province [1] ;
elle passe des conventions commerciales avec les puissances maritimes, découvre sous des cieux nouveaux
des terres nouvelles, et vient à bout des plus périlleuses aventures à l'aide d'une population énergique
enrichie par le commerce du Nouveau-Monde; elle
poursuit enfin, et non sans faire de gros profits, les
galions de l'Espagne, les riches bâtiments de la Ta-
mise ou les navires armés par les huguenots de La
Rochelle.

Lors de la mort de Henri III, le gouvernement de
Saint-Malo appartenait à Honorat de Beuil, comte de
Fontaines, vice-amiral de France et l'un des deux
lieutenants généraux du roi en Bretagne. L'avénement d'un prince protestant produisit dans cette ville
le même effet que dans toutes les autres. L'émeute
éclate à la proclamation du nouveau souverain et
triomphe sans résistance; les compagnies bourgeoises, déjà maîtresses de la place, organisent le blocus
du château, où s'était renfermé le gouverneur avec
une faible garnison, les compagnies jurant de ne pas
déposer les armes avant que les états généraux du
royaume n'aient donné à la France un roi catholique.
Le comte de Fontaines n'était pas l'homme des résolutions héroïques. Une convention tacite intervint
entre lui et les bourgeois, par suite de laquelle il con-

---

1. *Vie du duc de Montpensier*, par Coutureau de la Faille,
p. 85.

tinua d'occuper le château au nom du roi, tandis que
la ville reconnaissait le gouvernement du duc de Mercœur. Fort inquiet de ne point émarger régulièrement au milieu de la guerre civile, le gouverneur
poussa la prévoyance jusqu'à se faire garantir ses
appointements sur les deniers municipaux, avec promesse, cet arrangement conclu, de ne s'opposer en
aucune façon au bon plaisir de messieurs de la ville.

Cet accord fut observé durant quelques mois ; mais
les calculs personnels ne sont guère compatibles
avec les situations violentes, et les passions étaient
trop excitées pour que cette neutralité concertée pût
protéger bien longtemps la garnison. Le bruit se répandit que le comte avait promis au roi de le recevoir
dans le château, lorsque après ses premiers succès en
Normandie, dans sa brillante campagne de 1589,
Henri IV conçut un moment la pensée de venir attaquer Mercœur en Bretagne. La perte du gouverneur
fut décidée sur le seul soupçon qu'il pourrait être
tenté d'accomplir son devoir. Au commencement de
1590, une escalade fut organisée par cinquante-cinq
jeunes gens formés à toutes les manœuvres comme à
outes les audaces de la vie maritime. Profitant des
ténèbres d'une nuit épaisse, ils parvinrent à l'aide
d'une échelle de corde à gagner la plate-forme d'une
tour qui se dressait au-dessus de la mer comme
un mât de cent pieds de hauteur. Surpris dans leur
sommeil, les soldats furent égorgés sans avoir pu se
défendre; le comte de Fontaines fut tué d'un coup

d'arquebuse [1] et l'incendie vint éclairer cette victoire, dont le pillage ne tarda pas à devenir le complément.

Sitôt que le duc de Mercœur fut informé de cet événement, il s'empressa d'écrire aux Malouins pour les féliciter d'un succès qui portait aux royalistes un coup très-sensible. Ils répondirent au prince en termes respectueux, mais calculés, qui laissaient clairement comprendre que, tout en demeurant dévoués à la sainte union, ils entendaient servir sa cause à leur guise et non pas à la sienne. Les Malouins refusèrent nettement d'admettre dans leur ville le renfort que leur envoyait le gouverneur, se déclarant assez forts pour la défendre. Parmi les entreprises militaires pour lesquelles leur concours fut réclamé, ils se bornèrent à seconder celles dont il leur parut possible de profiter pour eux-mêmes. Tels furent les sièges des châteaux voisins, qu'il était fort important de soumettre pour la sécurité de Saint-Malo. Après avoir pris leurs sûretés du côté du prince, les bourgeois s'empres-

1. Le manuscrit de La Landelle, qui fut un des acteurs principaux de cette journée, ne peut laisser aucun doute sur les circonstances de la mort du comte de Fontaines, tué au moment où il sortait de sa chambre, s'étant habillé trop lentement et « comme pour aller aux noces, sans qu'aucune aiguillette manquât d'être attachée ; » mais aux explications les plus naturelles l'esprit de parti préfère toujours celles qui le sont le moins. La *Satire Ménippée* contient ces paroles : « Il y a de pires saints en Bretagne que le catholique valet de M. de Fontaines, qui coupa la gorge à son maître en son lit moyennant deux mille écus pour notre mère sainte Église. »

sèrent de les prendre vis-à-vis de leur évêque, seigneur
temporel de la cité. Arrivé soudainement de Rome sur
un navire malouin frété à Civita-Vecchia, le prélat, à
peine installé en son palais, fut fort surpris de s'y voir
gardé à vue par ordre du corps de ville. En vain se disait-il bon ligueur; ses protestations n'empêchaient pas
qu'il ne fût frère de M. de Cucé, l'un des principaux
magistrats du parti royaliste de Rennes, et les Malouins
lui appliquèrent la fable de Phèdre. L'évêque dut se
résigner : remettant aux mains du procureur-syndic
de la communauté l'exercice de tous ses droits sei-
gneuriaux, il accepta la ville pour prison en attendant
des jours meilleurs.

Cependant le duc de Mercœur supportait difficile-
ment cette situation. N'ayant pu faire accepter aux
habitants de Saint-Malo une garnison choisie par lui,
il imagina de leur ·donner pour gouverneur son fils,
qui venait de naître, en leur proposant de nommer
eux-mêmes un lieutenant pour le jeune prince. Les
Malouins reçurent cet honneur avec une reconnaissance respectueuse tout en refusant d'en délibérer
jusqu'à ce que l'enfant fût en âge. Atteint dans son
autorité, blessé dans son. orgueil, Mercœur prit le
parti de s'approcher de Saint-Malo et vint s'établir à
Dinan, où il manda les députés de la ville. Ceux-ci se
rendirent près de lui au nombre de douze; mais, la
discussion ne tardant pas à s'échauffer, ces derniers
se retirèrent en espérant une meilleure audience pour
le lendemain. Sur un avis qui leur fut adressé dans

la nuit et qui était de nature à les inquiéter pour leur sûreté, ils s'esquivèrent très-secrètement en s'embarquant sur la Rance à deux heures du matin. Bientôt toute la bourgeoisie fut aux pièces, mèche allumée, et le duc de Mercœur, ne se sentant pas en mesure d'entrer de vive force dans Saint-Malo, se garda bien de pousser à bout des auxiliaires aussi disposés à se transformer en ennemis. Brouillés avec le gouverneur de la province et sachant bien que plus un chef est éloigné, moins il est à craindre, les Malouins envoyèrent à Paris des délégués pour expliquer leur conduite au duc de Mayenne et au conseil supérieur de la Ligue. Mayenne, qui n'était aucunement disposé à seconder l'ambition de son cousin, parut flatté de cet hommage rendu par une cité puissante au lieutenant général du royaume, et les Malouins, s'étant de la sorte mis en règle avec leur parti religieux, continuèrent à faire leurs propres affaires sous le drapeau de l'union.

Ainsi s'écoula pour Saint-Malo, croissant toujours en importance et en richesse, la première période de la guerre civile, sous des institutions que les contemporains n'hésitent pas à nommer républicaines. Aussitôt après l'abjuration de Henri IV, les habitants ouvrirent une négociation directe avec ce prince, qu'ils savaient trop faible encore pour marchander les concessions. Charmé de prendre possession d'une place aussi importante, le roi accorda à Saint-Malo un édit rédigé en termes tellement admiratifs qu'on

le dirait destiné à célébrer l'héroïque fidélité d'une
ville ruinée de fond en comble pour avoir soutenu la
cause royale. Le roi va sur tous les points fort au delà
de ce qui lui est demandé. Il consacre et promet de
maintenir à jamais tous les droits, libertés et priviléges de la ville, de quelque nature qu'ils puissent
être, et, « d'autant qu'il ne peut commettre la garde
de ladite ville entre les mains d'autres qui lui en
puissent répondre plus fidèlement que ceux qui parmi
tant de troubles et de désordres la lui ont si bien préservée, il ne veut pour garnison et sûreté que la bonne
volonté des habitants. Sa Majesté s'engage d'ailleurs
expressément à ne pourvoir du gouvernement d'icelle
ville qu'une personne agréable aux habitants; enfin,
en considération des *pertes que ceux-ci ont subies pour
son service*, elle les exempte pendant six ans consécutifs de toutes tailles, impôts, emprunts, sans qu'ils
puissent être taxés ni cotisés durant ce temps en quelque manière que ce soit[1]. » Si accoutumés que fussent les Malouins aux bonnes affaires, ils crurent n'en
avoir jamais fait une pareille : Il n'y avait que Henri IV
pour procurer de telles aubaines à ses ennemis.

Toutes les communautés urbaines participèrent
dans la mesure de leur importance à la vie politique,
qui fut le caractère dominant de cette époque. « Il
faudrait, dit un écrivain breton, reproduire dans tous
ses détails l'organisation intime des municipalités pour

1. Édit de Henri IV pour la réduction de Saint-Malo, 4 octobre 1594.

donner une idée exacte de la prodigieuse activité que les guerres de la Ligue imprimèrent à nos communautés de ville. Délivrés de la tutelle du pouvoir judiciaire, les bourgeois se livrèrent tout entiers à la vie politique. Les registres municipaux de Saint-Malo, de Morlaix, de Saint-Brieuc, de Quimper, nous offrent des peintures pleines de vie de cette époque des guerres civiles[1]. »

En passant de Saint-Malo à l'extrémité de la péninsule armoricaine, nous rencontrons d'abord la capitale de la Cornouaille, Quimper, auquel l'usage a rattaché le nom de son premier pasteur, saint Corentin. Construite aux abords ou sur les ruines d'un grand établissement romain, cette vieille cité, longtemps soumise à l'autorité seigneuriale de ses evêques, lui avait à peu près échappé, l'établissement d'un siége présidial dans ses murs ayant enlevé la plupart de ses attributions à la juridiction épiscopale des regaires. A la fin du seizième siècle, la communauté était représentée par un procureur-syndic qu'élisait tous les deux ans l'assemblée des notables également chargée de choisir le député de la ville aux états. Ce conseil nommait les chefs de la milice qui partageait la garde de la cité avec une très-faible garnison placée sous les ordres d'un gouverneur nommé par le roi.

A l'avènement de Henri IV, le poste de sénéchal de Quimper était occupé par le sieur du Laurent. Ce ma-

1. A. de Courson, *Études sur la Bretagne armoricaine*, p. 367.

gistrat tenta les derniers efforts pour faire proclamer
le nouveau roi de concert avec quelques-uns de ses
collègues du présidial, *qui comme lui étaient hommes*
du temps. On doit aux pittoresques mémoires rédigés
par un conseiller-clerc à ce siège de curieux détails
sur ces délibérations troublées par les agitations de
la rue. « Les catholiques remontrèrent le danger que
la religion ne fût altérée en France comme en Angleterre, le roi de Navarre faisant profession de
calvinisme, et tous les pays de son obéissance étant
par son moyen calvinistes ; mais le sénéchal enjoi-
gnait de se soumettre en disant des paroles d'aigreur
hautes et fières, répondant que, quand le roi serait
un diable incarné qui aurait les cornes aussi longues
que les bras, il serait toujours son serviteur, parole
qui ne tomba pas à terre. Enfin l'opinion catholique
l'emporta, à quoi ne furent pas inutiles, confesse l'é-
crivain ligueur, les cordeliers armés de carabines qui
se mirent anx portes flanquant la salle d'audience. Ce
fut alors au sénéchal et à ceux de son intelligence de
se sauver hors de la ville, croyant que ce fût leur dernière peur [1]. »

Une fois engagés dans la guerre civile, les Quimpé-
rois s'y comportèrent en militaires consommés. Moreau les montre réparant leurs vieilles murailles, sur
lesquelles ils montent la garde jour et nuit durant

---

1. *Histoire des guerres de la Ligue en Bretagne*, et particulièrement dans le diocèse de Cornouaille, par le chanoine Moreau, conseiller-clerc au présidial de Quimper, p. 52.

cinq ans, et formant avec une population de huit à neuf mille âmes au plus une force armée bien aguerrie d'environ treize cents hommes. Nous les suivons dans les pages animées du chanoine chroniqueur à l'attaque du Pont-l'Abbé, à la reprise de la forte place de Concarneau, un moment enlevée à la Ligue par un parti de royaux ; nous assistons enfin à toutes les péripéties du siège en règle que le maréchal d'Aumont, déjà maître de Morlaix, est contraint de venir mettre devant leur ville avec l'assistance d'un gros parti d'Anglais.

Irrité par la résistance fort inattendue que lui opposent les bourgeois, le maréchal dit au brave capitaine de Lézonnet, rallié au parti du roi sitôt après l'abjuration de Saint-Denis : « Vous m'aviez dit qu'il n'y avait dans cette ville que des habitants ; mé Dieu ! — c'est ainsi qu'il jurait, — vous êtes un affronteur, et si me fâchez je vous ferai un mauvais parti. » Lézonnet répond : « Monseigneur, sur ma vie et mon honneur il n'y a autre chose que ce que je vous ai dit. — Mé Dieu ! dit le maréchal, quels habitants ! Ce sont gens de guerre, et en vérité tous arquebusiers. » Bien est vrai qu'ils avaient de la résolution plus qu'on ne pouvait attendre de gens non aguerris devant une mauvaise bicoque. Pas un ne se voyait étonné ni parlait de se rendre, fors ceux de la trahison ou leurs adhérents. Ceux-ci disaient que c'était folie d'entreprendre de tenir une si pauvre place où il n'y avait garnison, que le maréchal était bénin, qu'il nous octroierait une capitulation honorable, et que chacun demeurerait en ses privilèges et libertés[1]. »

Moreau nous introduit successivement dans deux assemblées où tout le peuple est convoqué pour prendre une résolution suprême. La première a lieu « en l'église de Saint-Corentin, devant le crucifix, où étaient tous les ordres de la ville. Chacun dit son opinion, et premièrement messieurs de l'église par la bouche de messire Guillaume de Buys, grand-vicaire de l'évêque, lequel déclara que les ecclésiastiques étaient d'avis que l'on eût tenu bon, s'offrant tous à la défense de la ville jusqu'au retour du sieur de Talhouët, qui était allé vers le seigneur duc de Mercœur. Ceux de la justice tenaient pour la plupart l'opinion contraire, comme gens qui ne se souciaient pas tant de la religion que de leurs profits particuliers et de la conservation de leurs ambitions. La jeunesse en corps, réduite à très-petit nombre, fait pareilles déclarations et promesses que les ecclésiastiques. Ainsi l'assemblée se départit avec cette résolution, ce qui fit enrager les traîtres. »

Mais la nuit porte conseil, et le jour d'après les principaux marchands se réunirent en secret dans l'église où se tenaient d'ordinaire les assemblées de ville. Là, les raisons données en faveur de la paix furent reproduites avec beaucoup plus d'effet. Le sire du Quellennec, gouverneur de la ville, « personnage qui n'était, suivant Moreau, ni chaud ni froid, » mais qui

1. Moreau, chap. xxx, p. 213.

dans cette circonstance se montra plein de bon sens, parvint à faire comprendre qu'il était insensé pour une chétive place sans munitions et sans vivres de prétendre tenir contre un corps d'armée, ajoutant qu'il n'y avait pas de motif de continuer la guerre depuis que par l'abjuration du roi le principal intérêt des catholiques avait obtenu satisfaction. Les chefs des compagnies de milice, dépositaires des clefs de la ille, prirent donc la résolution de les porter au maréchal d'Aumont, et une capitulation fort honorable, qui garantissait à la ville de Quimper le maintien de tous ses droits, privilèges et libertés, en interdisant toute poursuite contre les citoyens compromis, fut signée dans le camp de cet homme de guerre, disciple brillant de l'école facile de son roi[1].

On peut suivre également dans l'écrit de Moreau les phases diverses de la lutte engagée devant Morlaix en septembre 1594 par le maréchal d'Aumont contre le duc de Mercœur, lutte dont l'issue fit perdre à celui-ci la supériorité qu'il avait conservée depuis le commencement de la guerre civile. Cette importante cité, enrichie par le commerce des toiles et le cabotage de la Manche, avait quelque chose des visées ambitieuses de Saint-Malo. Un corps de ville, formé d'un maire électif siégeant aux états l'épée au côté, de douze échevins et de deux jurats, possédait les prérogatives les plus étendues. Indépendamment de la di-

---

1. Voyez dans Moreau cette capitulation en 18 articles, signée le 14 octobre 1594.

rection de la milice urbaine, qui lui appartenait sans contrôle, il s'était fait concéder par François Ier le droit d'édifier à ses frais sur un rocher, à l'embouchure de la rivière, une forteresse formidable, avec le pouvoir *d'en nommer, choisir et appointer à volonté le commandant et la garnison.* L'usage prévalut jusqu'au règne de Louis XIV de conférer chaque année le commandement du château du Taureau au maire qui cessait ses fonctions. Cet officier était donc l'homme de la bourgeoisie, il ne prêtait serment qu'à elle, et se trouvait ainsi chargé de surveiller dans l'intérêt de la ville jusqu'au gouverneur de Morlaix, nommé par le roi.

Lorsque commença la guerre de la Ligue, la population morlaisienne s'y engagea avec ardeur, dépensant de grandes sommes pour remettre sur un bon pied ses fortifications délabrées. A cette époque, le gouvernement de Morlaix fut conféré par Mercœur à François de Carné, seigneur de Rosampoul, ligueur prononcé et caractère indomptabe[1]. Le sire de Rosampoul fut l'idole des Morlaisiens tant que l'opinion publique se maintint à la hauteur de ses propres sentiments, et les registres manuscrits de l'hôtel de ville fournissent des preuves irrécusables du concours empressé qu'il rencontrait alors dans la population tout entière; mais la situation changea lorsque la Ligue fut successivement

---

1. *La Ligue en Bretagne*, par M. Grégoire, p. 98 et 114. — *Histoire de Brest*, par M. Levot, t. I, p. 68 à 72. — D. Taillandier, t. III, p. 433.

abandonnée par ses principaux adhérents, et quand tout le pays de Léon eut été mis à feu et à sang par le marquis de Sourdéac, alors gouverneur de Brest pour Henri IV. La terreur glaça le cœur des bourgeois lorsqu'ils virent se diriger sur Morlaix deux armées, l'une commandée par le maréchal d'Aumont, assisté des Anglais, pour entreprendre le siège de leur ville, l'autre conduite par le duc de Mercœur, accompagné de cinq mille Espagnols, afin de le faire lever. Ils se prirent à penser qu'il était périlleux de se voir à la merci d'un homme assez résolu pour mettre le feu aux poudres et pour faire sauter le château. Contraint de s'enfermer dans la citadelle à cause des dispositions hésitantes des habitants, le gouverneur de Morlaix y soutint le siège mémorable dont Moreau nous a laissé le dramatique récit[1]. Pendant que la garnison souffrait toutes les tortures de la faim, elle vit se disperser sans combattre l'armée du duc de Mercœur, paralysée par l'immobilité de ses auxiliaires espagnols. Fidèle aux instructions secrètes de l'Escurial, don Juan d'Aquila, quoi qu'il en coûtât à son bouillant courage, refusa obstinément de livrer bataille au maréchal d'Aumont, parce qu'il avait reçu du *démon du midi* l'ordre formel de prendre solidement pied en Bretagne et d'y attiser le plus longtemps possible la guerre civile, sans jamais entreprendre aucune opération décisive pour la terminer.

1. Moreau, chap. XXVII, p. 194.

Vannes, Saint-Brieuc, Dinan, toutes les communautés de quelque importance pourraient nous présenter le même spectacle que Saint-Malo, Quimper et
Morlaix. Partout les populations s'arment spontanément à la voix de leurs pasteurs, et ceux-ci s'arment
avec elles. Les bourgeois discutent et délibèrent aux
parloirs des villes; ils montent de nuit comme de jour
la garde aux remparts, trouvant une large compensation à leurs fatigues dans les émotions de cette vie
publique qu'ils croyaient avoir conquise au moment
où elle était tout près de leur échapper.

A Nantes surtout, où régnait la duchesse de Mercœur, l'action municipale fut permanente et considérable. Outre le parlement créé dans cette ville en 1590
afin de l'opposer à celui de Rennes, le gouverneur de
la province avait organisé dès les premiers moments
de l'insurrection un conseil constitué sur le modèle
du conseil supérieur de la sainte union formé à Paris
par le duc de Mayenne. Les appels de cette espèce de
comité de sûreté générale aux états de la province,
réunis quatre fois par Mercœur durant le cours de la
guerre civile, ses réquisitions aux *corps politiques* des
diverses paroisses sont fréquents, pour ne pas dire
quotidiens. A-t-on besoin d'un renfort de volontaires
pour s'emparer du château de Blain, vigoureusement
défendu par le capitaine du Goust et sa bande de huguenots? faut-il envoyer de l'artillerie et des hommes
au siège de Vitré, ou fortifier par des recrues et par des
vivres l'armée qui va bientôt vaincre à Craon? s'agit-il

de conserver au parti de la Ligue la ville de Vannes un moment menacée par un détachement de royaux? C'est toujours au zèle des bourgeois de Nantes que le conseil supérieur s'adresse, et ces appels réitérés ne se font jamais en vain, qu'on réclame le secours de leurs bras ou celui de leur bourse[1]. A peu près ruinés par la cessation des affaires, mais dévoués à leur cause et confiants dans l'avenir, les citoyens de Nantes prêtent sans hésiter cent mille écus au duc de Mer-cœur, et cautionnent son gouvernement pour des valeurs considérables. Ils passent durant cinq ans la nuit sur les murs, doublent le périmètre de leurs fortifications, et consacrent à se former au tir de l'arquebuse les moments de loisir que leur laisse l'ennemi.

Quand je reconstruis par la pensée sous le lierre qui les recouvre les remparts écroulés de nos antiques cités, et que j'évoque le souvenir des scènes auxquelles s'associaient les populations tout entières, ce passé m'apparaît comme un rêve, tant les hommes et les choses diffèrent de ce que nous avons sous les yeux! Sans déprécier le bien-être et la lumière que l'administration moderne se complaît à verser sur nos têtes, il m'arrive parfois de me demander si ces générations douloureusement éprouvées ne trouvaient pas dans ces épreuves mêmes quelque grande et généreuse

1. M. Grégoire a relevé aux archives de Nantes les nombreuses liasses concernant les emprunts faits ou garantis par la ville de 1589 à 1597, et le total représente une somme énorme.

compensation. « Ce n'est pas tout de vivre tranquille en son coin, a dit le plus illustre Breton de ce temps-là, quoiqu'il y ait une manière de gens qui indifféremment trouvent toute paix bonne et toute guerre mauvaise, quand on les laisse en patience manger les choux de leur jardin, dussent-ils encore aux quatre fêtes de l'année recevoir quelque demi-douzaine de coups de bâton. Ils ont empaqueté leur honneur et leur conscience au fond d'un coffre. Le bon citoyen doit avoir zèle aux choses publiques et regarder plus loin qu'à vivoter en des servitudes honteuses[1]. » Si les bourgeois se jetèrent résolûment dans cette lutte malgré tant d'intérêts qui les rattachaient à la paix, on comprend quelle passion durent y apporter les paysans, stimulés par un clergé sorti de leur sein. Ces pauvres gens, pour lesquels la vie était sinon amère du moins sans douceur, s'engagèrent avec une sorte de frénésie dans une guerre où les soutenaient les impulsions de leur conscience et le stimulant d'une avide curiosité ; mais, incapables de dominer leurs impressions, ces hommes, passés tout à coup de leur somnolence habituelle au spectacle des luttes sanglantes, sentirent s'éveiller des convoitises dont la féroce naïveté ne tarda pas à échapper à tous les freins. Ils partaient en émeute des grèves du pays de Léon et des gorges des Montagnes-Noires, non pas, comme on l'a prétendu, pour chasser les Français du sol de l'Armo-

---

1. Lanoue, *Mémoires et Discours militaires*, p. 196.

rique, mais pour repousser l'ennemi du culte catholique, forme immuable à leurs yeux de la nationalité armoricaine. Moitié tristes et moitié joyeux, ces malheureux quittaient pour n'y plus revenir le village qui les avait vus naître; ils répétaient en cœur des chants de guerre, reliques des aïeux heureusement retrouvées, et s'entr'ouvraient la veine pour se croiser avec leur propre sang [1].

Ces levées en masse avaient quelquefois un élan irrésistible; cependant les cultivateurs, armés de fourches et de bâtons, ne tardaient guère à tomber sous la lance et sous le sabre. C'était un pré facile à faucher. Ceux qui survivaient à la première défaite devenaient à l'instant ou des agneaux tendant la gorge au boucher, ou des loups enragés versant le sang avec ivresse, avides surtout de celui des gentilshommes, auxquels ils ne manquaient jamais d'imputer leur défaite. Alors s'éveillaient dans ces hommes aux apparences impassibles des désirs effrénés, comme s'ils aspiraient à des voluptés dont l'imminence de la mort leur envoyait la soudaine révélation. Nullement accessibles à ce que nous appellerions aujourd'hui l'esprit révolutionnaire, ils atteignaient, sous le coup d'excitations trop vives pour leur faiblesse intellectuelle, les sombres profondeurs de ce socialisme dont la racine gît au cœur de tous les enfants d'Adam, et nous re-

1. Chant des ligueurs composé dans le dialecte de Cornouaille en 1592, *Barzas Breiz,* par M. de La Villemarqué, t. II.

trouverons plus tard dans l'insurrection de 1675 les
mêmes instincts et les mêmes fureurs. Deux écrivains
bretons, le calviniste Montmartin, qui avait trouvé
souvent les paysans devant lui, et le rude ligueur Jérôme d'Aradon, qui les avait commandés, nous ont
tracé de la *paysantaille* un portrait exactement semblable, portrait que le chanoine Moreau a revêtu de
son coloris original. Je choisis presque au hasard quelques détails dans son large tableau des mœurs armoricaines au seizième siècle, en me restreignant aux
diocèses de la Basse-Bretagne, où la guerre des
paysans prit son plus sombre caractère.

Il était au pays de Léon un beau château dont les
tours croulantes sont aujourd'hui curieusement visi-
tées par l'étranger. C'était Kerouséré, vaste demeure
de Pierre de Boiséon, seigneur de Coëtnisan, l'un des
rares gentilshommes qui à la mort de Henri III demeurèrent dans l'obéissance de son successeur. Ce château servant de point d'appui pour toutes les entreprises de la garnison royaliste de Brest, commandée
par le marquis de Sourdéac, la noblesse catholique
du voisinage résolut de l'attaquer, entendant d'ailleurs
respecter les lois de la guerre et de la chevalerie
envers le sire de Coëtnisan et tous les membres de
sa famille. Le canon ne tarda pas à faire brèche. La
capitulation était inévitable, et les choses se seraient
bien passées, si les *rustiques* n'étaient accourus au
nombre de plusieurs milliers, et ne s'étaient bientôt
trouvés en mesure, sans beaucoup nuire aux assiégés,

de faire la loi aux assiégeants. Cela ne manqua point d'arriver.

« Ceux du château ne voulurent expérimenter le hasard d'un assaut, et demandèrent à capituler au chef du camp. Les communes ne voulaient y condescendre, mais menaçaient de tout tuer, même la noblesse de leur parti, s'ils faisaient aucune composition, et voulaient que l'on eût tout exterminé. La noblesse le craignait, quoiqu'elle eût grand désir de faire bonne guerre à l'ennemi. Enfin la capitulation fut que les assiégés rendraient la place avec les munitions et vivres y étant et les soldats vie sauve. Cela fait, ils commencent à sortir sous la faveur de la noblesse, qui voulait de point en point garder les conventions ; mais la populace, irritée contre ceux de leur parti qui les avaient faites, fit tous ses efforts pour leur ôter les assiégés et les massacrer. On eut bien de la peine, et non sans un extrême danger de vie des catholiques gentilshommes, à sauver Coëtnisan et Goësbriant. Quant aux autres, cette paysantaille se jette dessus de grande impétuosité et les massacre ; chacun baillait force coups et apportait une pièce qu'il mettait au bout d'une lance, et furent par le camp en faire montre [1]. » Les principaux chefs catholiques reçurent, qui un coup de hache à la tête, qui un coup de fourche dans la gorge, et les autres, d'après le chroniqueur, « ne coururent pas moindre fortune, tant cette cruelle bête de paysan était enragée. »

1. Moreau, ch. VII, p. 81.

Mais les communes de la Cornouaille ne tardèrent pas à payer cher la triste victoire remportée par celles du Léon. Une troupe assez nombreuse de royaux, commandée par les sieurs de Kergoumarch et du Liscoët, était accourue trop tardivement pour délivrer Kerouséré. « Ces gens de main qui avaient grande envie de mordre cherchaient l'occasion de faire paraître ce qu'ils savaient faire, ne voulant se séparer les uns des autres à si bon marché. Ils ont avis qu'il serait facile de pénétrer dans Carhaix, n'étant clos que de barrières et de chétives murailles, sans aucune garnison, où y avait noce d'un des principaux de la ville, de sorte qu'il y avait de quoi faire bon nombre de prisonniers. Les royaux formèrent donc la, résolution d'aller surprendre cette ville et y entrèrent sans résistance environ deux heures avant le jour, d'autant que les habitants après la bonne chère des noces dormaient profondément ne se doutant de rien moins que de l'ennemi. Le lendemain ils y demeurèrent au pillage, qui fut grand parce que chacun y avait apporté ce qu'il avait de plus beau pour honorer la noce de la fille de Guillaume Olimant, greffier de la ville. Mais le soir le bruit de cette surprise courut par tout le pays, le tocsin fut sonné dans toutes les paroisses et les paysans se mirent sous les armes, s'acheminant de toute part à Carhaix sans ordre ni discipline. «Plusieurs des gentilshommes, peu expérimentés et se fiant trop en l'assistance de la commune, allèrent avec eux. Ils demandèrent à être conduits par le seigneur du Granec qui n'en voulut rien faire, mais leur donna un vieux soldat nommé Laridon, qui accepta volontiers cette charge. Arrivés à demi lieue de Carhaix, ils barricadèrent le pont pour empêcher l'ennemi de passer outre. D'autre part les royaux, pour les attirer, firent voltiger quinze à vingt cavaliers à leur vue, à la portée du mousquet, tandis qu'ils avaient leur gros de cavalerie en un chemin creux un peu plus loin.

« Les paysans, voyant qu'ils étaient si peu, ne songeant pas à la ruse qu'on leur tramait, poussent un grand cri, s'entr'encourageant de donner la chasse; mais Laridon leur remontre que cè n'était qu'une amorce pour les attirer hors de leur tranchée et puis après avoir meilleur marché d'eux, et les suppliait de demeurer en cette tranchée qu'ils pouvaient garder sans pouvoir y être forcés. Mais la paysantaille se croyant au nombre de trois cents contre un, lui dit qu'il avait peur, mais puisqu'il était leur capitaine qu'il marcherait devant, et qu'il lui valait autant mourir de la main de l'ennemi que de la leur, et ce disant lui piquaient les fesses de la pointe de leurs fourches de fer, menaçant de le tuer s'il ne marchait. Laridon, voyant qu'il fallait faire le saut, leur dit : « Ce n'est pas la peur qui me fait ainsi parler, c'est votre perte et celle du pays; mais puisque vous le voulez j'irai accompagner votre malheur et le mien, car peu de nous en retourneront. » En disant cela, passant la barricade en foule et en confusion, comme si c'eût été à qui

serait le plus tôt, et poussant un grand cri, comme à la
hue du loup, courant vers les cavaliers qui se montraient dans le champ, lesquels feignant la peur se re-
tirent à grands pas pour attirer les paysans à l'endroit de l'embuscade, qui les suivirent de plus en
plus, pensant avoir ville gagnée. Mais ils n'allèrent
guère loin que cette embuscade de quatre à cinq cents
chevaux vint à paraître, partie devant eux et partie en
flanc, qui leur coupe le chemin et tue tous ceux qui
s'étaient avancés hors de la barricade ou les contraint
à se noyer dans la rivière, dont Laridon fut un des
morts qui fut le lendemain enterré à Collorec. Ainsi
y eut-il grande tuerie de paysans par leur faute[1].» Le
lendemain arrivent d'autres communes en foule qui
cette fois pénétrèrent dans Carhaix. Mais le sire de
Liscoët se retire prudemment, et revient donner sur
les paysans pendant qu'ils célébrent dans l'ivresse
leur victoire éphémère. On en égorge plusieurs milliers,
cependant Liscoët, qui s'était fait protestant par amour
pour une jeune fille professant cette religion, a la main
droite abattue d'un coup de hache asséné par un
prêtre ; « probablement, nous dit Moreau, parce qu'il
avait banqueroute à Dieu de son âme pour le beau nez
de sa femme. » Furieux, ce gentilhomme fait mettre
le feu à la ville, et l'incendie dévore ce que le fer avait
épargné.

Le sort de Carhaix fut celui du plus grand nombre
des lieux fortifiés de la Bretagne durant cette période

1. Moreau, ch. VIII, p. 87.

de désolation qui n'a pas laissé une page dans l'histoire, tant les douleurs obscures sont vite oubliées. Il se retrouve, toutefois, ce souvenir attaché aux murailles encore noircies par le feu; il se dresse tout vivant devant le voyageur au pied du haut clocher de Pont-Croix qui vit flamber un bûcher colossal, et dans cette cité ensevelie de Penmarch, où la vague gémit triste et bruyante comme le chœur immortel de cinq mille victimes immolées.

Entre tant de drames, il en est un que je recommanderais volontiers au romancier qui pourrait avoir un jour la pensée d'interroger ces ruines ensanglantées par la fureur des hommes. Qu'il n'oublie pas les courtes amours et la fin tragique du baron de Kerlech, mis à mort par les paysans au château de Roscannou. Ce noble jeune homme, Claude Du Chastel en son nom, était d'après le chanoine Moreau l'un des plus braves et des plus beaux galants de la Bretagne. Au comble de ses vœux, il venait d'épouser à Rennes, ville du parti du roi, auquel il appartenait lui-même, une fille de grande maison, Jeanne de Coëtquen, gracieuse enfant ayant à peine quinze ans, mais qui portait déjà dans son sein un gage de la tendresse de son époux. C'était en 1590, au plus fort de la guerre civile. Voulant amener sa jeune femme en son beau manoir du Léon, Kerlech partit de Rennes en compagnie d'environ quatre-vingts chevaux, montés par quelques gentilshommes de ses amis et par leurs serviteurs, afin de pouvoir se défendre contre les paysans

qui dans la Basse-Bretagne étaient partout sous les
armes, n'obéissant à personne et n'en faisant qu'à
leur tête. Cette belle et joyeuse compagnie avait déjà
traversé bien des dangers ; elle était arrivée, en voya-
geant le plus souvent de nuit et par des chemins peu
fréquentés, au pied des Montagnes-Noires, à cinq
lieues de Quimper. Elle alla coucher en une gentil-
hommière, propriété de la veuve d'un conseiller au
présidial de cette ville, parente du sire de Kerlech,
laquelle, ayant été avertie de la venue de ces hôtes,
avait fait de grands préparatifs pour les recevoir. Malheureusement ladite dame était seule dans tout le
quartier du parti des royaux, et, comme elle parlait
avec une liberté dangereuse en certains temps, elle
était fort haïe de tous les paysans, chaleureusement
dévoués à la sainte union.

Le bruit se répandit aussitôt qu'il était arrivé à
Roscannou un corps de royaux venus pour soumettre
et pour rançonner le pays. Le tocsin sonna dans les
paroisses, et les paysans entourèrent de masses profondes la maison où les voyageurs sans défiance ne
songeaient qu'à faire bonne chère. Les *rustiques* eurent
soin de barricader les avenues de manière à interdire
toute sortie aux cavaliers. Les assiégés, l'œil bientôt ouvert sur la gravité du péril, firent pour se dégager une
tentative infructueuse dans laquelle plusieurs d'entre
eux périrent enfourchés par les paysans. Après avoir
cerné la maison et s'être bien assurés qu'elle n'offrait
aucune issue, ceux-ci y mirent le feu de plusieurs

côtés à la fois. Le baron-de Kerlech voulut forcer cet horrible blocus l'épée à la main, et, n'y pouvant parvenir, se rejeta de désespoir dans les flammes afin d'y périr avec son épouse bien-aimée. Cette troupe infortunée mourut ainsi au nombre de quatre-vingt-dix personnes en y comprenant la famille de la malheureuse dame, des propos de laquelle ces barbares s'étaient si cruellement vengés[1].

Le sac de Roscannou, que je rappelle entre cent autres désastres de même nature, caractérise cette guerre d'extermination durant laquelle la race armoricaine, dont le cerveau fléchit vite sous les fortes émotions, vécut dans une sorte d'enivrement fébrile. Ces désastres s'étendirent à toute la Basse-Bretagne au point d'en diminuer la population des deux tiers, et dans quelques paroisses de l'anéantir absolument. Ce fut surtout durant la dernière phase des troubles, de 1594 à 1598, lorsque la France tout entière obéissait à Henri IV, que des attentats peut-être sans exemple dans l'histoire furent commis dans ce malheureux pays, le gouvernement de Mercœur et le gouvernement royal se trouvant dans une égale l'impuissance de les empêcher et de les punir.

Ces crimes furent en partie la conséquence du droit public qui régnait en Europe à cette époque. Au moyen âge, la guerre n'était pas seulement l'application de la souveraineté des états exerçant l'un contre l'autre le droit de légitime défense, ce fut aussi une sorte de

1. Moreau, ch. x, p. 99.

spéculation privée où les risques étaient compensés par les profits. Le principe qui attribuait au vainqueur un droit sur la vie et les propriétés personnelles du vaincu avait pour corollaire la mise à rançon des prisonniers. Cet usage avait entretenu jusque chez les plus nobles chevaliers une pensée que nous comprenons à peine aujourd'hui, celle de faire servir leur courage à leur fortune. Si cela se voyait tous les jours dans les armées les mieux réglées, quel développement ne dut pas prendre une avidité autorisée par les lois de la guerre dans une lutte comme celle où se trouvait alors engagée la Bretagne! Cette guerre se faisait de ville à ville, de château à château; elle consistait dans une suite d'entreprises particulières beaucoup plus que dans l'accomplissement d'un plan concerté. Dès lors l'autorité de chaque capitaine y était d'autant plus grande que celle du général était moindre.

Cet état de choses, aggravé par la configuration d'un pays inaccessible aux troupes régulières dans la plupart des localités, amena ces sièges nombreux de petits châteaux fortifiés, comme l'étaient alors ceux de toutes les maisons nobles, ces guet-apens et ces coups de main tramés dans un intérêt de cupidité ou de vengeance. Personne n'avait la pensée qu'il fût interdit de faire ses propres affaires en faisant celles de son parti. Attaquer un château afin de mettre le propriétaire à rançon, envahir une belle demeure pour la piller, c'étaient là des procédés réputés compatibles avec l'honneur militaire, et qui dans l'un ou l'autre parti ne provoquaient aucun étonnement. Il fallait des faits d'une énormité exceptionnelle, des sacriléges, des viols, des égorgements de femmes et d'enfants, faits que les deux parlements de Rennes et de Nantes se permettaient quelquefois de signaler, pour provoquer de timides observations, soit de la part du prince de Dombes, soit de la part du duc de Mercœur, contraints, comme tous les chefs de faction, de suivre leur parti sans pouvoir le diriger.

Le pillage, autorisé pour tous les belligérants, ne tarda pas à devenir, pour quelques hommes de bonne maison unissant des instincts cruels à la brutalité générale des mœurs du temps, un moyen de s'enrichir aux dépens de l'ennemi en même temps que de se faire compter dans leur propre parti. De là la profession de gentilhomme voleur et l'étrange situation de quelques misérables ménagés par le duc de Mercœur. Ni les *condottieri* de l'Italie, ni les reîtres de l'Allemagne n'approchent des hideux personnages dont l'historien de la Ligue en Bretagne est contraint d'évoquer la mémoire et de rappeler les crimes, afin de faire comprendre toute l'étendue des misères publiques. A l'extrémité sud de la péninsule, on voit le jeune seigneur de Kerhanland, de la maison du Bouëttier, qui, retranché avec une bande de *brigandeaux comme lui* dans le château fortifié de Guengat, viole, pille et massacre sous le drapeau de la Ligue, tant qu'enfin M. de Mercœur est obligé de l'assiéger avec du canon durant trois semaines et e lui faire trancher la tête.

Un peu plus loin, c'est Anne de Sanzay, comte de La Magnane, qui, disposant d'une force de six cents chevaux, prend des villes et les met à rançon, traite avec les autorités de la Cornouaille afin d'obtenir à l'amiable passage pour sa troupe, et qui, une fois protégé par le cours d'une rivière difficile à franchir, met le pays à feu et à sang à dix lieues à la ronde. La Magnane ne laisse pas une maison de quelque apparence sans la dévaliser; il oblige les paysans dépouillés par ses bandits à se cacher comme des bêtes fauves au fond des bois; il les met *hors d'état de relever de longtemps les cornes*, et considère, dit Montmartin, comme *un petit Pérou* les cantons maritimes du sud, épargnés jusqu'alors par la guerre, dont ils vont éprouver les dernières horreurs. Après avoir saigné à blanc ces populations infortunées, le comte se retire à son heure et tout à son aise; il va en pleine assurance rejoindre le duc de Mercœur, et celui-ci ne paraît pas même remarquer l'énorme butin que La Magnane traîne à sa suite, car ce chef arrive la veille d'un combat à la tête d'une force bien dressée et complétement à lui.

Dans cette sombre galerie, une figure se dessine entre toutes les autres. Du sommet des montagnes d'Arrhès jusqu'à la baie des Trépassés, le Finistère porte encore les marques de la bête féroce qui le ravagea. Fontenelle mérite une place à part dans les annales du crime, car on pourrait dire qu'il en a reculé les limites. Guy Éder, baron de Fontenelle, d'une

branche cadette de la maison de Beaumanoir, fit ses
études à Paris au collége de Navarre, d'où il s'é-
chappa à l'âge de seize ans pour rentrer en Bretagne
à la fin du règne de Henri III. La guerre civile n'était
pas encore allumée dans la province, qu'il avait déjà
commencé à dévaliser le diocèse de Tréguier à la tête
d'une bande recrutée parmi les vassaux de sa famille
et renforcée par quelques compagnons de débauche.

Il pilla plusieurs villes ouvertes telles que Lannion,
Paimpol et Landerneau ; mais il échoua devant Guingamp, défendu par le sire de Kergomard, du parti du
roi. Ayant alors arboré le drapeau de la Ligue, Fontenelle se rejeta sur Coëtfrec qu'il fortifia, et dont il fit
son premier quartier général. Ce château fut le témoin muet d'orgies dont d'inénarrables cruautés formaient, dit-on, l'assaisonnement. Sous l'épais fourré
qui en cache les ruines, on voit encore la vaste salle
dont les poutres croulèrent dans le tournoiement d'un
bal infernal en brisant la jambe de Fontenelle, demeuré boiteux toute sa vie. Ce fut dans ce lieu sauvage
qu'il conduisit la jeune héritière du Mézarnou, enlevée
à l'âge de huit ans, et qu'il épousa plus tard. La tradition veut que le monstre lui rendît un peu de l'attachement passionné que cette jeune femme conçut et
conserva pour lui. Assiégé dans Coëtfrec par le marquis de Sourdéac et la garnison de Brest, Fontenelle
capitula, vies et bagues sauves. Quittant avec sa bande
l'évêché de Tréguier pour s'abattre sur la Haute-Cor-
nouaille, il prit d'abord Carhaix, dont il transforma

l'église paroissiale en une bonne forteresse; puis il s'empara du Granec, excellent château appartenant au sire de Pratmaria, au moyen d'une infâme supercherie exercée contre un homme du parti de la Ligue, que ce brigand prétendait servir. Un détachement de sa bande s'introduisit au Granec en se présentant comme envoyé par le gouverneur de Morlaix, informé par voie sûre qu'un fort parti de royaux se dirigeait sur ce château afin de s'en emparer. Pendant que M. de Pratmaria, dans l'effusion de sa reconnaissance, prodiguait à ses prétendus défenseurs le meilleur vin de ses caves, ceux-ci se jetèrent sur lui, le garrottèrent solidement et s'empressèrent d'abaisser la herse devant Fontenelle qui attendait avec les siens. Ils eurent facilement raison de quelques vassaux formant la petite garnison du lieu, et jetèrent le trop crédule vieillard dans un cul-de-basse-fosse pour y méditer sur les moyens de se procurer une grosse rançon. Le lendemain, les communes d'alentour exaspérées se ruèrent sur le château avec leur inexpérience ordinaire, et Fontenelle, après avoir laissé leur ardeur s'épuiser contre des murailles inexpugnables, fit une sortie dans laquelle il coucha un millier de paysans sur le carreau. Afin d'imprimer aux populations une terreur plus profonde, il défendit sous peine de mort d'enlever les cadavres, et resta protégé dans son repaire par l'odeur même du carnage.

Quelque temps après, Fontenelle assiégea Corlay, petite place fermée occupée par un détachement de

royaux; il l'enleva par un coup de main. Demeuré
maître des évêchés de Tréguier et de Léon depuis le
versant nord des montagnes jusqu'à la Manche, il
alla de concert avec La Magnane attaquer la ville maritime de Roscoff, qu'ils mirent à sac. Ces deux brigands ne laissèrent dans ce pays ni une maison aisée
sans la dépouiller, ni un village sans le frapper de réquisitions appuyées de menaces d'incendie. Quoique
Fontenelle disposât alors d'un millier d'hommes aguerris, il dut quitter au plus vite le nord de la Bretagne
pour se rejeter vers le sud en apprenant que le maréchal d'Aumont, ayant suspendu ses opérations contre
Mercœur et les Espagnols, marchait sur lui en exprimant très-haut la résolution de prendre toute sa compagnie, le capitaine en tête.

L'heure étant venue de chercher quelque position
inexpugnable d'où il pourrait traiter avec le gouvernement royal, il jeta les yeux sur la ville de Douarnenez,
située au fond d'une vaste baie à quelques lieues de
Quimper. A côté de cette petite ville, enrichie par la
pêche, s'élève un îlot dénudé, chaque jour entouré
par la mer montante, dont le flot rend impossibles les
opérations d'un siège régulier. Les forces rassemblées
par le gouverneur de Quimper n'ayant pu l'arrêter au
passage, il pénétra dans Douarnenez, où beaucoup
de riches propriétaires des environs étaient venus, sur
le bruit de sa marche en Cornouaille, se réfugier
avec leurs effets les plus précieux. Fontenelle fit un
butin immense, ce qui fut la moindre part du mal-

heur des habitants. « Ils furent traités à la turque par tourments de toute sorte, pour tirer plus grande rançon d'eux que ne montait tout leur bien, et ainsi, les mettant à l'impossible, ils mouraient misérablement dans les cachots et cloaques. Ceux qui pour éviter les tortures avaient, au moyen de leurs amis et parents, pu trouver promptement leur rançon, sortaient demi-morts, semblant des anatomies, n'ayant que la peau et les os, chargés de puanteur et de vermine, lesquels, sitôt qu'ils étaient à changer d'air, mouraient pauvrement d'une enflure..... Enfin la ruine que Fontenelle porta en Cornouaille fut si grande qu'il serait incroyable de la réciter [1]. »

Vers le milieu de 1595, Fontenelle était parvenu à faire de l'île Tristan une place du premier ordre pour le temps, et les fortifications de ce rocher, démolies en 1599, confondent encore d'étonnement par leur masse et leur habile ordonnance. Dans ce nid de vautour protégé par l'Océan, il attendit de pied ferme et défit deux fois le marquis de Sourdéac, venu de Brest pour l'assiéger avec du canon et un corps de troupes. Toutes les communes des environs, saccagées par sa bande, se levèrent au son du tocsin, espérant pouvoir pénétrer dans son repaire afin d'en chasser le tigre ; mais en quelques heures il eut égorgé deux mille paysans aussi facilement qu'un boucher abat un troupeau. Maître alors de la campa-

---

1. Moreau, ch. xxxv, p. 270.

gne, il poussa ses compagnies sur toute la contrée, et
s'avança vers Penmarch, ville maritime assez grande,
dont les ruines, faites de main d'homme, sont aujour-
d'hui effrayantes à contempler.

La population, ayant crénelé ses deux églises, tenta
de s'y défendre ; elle périt dans les flammes sans obtenir
quartier, et les survivants furent placés à bord de deux
ou trois cents barques de pêcheurs conduites à Douarnenez. Celles-ci devinrent pour Fontenelle. le noyau
d'une sorte de marine militaire, et le brigand se fit
écumeur de mer. Penmarch détruit, il ne restait plus à
prendre que Pont-Croix sur cette côte qui avait vu tant
de naufrages, mais où la fureur d'un homme dépas-
sait de si loin celle de la tempête. Fontenelle s'empara de cette ville par les mêmes procédés qu'il avait
employés à Penmarch. Une grande partie de la population, ayant tenté dans l'église paroissiale une résistance désespérée, y fut étouffée comme dans une
tanière par une épaisse fumée de genêts verts. Un
sort encore plus affreux fut réservé au sieur de La
Ville-Ruault, qui avait présidé à la défense. Ce malheureux fut accroché à une potence où on le laissa
vivre jusqu'à ce que sa femme eût été en pleine rue et
sous ses yeux livrée aux derniers outrages. « Le reste
fut amené prisonnier à l'île Tristan, où leur condition
fut beaucoup pire que s'ils eussent été tués comme
les autres, car les uns moururent misérablement
en des cachots infects comme garde-robes et latrines,
et pour les obliger à donner rançon on les faisait

tantôt seoir sur un trépied qui les brûlait jusqu'aux os, tantôt dans la plus grande froidure on les mettait tout nus dedans des pipes pleines d'eau gelée, et ceux qui trouvaient quelque moyen de payer ce qui leur était demandé ne pouvaient guère vivre par les grands tourments qu'ils avaient endurés[1]. »

On dirait un conte fantastique, si Moreau, qui avait connu dans sa jeunesse Fontenelle au collége de Navarre, ne l'avait suivi presque jour par jour dans le cours de sa sanglante carrière. Cet écrivain très-véridique dans l'exposé des faits, quoique fort passionné dans ses jugements, n'estime pas à moins de trente mille le nombre des victimes égorgées sur la côte sud du Finistère. Suivant lui, dans certaines paroisses où le nombre des communiants était de plus de mille avant la guerre, il fut réduit à douze après la paix. Il nous apprend que dans la Basse-Cornouaille la guerre et le pillage, en amenant la presque cessation de la culture, engendrèrent la famine en 1595, que celle-ci fut suivie en 1597 et 1598 d'une sorte de peste noire ; il ajoute que des bandes de loups, parcourant la campagne en plein jour, attaquèrent les restes de cette population infortunée, de manière à changer pour cinquante ans plusieurs cantons, jadis florissants et populeux, en un véritable désert où l'empire des bêtes féroces remplaça celui des hommes.

Si ces faits semblent moins appartenir à l'histoire

1. Moreau, chap. XXXVI, p. 282.

qu'à la légende, ils sont attestés par tant de ruines accusatrices et par des témoignages si concordants, qu'il n'est pas même possible d'en contester l'authenticité. Je puis indiquer un document irrécusable dans lequel tous les actes hideux imputés à Fontenelle et les souffrances infligées à la Basse-Bretagne par ce bandit sont fixés à leur date et rappelés jusque dans les plus minutieuses circonstances. C'est un long mémoire présenté à Henri IV au nom de plus de quarante communes par le sénéchal de la Cornouaille pour réclamer l'exemption de tous les impôts, tailles, fouages ou autres charges, sous quelque nom que ce puisse être, jusqu'à ce que ces communes aient été repeuplées et que les terres aient été de nouveau livrées à la culture. Sous le titre d'*Informations des désordres et cruautés dans l'évêché de Cornouaille depuis l'année 1592 jusqu'à la paix*, ce mémoire expose année par année les massacres, incendies et pillages qui ont ruiné ce malheureux pays. C'est en présence de Fontenelle vivant, car ce fut deux ans plus tard qu'il paya sa dette à Dieu et aux hommes, que ce magistrat s'exprime en ces termes : « Le sieur de la Fontenelle, faisant la même route que le comte de La Magnane, a usé de pareilles et plus grandes violences, cruautés, exactions et brûlements, tuant et massacrant au bourg de Saint-Germain deux à trois mille hommes, et par tout ledit évêché violant femmes et filles, tuant les maris pour ce faire, fait loger ses troupes de plus de douze cents hommes ès-maisons des gentilshom-

mes, icelles brûlées, démolies et ruinées, les champs
demeurés déserts, tout ce qui pouvait être semé ayant
été par ledit sieur pris et emporté[1]. » Il n'y a pas
probablement dans les annales de la justice un acte
d'accusation plus effroyable.

Comment la Bretagne se laissa-t-elle saigner à
blanc par quelques centaines de bandits et prolon-
gea-t-elle, malgré l'impuissance alors manifeste
de la Ligue, sa résistance à Henri IV plus de deux
ans après l'entière soumission du royaume au pouvoir royal? Comment comprendre que Mercœur ait
continué une lutte déjà désertée depuis longtemps
par le duc de Mayenne, le duc de Guise et les autres
princes de sa maison? Ce problème aurait mérité l'attention des hommes qui se sont donné la tâche
d'écrire l'histoire de cette époque. Comme il ne touche qu'indirectement à l'objet principal de ces études,
je ne l'aborderai qu'en passant.

Philippe-Emmanuel de Lorraine avait tous les dé-
fauts de ses qualités. Poussant la réserve jusqu'à la
timidité et la prudence jusqu'à l'hésitation, il attendit du peuple breton une acclamation qu'il n'osa pas
provoquer, espérant se ménager par la guerre ces
chances heureuses qu'elle ne prodigue qu'aux chefs
assez habiles pour les préparer. Ce prince, qui trois

1. Ce mémoire, en date du 23 janvier 1590, est signé par
Jacques Laurant, sénéchal, et Mᵉ Loheac, procureur du roi au
présidial de Quimper. J'en dois la communication à l'obligeance de M. Lemon, archiviste du département du Finistère

ans plus tard se montra en Hongrie un homme de
guerre presque téméraire, fut en Bretagne un général incertain et un politique irrésolu, heureux,
dans l'avortement de toutes ses entreprises, d'avoir
par d'admirables vertus privées mérité l'honneur
d'être loué par François de Sales[1]. Depuis 1595,
Mercœur négociait avec la cour, et ces négociations,
dont la reine Louise de Vaudemont, sa sœur, était
l'intermédiaire, avaient fait prendre patience à ce
malheureux pays par l'espérance d'une pacification
toujours promise, mais toujours ajournée. Indépendamment des difficultés d'intérêt personnel, qui avec
Henri IV n'étaient jamais fort difficiles à aplanir,
Mercœur avait élevé contre lui-même un obstacle qui
fut longtemps insurmontable ; en appelant les Espagnols en Bretagne, il s'était donné des maîtres plutôt
que des alliés.

Lorsque Philippe II se décidait à envoyer une flotte
et des troupes dans cette province, il se proposait un
double but. S'il lui fallait renoncer à faire couronner
l'infante Claire-Eugénie comme reine de France, et
si les états généraux persistaient, à l'exemple du
parlement de Paris, à maintenir la loi salique, le roi
d'Espagne considérait comme possible de faire proclamer sa fille duchesse de Bretagne. Il espérait pouvoir faire revivre en faveur de cette princesse, dans
un pays où la succession féminine avait été admise

1. Oraison funèbre du duc de Mercœur, par saint François
deSales, prononcée en la cathédrale de Paris le 27 avril 1602.

dans tous les siècles, le droit que lui donnait sa descendance directe d'Anne de Bretagne et de Claude de
France, et ce titre eût été incontestable en effet, si
l'édit d'union ne l'avait infirmé. Enfin, si cette perspective devait échapper à son ambition et à sa tendresse, Philippe II considérait encore comme un intérêt du premier ordre une main-mise sur la grande
province de l'ouest, dont les ports, s'ouvrant en face
de l'Espagne, étaient en mesure d'en abriter toutes
les flottes. Fonder en Bretagne un établissement militaire inexpugnable en s'y ménageant les chances
que semblait préparer l'incertitude des événements,
servir le duc de Mercœur contre Henri IV sans l'assister dant ses aspirations personnelles, telles furent
les instructions données par Philippe II à ses agents[1].
Ce fut dans ce dessein nettement défini qu'il accueillit
en 1590 les imprudentes ouvertures de Mercœur, « le
premier de ceux de son parti, dit Moreau (ce qui doit
être noté), qui ouvrit notre frontière et notre mer aux
Espagnols [2]. »

Les vues de la cour de Madrid se portèrent d'abord
sur Blavet, aujourd'hui Port-Louis, et Mercœur dut
accepter la tâche d'arracher au prix d'un siège meurtrier
cette forte position à l'armée royale pour la remettre
aux mains des Espagnols. Ceux-ci parurent reconnaître
l'année suivante la grandeur de ce service par le con-

1. De Thou, *Histoire universelle,* liv. xcix-cii. — Montmartin, cccxii.

2. Mémoires de Duplessis-Mornay, t. II, IV et VI.

cours décisif qu'ils prêtèrent au prince lorrain lors de la bataille de Craon ; mais cette victoire est à peine remportée, qu'au lieu d'en poursuivre les fruits don Juan d'Aquila se retire à Blavet, et ne s'inquiète plus que d'augmenter les fortifications de cette place. L'année suivante, le général espagnol, alarmé des progrès du maréchal d'Aumont, consent à reprendre avec Mercœur la suite des opérations offensives. Ils remportent de concert des succès partiels ; mais lorsqu'il se présente durant le siége de Morlaix une occasion de livrer une bataille décisive à l'armée royale, don Juan, non moins alarmé des périls de la victoire que de ceux de la défaite et motivant son inaction par la situation de ses troupes, dirige son armée sur Brest, sans renoncer à l'établissement de Blavet, où il continue des travaux considérables. Il fonde alors à Crozon, avec la pensée de dominer la plus belle rade de l'Europe, un fort dont la construction rencontre heureusement dans la nature du sol des difficultés à peu près insurmontables. Sitôt qu'il fut maître du château de Morlaix, d'Aumont, comprenant l'urgence d'arrêter l'érection de ces fortifications qu'on disait déjà formidables, se dirigea vers la presqu'île de Crozon, chaleureusement secondé par les Anglais que le hardi projet des Espagnols alarmait aussi pour eux-mêmes. Le fort fut enlevé après quatre assauts consécutifs livrés et soutenus avec une vaillance égale.

Depuis quatre ans que les Espagnols avaient pris pied en Bretagne, ils avaient suscité à Mercœur plus

d'embarras qu'ils ne lui avaient apporté d'avantages.
Lorsqu'il avait besoin d'argent, on lui proposait des
troupes, et quand il réclamait un plus énergique concours militaire, on lui faisait espérer des subsides. Ce
prince s'était placé dans la situation de la plupart des
chefs de parti, qui dépendent de leurs auxiliaires
beaucoup plus que ceux-ci ne dépendent d'eux. A
mesure que la Bretagne échappait à Mercœur, le cabinet de l'Escurial lui devenait un support plus nécessaire. Malgré les mauvais procédés qui firent souvent
échouer ses combinaisons les mieux concertées, le
prince dut resserrer, à partir de 1595, les liens qui le
rattachaient à Philippe II, car l'absolution de Henri IV
avait enlevé au chef de la Ligue la dernière arme dont
il pût user. L'épiscopat de la province lui avait déjà
échappé, et chaque jour quelque nouveau capitaine
ceignait l'écharpe blanche.

En ouvrant une négociation avec Henri IV sous la
pression de l'opinion publique, Mercœur s'était cependant engagé à ne rien conclure sans l'approbation du
roi d'Espagne, qui avait promis, de son côté, de ne
pas déposer les armes sans assurer au gouverneur de
la Bretagne une position agréée par celui-ci. Mercœur,
qui n'avait pas affiché ses prétentions dans la pleine
prospérité de ses affaires, se décida-t-il, au déclin de
sa fortune, à les confier à Philippe II, et celui-ci, ouvrant enfin les yeux sur l'impossibilité de faire admettre
par la France la souveraineté de l'infante, se résigna-t-il
à entrer dans les vues secrètes du chef de la maison de

Penthièvre pour l'établissement d'un gouvernement indépendant en Bretagne? C'est ce qu'il est impossible de savoir, malgré les détails minutieux que nous a laissés sur la longue négociation d'Ancenis Duplessis-Mornay qui y joua pour Henri IV un rôle considérable. Mercœur ne se montra pas d'ailleurs plus décidé pour faire la paix qu'il ne l'avait été pour faire la guerre, et les ajournements multipliés où l'on a cherché la preuve de son habileté diplomatique ne furent que le double résultat d'une situation sans liberté et d'un esprit sans résolutiou.

L'un des torts les plus sérieux qu'il y ait peut-être à imputer à Henri IV, c'est de n'avoir pas terminé plus tôt la rébellion de la Bretagne. Si le roi, au lieu de se montrer exclusivement préoccupé de vaincre l'Espagnol en Picardie, l'avait attaqué au sein de la province où il s'était cantonné, ainsi que l'en suppliaient les états de Rennes, il aurait rencontré dans l'opinion de ce pays un concours dont le passé lui faisait probablement douter, mais qu'expliquaient fort bien des circonstances toutes différentes. Quelques régiments conduits par le prince héroïque auquel la surprise d'Amiens n'avait encore rien enlevé de son prestige auraient certainement suffi en 1595 pour avoir raison du duc de Mercœur, qui n'était désormais, même pour les plus aveugles, qu'un lieutenant du roi d'Espagne. Nantes, admirablement fortifiée et dominée par l'ascendant personnel de la *belle Nantaise*, constituait alors la principale, pour ne pas dire l'unique force du

parti lorrain, qui avait cessé d'être le parti catholique ;
mais jusque dans cette grande ville des symptômes
de lassitude et de mécontentement commençaient à se
révéler. Désirant la paix et n'ayant plus à faire à sa
conscience le sacrifice de ses intérêts, la bourgeoisie
se séparait du menu peuple, demeuré ardemment dévoué au duc et à la duchesse de Mercœur. En 1596,
M. Dubat de Launay, maire de Nantes, devenait le
chef du parti pacifique, et aux élections municipales
de l'année suivante le duc ne parvenait qu'à force d'efforts à faire choisir le nouveau maire parmi ses affidés.

C'était là un signe du temps, et personne ne pouvait plus le méconnaître. Ce fut alors que le duc de
Mercœur, bien plus au fait qu'on ne l'était à Paris
de ses périls véritables, conçut la pensée de se ménager un accommodement en proposant le mariage de
César Monsieur avec sa fille, qui était le plus grand
parti du royaume. Faible comme père et comme
amant, Henri s'empressa d'admettre un projet qu'a-
vait très-chaleureusement accueilli la duchesse de
Beaufort, parce qu'il assurait à son fils, âgé de quatre
ans, la main de l'héritière des maisons de Lorraine,
de Luxembourg et de Penthièvre. Aussi souple au déclin de sa fortune qu'elle s'était montrée d'abord résolue, madame de Mercœur s'empressa de faire remonter jusqu'à Gabrielle d'Estrées tout l'honneur d'une
victoire qu'il aurait été facile de payer d'un moindre
prix. Philippe-Emmanuel de Lorraine obtint une capitulation plus favorable que s'il avait été encore à

redouter, et Sully en fut pour ses observations, assuré d'avance, nous dit-il, de perdre son procès auprès du roi devant la femme qui lui en avait déjà fait perdre tant d'autres.

Le 20 mars 1598 fut signé le traité que Mercœur passa avec son roi comme de puissance à puissance. La résistance obstinée du gouverneur de Bretagne est expliquée dans le préambule de cet acte par sa piété et son patriotisme, et les effets de toutes les mesures prises par son gouvernement sont consacrés et ratifiés. Vingt-trois articles secrets, ayant même force et valeur que l'instrument public, contiennent les engagements pris par Mercœur pour le mariage de sa fille avec le fils naturel du roi et l'énonciation des sommes énormes qu'au désespoir du surintendant Henri IV s'engage à payer à Philippe-Emmanuel de Lorraine en échange du gouvernement de la Bretagne, auquel celui-ci veut bien renoncer au profit de son futur gendre. Parmi les stipulations particulières annexées à cette convention, aucune n'est plus étrange que celle qui concerne Fontenelle, placé, pour le mode de traitement qui lui est fait et les avantages qui lui sont promis, sur la même ligne que le duc de Mercœur lui-même. Il est entendu en effet que les conditions générales du traité lui seront rendues communes, s'il consent à y adhérer sous quinze jours pour les places qu'il détient encore. Le brigand, ayant fait cette faveur au roi, en est remercié avec une sorte d'effusion. Il est nommé capitaine de cinquante

hommes d'armes, et reçoit des lettres générales d'abolition pour tout crime et mêfait, Henri IV « l'acceptant d'autant plus libéralement dans ses bonnes grâces qu'il le sait vrai et naturel Français, incapable de
vouloir attenter à l'usurpation, et démembrement de
l'État. Par ces considérations et pour être agréable au
sieur de Fontenelle, qui lui en a exprimé le désir, le
roi s'engage à ne jamais permettre dans les places
pour lesquelles il a traité que l'exercice de la religion
catholique, apostolique et romaine, entendant d'ailleurs lui faire toutes les concessions stipulées par son
édit en faveur du duc de Mercœur, tout ainsi que s'il
y était lui-même compris et reconnu. » Enfin le roi
le tient quitte « lui, tous ses officiers et soldats, de
tous crimes, maléfices, meurtres, bruslements, notam-
ment de la prise de Penmarch, de Coëtfrec, du Granec, Guerrand, etc., entendant aussi spécialement
l'excuser pour l'enlèvement de sa femme, abolissant
la mémoire de tous·ces faits. »

Les guerres civiles sont le grand écueil de la morale publique ; ces lettres d'abolition en portent un
triste témoignage. Le parlement de Bretagne dut les
enregistrer d'ordre royal ; mais ses vives remontrances firent comprendre à Henri IV que la conscience des peuples ne ratifie pas toutes les conventions imposées par les calculs politiques. Aussi trois
années ne s'étaient pas encore écoulées que la justice
royale faisait saisir Fontenelle, en arguant de sa participation à la conspiration du maréchal de Biron ; et,

quoique ce crime-là soit demeuré aussi problématique
que ses crimes antérieurs étaient avérés, il fut roué vif
en place de Grève en 1602, le roi préférant une condamnation peu motivée à une impunité scandaleuse.

La clémence fut pour Henri IV un système dont ce
prince s'exagéra plus d'une fois les nécessités ; mais
il reprenait vite sur les institutions tout le terrain qu'il
avait perdu pour se concilier les personnes. Gardant
un souvenir amer des assemblées délibérantes depuis
les états de Blois, sur lesquels avaient soufflé les passions de la Ligue, jusqu'aux conseils de ville, qui
avaient été les principaux instruments de la résistance
à son autorité, il substitua des notables choisis par la
couronne aux états généraux choisis par le pays, et
commença contre les libertés municipales une lutte
qui souleva en Bretagne des résistances opiniâtres.
Quelle influence exercèrent les guerres de religion sur
la constitution particulière de ce pays, et quel contre-
coup le triomphe de la royauté eut-il sur cette constitution elle-même ? C'est à l'étude de cette question
que je me trouve conduit par le cours des événements.

CHAPITRE III

Les guerres civiles eurent en Bretagne un effet qui ne leur est point habituel, car elles y profitèrent à la liberté. Les passions du pays, venant se refléter au sein des états, rendirent durant la Ligue à ces assemblées, dont le rôle avait été assez terne depuis l'édit de réunion, toute l'importance qu'avaient eue sous les ducs les grandes assises du peuple breton.

La constitution des nations chrétiennes jetées dans le monde féodal s'était partout développée suivant des lois à peu près générales. La péninsule armoricaine avait accompli le même travail que la monarchie française, sans qu'il y ait à signaler dans ce mouvement simultané la moindre trace d'imitation ou d'influence. Dans les deux pays, les conseillers naturels du prince avaient été ses grands vassaux. A ces pairs laïques étaient venus se joindre les pairs ecclésiastiques, que leur caractère religieux et leur puissance territoriale revêtaient d'une double autorité. Dans le duché de

Bretagne comme dans le royaume de France il avait
été admis en principe, sans prescription écrite d'ailleurs, que toute décision majeure pour la guerre
comme pour la paix exigeait l'adhésion des conseillers-nés de la couronne. Le même motif explique l'intervention des évêques, seigneurs de leur cité épiscopale, des délégués des chapitres et des propriétaires
d'abbayes rattachés par la loi des fiefs à la hiérarchie
territoriale, et telle fut la composition primordiale de
l'assemblée nationale, qui, d'une part, assistait les
ducs comme conseil d'État, qui, de l'autre, jugeait à
titre de cour souveraine les appels de toutes les juridictions seigneuriales.

Plus tard, les princes, placés dans l'impossibilité de
suffire aux dépenses publiques avec les seuls revenus
du domaine, furent conduits, afin de se procurer des
ressources, à réunir au grand conseil national les représentants des communautés urbaines. Pour la Bretagne comme pour la France, cette adjonction commença dans les premières années du quatorzième
siècle, et dès l'année 1398 les ducs avaient reconnu
le droit de représentation à une trentaine de villes.
Ces grandes communautés déléguaient donc à chaque
tenue d'états un, deux ou trois députés. Cette fixation
numérique, originairement déterminée par l'importance respective des diverses localités, se trouva par
la suite abandonnée à l'arbitraire du pouvoir royal,
qui, selon ses convenances, conféra en Bretagne le
droit de représentation dans l'ordre du tiers tantôt à ·

des délégués spéciaux des communautés, tantôt aux
sénéchaux des juridictions royales, le plus souvent
aux maires nommés par le roi.

Neuf évêques, neuf députés des chapitres, quarante
abbés commendataires, composaient donc l'ordre de
l'église. L'ordre du tiers était formé par les représentants des quarante-deux communautés qui avaient
obtenu droit de séance aux états, et qui, depuis la
confiscation des franchises municipales par la couronne, ne trouvaient guère que dans leur caractère
personnel les conditions de leur indépendance. Une
pareille composition fait comprendre l'influence constante exercée par la cour sur les représentants du
clergé comme sur ceux de la bourgeoisie. En adhé-
rant aux volontés du roi, les évêques et les abbés
payaient une dette de reconnaissance ; en les accueil-
lant avec une soumission respectueuse, l'ordre du
tiers avait le double avantage de marcher dans des
voies presque toujours différentes de celles que suivait la noblesse, et de s'appuyer, pour résister à celle-
ci, sur la royauté, dont il demeura avec l'église l'appui le plus constant. Ces vieilles traditions conser-
vèrent leur empire aux états de Bretagne jusqu'à ce
que, dans la seconde moitié du dix-huitième siècle,
le souffle des temps nouveaux vint transformer l'esprit de la bourgeoisie française.

La véritable importance de ces états consista donc
dans la physionomie toute particulière que leur imprimait la noblesse, qui, grâce à la constitution sin-

gulière de cette assemblée, y domina constamment
malgré l'accord habituel de l'église et du tiers avec .
la cour. Si en Languedoc la bourgeoisie, possédant
un nombre de députés égal à celui des deux autres
ordres réunis, put donner à la représentation de cette
province un caractère plus spécialement municipal,
cette classe dut à peu près s'effacer en Bretagne à
cause de sa faiblesse numérique au sein d'une assemblée envahie par le flot toujours croissant des
gentilshommes, demeurés les dominateurs incontes-
tés des états.

La représentation de la noblesse avait souvent varié
avant d'aboutir à une sorte de suffrage universel attribué à tous les nobles. Sous les ducs, on avait réuni
aux neuf grands barons de la province [1] les anciens
chevaliers bannerets qui relevaient directement des
comtes avant que les divers comtés se fussent fondus
dans l'unité ducale. A cette première catégorie de l'a-
ristocratie féodale étaient venus s'adjoindre les gentilshommes investis de fonctions importantes soit à la
cour, soit dans le gouvernement des ducs, ces gentilshommes recevant du prince une invitation personnelle afin de siéger aux états. Après la réunion à la
monarchie, les gouverneurs, se considérant comme
substitués aux anciens ducs en leur qualité de repré-

1. Les neuf grandes baronnies dont la possession conférait
la présidence de la noblesse aux états étaient Léon, Vitré, Ancenis, Fougères, Châteaubriant, La Roche-Bernard, Quintin,
Retz et Pont-Château.

sentants du souverain, continuèrent d'adresser au
nom du roi des lettres spéciales de convocation à un
certain nombre de personnages. Ce nombre était
assez restreint, comme on peut s'en assurer en dé-
pouillant les listes de présence aux registres des états
de 1567 à 1584 ; il va même diminuant d'une tenue
à l'autre, ce qui semble témoigner sous les derniers
Valois d'une sorte d'indifférence pour l'exercice de
droits politiques singulièrement réduits en effet depuis la réunion, puisque toutes les questions diplo-
matiques et militaires échappaient forcément à l'appréciation de ces assemblées ; mais la situation changea complètement durant les guerres de la Ligue.
Deux centres de gouvernement s'étant établis en Bretagne, chacun attacha du prix à se couvrir du grand
nom des états. Le prince de Dombes convoqua ceux-ci
à Rennes depuis 1589 jusqu'en 1597, tandis que durant la même période Mercœur les réunissait à Nantes.
On se montra d'ailleurs fort peu difficile de part et
d'autre sur la régularité des convocations et sur les
titres de ceux qui se présentaient pour faire partie de
l'une ou de l'autre assemblée, l'essentiel pour les deux
chefs de parti étant que ces assemblées fussent nombreuses afin de frapper l'opinion. Le prince de Dombes
désigna pour représenter les villes engagées dans l'u-
nion catholique quelques magistrats royalistes réfugiés à Rennes. Quant à l'ordre du clergé, il ne brilla
guère que par son absence jusqu'à l'abjuration du
roi. Le prince de Dombes, qui représentait Henri IV,

ouvrit d'ailleurs à deux battants les portes de la
chambre de la noblesse à tous les gentilshommes disposés à y entrer, et Mercœur agit de même aux états
de la Ligue. Sortie d'un calcul politique, cette sorte
de suffrage universel devint bientôt un droit acquis
malgré ses abus et ses périls. Au dix-septième siècle,
la liste de présence des membres de la noblesse alla
grossissant d'année en année. Après avoir atteint,
sous Louis XIV, le chiffre de plusieurs centaines, cette
liste comprit un millier de noms dans quelques tenues
du règne suivant ; et cette tumultueuse multitude de
gentilshommes, pour la plupart étrangers aux affaires,
ne tarda pas à imprimer aux états de Bretagne quelque chose des allures et du génie d'une diète polo-
naise.

L'agitation de la Ligue ne provoqua pas seulement
l'extension du personnel de la représentation nationale ; elle en changea l'esprit et en agrandit l'horizon.
Les deux assemblées rivales étendirent simultanément
leurs attributions. Cela fut surtout sensible aux états
royalistes de Rennes, obligés de compter davantage
avec l'esprit ombrageux d'une population alarmée
pour l'intégrité de sa foi. La grandeur de la crise,
l'étendue des sacrifices qu'elle impose, les conduisent
à s'occuper des questions les plus délicates. L'assemblée envoie des agents à l'étranger ; elle délibère sur
leur correspondance, en même temps que, par l'établissement d'un comité permanent désigné sous le
nom de *commission intermédiaire*, elle assure sa par-

ticipation à la gestion administrative dans l'intervalle des sessions. Isolé au sein d'une province insurgée presque tout entière, le prince de Dombes ne peut rien contester à l'assemblée qui seule prête à son gouvernement quelque force morale. Que refuser d'ailleurs à des catholiques bretons qui, trois années avant la conversion du roi et avec la certitude d'assumer une impopularité universelle, ont le courage de tenir à Henri IV le langage que nous allons entendre?

« Les gens des trois états, vos très humbles et très fidèles sujets de votre pays de Bretagne, Sire, reconnaissent à leur grand regret l'orage de la rébellion sous le nom de Ligue tombé sur notre province, en laquelle l'Espagnol, ancien ennemi du royaume, vient de prendre pied, y étant appelé par le duc de Mercœur, ennemi déclaré de Votre Majesté, de l'État et couronne de France. Pour opposer les pernicieux desseins de vos ennemis jà trop avancés, vos fidèles et obéissants sujets jurent et protestent avoir une ferme volonté et intention d'employer et leur vie et leurs biens pour votre service, et au maintien de votre état audit pays et duché de Bretagne inséparablement uni et incorporé à la couronne, à la libération et conservation de leur patrie en laquelle ils sont nés et auprès de laquelle ils savent rien ne se pouvoir estimer plus digne, suppliant très-humblement Votre Majesté, Sire, par votre bonté paternelle, par la compassion que vous avez de leurs misères et oppressions, et par l'heur et valeur qui accompagnent vos actions et en-

treprises, les vouloir secourir et assister d'une partie
de vos forces et crédit, de concert avec les rois,
princes, potentats et républiques alliées et confédé-
rées de la couronne de France, et comme Votre Majesté leur a fait paraître ci-devant la bonne volonté et
sollicitude qu'elle a à leur conservation et liberté,
nous pensons, Sire, que, vos armées étant employées
au milieu de la France où s'est nourrie et épandue la
félonie, le plus prompt secours pour combattre en
cette province l'insolente ambition de l'Espagnol est
l'aide du royaume d'Angleterre, car le mal croît et
gagne de jour en jour, et a jà occupé toute votre dite
province, ne restant pas de villes de retraite à vos
fidèles sujets que Rennes, Ploërmel, Vitré et Males-
troit, offrent les gens des trois états assemblés sous
votre autorité et permission, leur pays étant remis en
liberté, payer et rembourser les frais et dépenses des
armées qui seront employées en leur dite libération
des Espagnols par les moyens les plus propres que
nous pourrons aviser, instituent le sieur de La Bouchetière leur trésorier, avec tout pouvoir d'en passer
et consentir toute assurance et promesse au nom des
dits états [1]. »

Il fallait que l'arrivée des Espagnols en Bretagne et
les prétentions qu'affichait Philippe II sur cette province y eussent provoqué une bien vive émotion pour
amener les états à souhaiter le secours toujours sus-

---

[1]. Registre des états, séance du 30 décembre 1590.

pect de l'Angleterre. Ils n'hésitèrent pas cependant,
et leur session était à peine terminée que leur trésorier se rendait à Londres avec plein pouvoir de traiter
et s'engager au nom des états de Bretagne pour la dépense nécessaire à un armement.

. Après s'être concerté avec Beauvais Lanocle, ambas-
sadeur de Henri IV près la reine Élisabeth, La Bouchetière signait le 4 avril 1591 un arrangement avec
les ministres de cette princesse, et trois mille Anglais
venaient débarquer à Paimpol, pendant que cinq mille
Espagnols se fortifiaient à Blavet dans l'espérance de
prendre pied sur un littoral qu'ils entendaient bien
ne plus quitter. A l'heure des grandes crises, on com-
promet souvent l'avenir pour échapper aux difficultés
présentes. Les deux partis en Bretagne en firent la
triste expérience. Tandis que les Espagnols, en s'ap-
puyant sur le duc de Mercœur, travaillaient à s'assurer
dans la péninsule des positions inexpugnables, les
Anglais faisaient un semblable calcul, et aspiraient à
tirer d'une dispendieuse expédition un profit plus sérieux que les indemnités fort incertaines promises à
la reine Élisabeth par les états. L'espérance d'occuper
Brest leur fit oublier un moment la perte de Calais, et
lorsqu'ils eurent rencontré des obstacles insurmontables à ce dessein, ils se rejetèrent sur un établissement à Morlaix. Dans un jour de découragement, ils
avaient obtenu de Henri IV une sorte de demi-pro-
messe à laquelle ce monarque fut heureux de pouvoir
opposer auprès de sa bonne sœur d'Angleterre l'in-

domptable résistance de ses sujets bretons. Si les projets du cabinet britannique ne tardèrent pas à inquiéter le patriotisme armoricain, les procédés des soldats du général Norris exaspérèrent plus vite encore
un peuple honnête, outragé chaque jour dans ses
croyances par des bandes d'iconoclastes. Une année
s'était à peine écoulée que l'assemblée qui avait négocié par ses agents particuliers l'envoi de ces périlleux auxiliaires adressait à Henri IV des plaintes qui,
si elles touchèrent son cœur, ne durent rien révéler à
sa prévoyance.

« Sire, disaient les trois états en terminant la session de 1592, les gens de guerre étrangers qui ont
entrés en ce pays sous votre autorité ont profané, pillé
et brûlé les églises, rançonné et massacré les prêtres,
répandu le sang jusque sur l'autel, foulé le saint sacrement aux pieds. Plaise à Votre Majesté ordonner à
messieurs ses lieutenants généraux audit pays de
maintenir et faire garder inviolablement les droits,
franchises et libertés de l'Église catholique, conforter
les ministres d'icelle, et présentent vos sujets dudit
pays très-humble requête à Dieu qu'il lui plaise, Sire,
vous inspirer tellement par l'infusion de sa sainte
grâce que vous embrassiez bientôt la religion catholique, apostolique et romaine.

« La licence des gens de guerre est telle et si déré-
glée sur votre pauvre peuple qu'ils n'ont omis ni
épargné aucune espèce de violence pour l'épuiser, et
ont exercé toutes les cruautés que le fer, la corde et le

feu leur ont pu administrer. Après avoir misérablement tourmenté et géhenné les paysans en leur personne, ont pillé et brûlé les maisons et meubles, pris
le bétail ou icelui rançonné par tête, ont violé femmes
et filles sans aucune considération de l'âge, ont contraint les maris de racheter leurs femmes et réduit
votre peuple à·telle extrémité qu'il a été contraint d'a-
bandonner maisons et familles pour chercher l'espoir
de sa sûreté aux forêts entre les plus cruelles bêtes, aimant mieux habiter avec les animaux sauvages que de
devenir prisonniers aux mains des gens de guerre par
faute de moyens de se racheter[1]. »

Mais, tandis que le parti royaliste traçait un tableau
si sombre des violences particulièrement imputables
aux auxiliaires étrangers, il se trouvait conduit par
l'imminence du péril à tenter les derniers efforts pour
retenir ceux-ci sur le sol qu'ils ravageaient si cruellement, et la même contradiction se produisait presque
au même moment à Nantes, où les états de la Ligue,
de plus en plus alarmés des projets de l'Espagne, suppliaient pourtant don Juan d'Aquila d'obtenir de sa
Majesté Catholique une augmentation de l'effectif entretenu par elle en Bretagne. Les états de Rennes envoyèrent une députation en Angleterre pour y solliciter des secours plus considérables, et leurs agents
reçurent l'ordre de passer ensuite en Hollande, afin
d'intéresser les états généraux au triste sort de la

1. Registre des états de Rennes. Remontrances au roi, 5 janvier 1593.

Bretagne. Cette double négociation échoua. La seule trace qu'on en rencontre aux registres des états est une lettre du 11 avril 1594. Cette pièce constate que tous les efforts tentés à Londres ont été inutiles. L'un de ces députés, le sieur de Montmartin, nous apprend dans ses *Mémoires* qu'ayant été presenté à la reine Élisabeth par Beauvais Lanocle, « ladite reine lui fit entendre quelques petites plaintes, mais sans déclarer toutefois qu'elle voulait abandonner son bon frère, ajoutant qu'avant de faire réponse elle désirait être éclaircie de quelques ouvertures qu'elle lui avait faites [1]. »

Ces ouvertures tendaient à obtenir du roi l'abandon de Brest aux Anglais ou à leur laisser du moins la possession de Morlaix, que le maréchal d'Aumont venait de reprendre avec leur assistance, et qui pouvait devenir, moyennant quelques travaux, une position formidable pour dominer l'entrée de la Manche. Avertis de ce projet, Montmartin et ses collègues déclarèrent que la province se soulèverait tout entière pour en empêcher l'accomplissement. D'un autre côté, la reine fut informée par un agent secret envoyé vers le marquis de Sourdéac, sur lequel le cabinet anglais avait cru pouvoir compter, que le gouverneur de Brest, digne du sang de Rieux qui coulait dans ses veines, résisterait jusqu'à la mort aux ordres mêmes du roi, s'il en recevait jamais celui de livrer cette place aux

---

1. Mémoires de Montmartin, CCXCIX.

Anglais. Cette princesse ne put enfin ignorer, d'après l'attitude des députés bretons, que les états ne ratifieraient point la cession de Morlaix, en admettant que Henri IV parvînt à s'y résigner. Découragée dès lors d'une entreprise qui restait inutile à la grandeur de son pays sans pouvoir, depuis la conversion du roi, profiter à la cause protestante, Élisabeth prit bientôt après la résolution de rappeler ses troupes, et l'évacuation de la Bretagne par les Anglais ne tarda point à commencer. Cette province n'eut pas aussi bon marché de l'opiniâtreté castillane; ce fut seulement en 1598, au moment de disparaître de cette scène qu'il avait agitée si longtemps, que Philippe II put se résoudre à abandonner le coin de terre auquel l'attachaient les derniers rêves de son ambition toujours trompée.

Ce qui honore à jamais ces états de Rennes délibérant au milieu de l'insurrection qui les bloque, c'est la fermeté avec laquelle ils maintiennent les droits de la province en face d'une royauté dont ils sont les serviteurs ardemment dévoués. Quoique issu de cette maison de Bourbon dont ils défendent si courageusement le droit à la couronne, le prince de Dombes n'a pas de censeurs plus sévères et parfois plus moroses que messieurs des états et du parlement. Les magistrats surtout se montrent impitoyables pour ses légèretés, et n'hésitent pas à reprocher avec éclat au jeune gouverneur de s'occuper des dames de Rennes lorsqu'il faudrait être tout entier à ses devoirs. Deux

députations sont successivement envoyées pour dé-
noncer ces faiblesses amoureuses à un monarque
beaucoup plus indulgent pour ces torts-là que les
graves magistrats, qui avaient peut-être de jolies
femmes. En butte aux inimitiés du parlement, aux
suspicions des membres de la commission intermédiaire, le prince de Dombes s'empresse de quitter
Rennes sitôt qu'il le peut faire avec honneur. Les pouvoirs du gouverneur passent aux mains du lieutenant
général pour le roi, d'Épinay Saint-Luc, qui dirige
les opérations militaires sous les ordres supérieurs du
maréchal d'Aumont; mais encore que M. de Saint-
Luc soit un homme d'un caractère ferme et résolu, la
commission intermédiaire ne se laisse aucunement inti-
mider par ses menaces, et sitôt que les états sont rassemblés, le lieutenant général, placé sur la sellette, se
voit arracher chaque jour par leur attitude comminatoire quelque concession nouvelle.

Aux états de 1595, la noblesse et le tiers élèvent par
exemple la prétention de constituer un conseil de
finances permanent pour assister le gouverneur, conseil sans l'approbation préalable duquel celui-ci ne
pourra faire ordonnancer aucune dépense. M. de
Saint-Luc, repoussant cette prétention au nom du roi,
par les raisons même que nous pourrions donner aujourd'hui, fait remarquer aux commissaires que ce
serait placer le gouvernement tout entier entre les
mains des états, et qu'il manquerait à ses devoirs, s'il
se prêtait, au préjudice de l'intérêt public, à une

aussi dangereuse usurpation. Cependant, après des discussions très-vives, le lieutenant général, pénétré de la nécessité de marcher d'accord avec l'assemblée, accepte la nomination par les trois ordres d'un contrôleur des finances, lequel assistera le gouverneur ou son lieutenant, mais avec une autorité purement consultative.

La situation de la province, écrasée par les garnisons royales autant que par les troupes ennemies, provoque des discussions violentes et fournit matière à des reproches auxquels Saint-Luc répond avec autant de sang-froid que de sagacité. Les états exigent préalablement à tout vote financier la promesse que les quatorze régiments existant nominalement en Bretagne seront ramenés à neuf, toujours maintenus au grand complet de leur effectif, et qu'une liste sera dressée concurremment avec leurs commissaires de toutes les places fortes véritablement utiles à la sûreté de la province, les autres devant être démolies dans le plus bref délai. L'assemblée somme enfin le lieutenant général de lui présenter un état complet des dépenses militaires pour l'année 1596. Deux jours après, Saint-Luc l'adresse aux états; les trois ordres, délibérant d'abord chacun dans sa chambre, le discutent avec sévérité, et finissent par le rejeter en assemblée générale comme contenant certaines garnisons inutiles. Saint-Luc consent alors à présenter un autre projet plus conforme aux vues de messieurs des états, en réservant cependant l'approbation du roi et en réitérant au nom de Henri IV la promesse de venir bientôt lui-même en Bretagne pour terminer la guerre par un grand coup.

Aucune assemblée n'a discuté de nos jours un budget avec une plus rigoureuse sollicitude que ces états de 1595. La commission *des voies et moyens*, comme on l'appellerait aujourd'hui, terminait par ces graves paroles l'exposé de la situation des finances. « Les états tirent avec une extrême compassion la dernière goutte de sang du peuple misérable qui ne respire plus que par espérance d'une prochaine paix ou du secours d'une puissante armée entretenue et conduite par Sa Majesté. Ils accordent qu'ils soit levé extraordinairement pour chacun feu de fouage 3 écus, faisant 100,000 écus et plus, à la condition que le prix de la garde de M. le maréchal sera pris sur cette somme, et qu'il ne puisse se faire aucun autre levée extraordinaire sans leur consentement, sous quelque forme que ce soit. Les états entendent d'ailleurs que le bail à ferme des impôts et billots et autres deniers levés par leur consentement sera fait en leur générale assemblée par MM. les commissaires du roi, comme étant de leurs droits et priviléges, espèrant que les enchères s'y feront avec une entière liberté, et sous cette condition entendent consentir lesdites levées [1]. » M. de Saint-Luc résista, paraît-il, très-vivement à l'obligation de faire passer l'adjudication des fermes en la

1. Registre des états, 2 décembre 1595.

salle même des états. Dans la séance du 12 décembre, cette difficulté se reproduit sur l'observation d'un
commissaire du roi; mais l'assemblée, persistant dans
son vote, se borne à ordonner de communiquer au
lieutenant général les procès-verbaux d'adjudications
antérieures passées en pleins états à Vannes et à Dinan, sous le gouvernement du duc de Montpensier,
sans aucune observation des représentants de Sa Majesté.

Dans la même séance, elle désigne trois membres,
dont elle notifie le choix à M. de Saint-Luc, pour assister le gouverneur au conseil des finances. Dans leurs
cahiers, les états renouvelèrent enfin avec un redoublement d'énergie la plupart de leurs remontrances
précédentes. Ils réclament l'abolition de la traite foraine, l'attribution exclusive des bénéfices ecclésiastiques de la province aux sujets bretons, la suppression
des charges françaises au parlement, « afin que les ori-
ginaires ne soient plus taxés ni d'insuffisance ni d'infidélité, » et avant tout l'abolition des offices nouveaux
créés moyennant finances; ils insistent pour une
prompte démolition des fortifications des châteaux, repaires de bandits redoutables aux populations; ils demandent que le roi fasse élever dans la religion catholique MM. de Rohan et de Laval, alors mineurs, « destinés
à être les deux principales lumières de son autorité
dans la province, en les pourvoyant de docteurs éclairés et suffisants; » ils finissent en exprimant la confiance que leur inviolable fidélité sera le gage de

celle « avec laquelle Sa Majesté, en sa grande bonté et justice, maintiendra toujours les libertés et privilèges jurés par les rois ses prédécesseurs.

Quelquefois les états, malgré leur ardent royalisme, contestaient à la couronne des attributions qui lui sont aujourd'hui universellement reconnues dans toutes les monarchies constitutionnelles. La session de 1596 en fournit un exemple éclatant. Les habitants de Saint-Malo, constitués, comme on l'a vu, en une sorte de république indépendante depuis 1589, avaient refusé durant plusieurs années de se faire représenter aux états de Nantes comme à ceux de Rennes. Au duc de Mercœur, qui les sommait de comparaître, ils avaient répondu avec une suprême impudence que les chemins étaient trop mauvais pour que leurs députés pussent se mettre en route[1]. Plus tard, l'abjuration de Henri IV et le progrès de ses armes ayant amené les Malouins à reconnaître le gouvernement royal, ils se décidèrent à envoyer des députés à Rennes en 1596 ; mais leurs délégués parurent aux états tenant à la main la capitulation ratifiée par le monarque qui les avait exemptés de tout impôt durant six années. Cette prétention, que la ville de Dinan produisit de son côté en alléguant un titre semblable, suscita au sein de l'assemblée le plus violent orage. Les trois ordres déclarèrent d'une voix unanime qu'aucun membre de la communauté sociale n'avait ni le droit de

---

1. Dom Taillandier, *Histoire de Bretagne*, t. II, liv. XIX.

s'en séparer ni celui de se dérober aux charges publiques, et qu'un acte où pareille prétention se trouvait
énoncée était réputé nul de plein droit aux yeux des
états, qui n'y avaient point participé. Les députés de
Saint-Malo durent se contenter de prendre des réserves, et le roi, devenu assez fort pour n'avoir plus à
ménager ses ennemis, ne parut guère s'inquiéter de
défendre la plénitude de sa prérogative au préjudice
des recettes de son trésor.

Cette assemblée, dont l'attitude était si fière devant
le lieutenant général du roi et devant le monarque
lui-même, éprouvait cependant pour ce prince la plus
respectueuse admiration. La conviction que Henri IV
pouvait seul terminer la guerre civile par sa présence,
le besoin de le voir au milieu de cette province déso-
lée, alors en proie à toutes les misères humaines depuis la guerre jusqu'à la famine et à la peste, étaient
devenus pour tous les députés une sorte d'obsession.
L'expression en est consignée à toutes les pages des
délibérations. Déjà exprimé au procès-verbal de 1595,
ce vœu se retrouve dans celui de 1596. Il est reproduit
l'année suivante sous des formes quasi menaçantes.
L'abandon où le roi semble laisser la Bretagne, acca-
blée de tant de maux, paraît pour les députés de cette
province justifier une résolution suprême. Sur l'assurance qui leur est donnée par les commissaires du
roi que Sa Majesté est résolue à partir sous quelques
semaines, ils se décident à rester en permanence jusqu'à son arrivée, en suspendant tout vote de subsides

« tant que le roi n'aura pas assisté ses fidèles sujets par le secours si désiré de sa présence. »

Le maréchal de Brissac venait de succéder au maréchal d'Aumont, mortellement blessé au siège d'une bicoque, entrepris, s'il faut en croire la chronique, pour des motifs peu dignes de lui. La résolution des états causa le plus grand trouble au nouveau gouverneur, moins assuré qu'il ne le disait lui-même du prochain voyage du roi. Pour faire rapporter cette délibération, M. de Brissac parut dans l'assemblée accompagné de M. de Montbarot, gouverneur de la ville, et du fidèle sénéchal Le Meneust de Bréquigny, qui avait conservé Rennes à Henri IV. L'allocution fort originale du comte de Brissac aux trois ordres est résumée par le greffier des états dans les termes que voici : « M. le maréchal a dit que la province ressemble à un malade fort affligé auquel est besoin de pourvoir de prompts remèdes. Ceux qui l'assistent, ayant les drogues pour le médiciner, n'osent pourtant les appliquer sans la présence du médecin, en attendant lequel, si on diffère de nourrir le malade et le pourvoir des choses nécessaires pour le soutenir, il sera certainement décédé. Il dit que la province, c'est le malade et le roi le médecin, attendant la venue duquel est besoin pourvoir à l'entretien de l'armée sans le secours de laquelle ce pays ne peut subsister et demeurerait en proie aux ennemis, et que mieux vaut pays gâté que pays perdu. A cette fin, M. le maréchal a supplié messieurs des états d'aviser au moins un fonds pour l'entretien de l'armée[1]. »

Trois refus successifs ne découragent pas le maréchal. Il revient à la charge, se disant assuré de la très-prochaine arrivée du roi, qui prendrait certainement pour une injure une persistance de nature à changer la résolution la plus arrêtée. Vaincus par l'insistance de M. de Brissac, les états finissent par autoriser leur trésorier à traiter avec le sieur Zamet pour 150,000 écus, dont ce banquier fera l'avance sous promesse que cet emprunt sera couvert par eux à leur tenue prochaine.

Si Henri IV tarda trop à désarmer une insurrection qui n'avait plus de racines, c'est que ce prince tenait le duc de Mercœur pour bien plus puissant qu'il ne l'était en effet, et s'il se résolut tout à coup, dans les premiers mois de 1698, à pénétrer en Bretagne, il y fut probablement amené par la délibération des états, qui lui fit de ce voyage un devoir impérieux. Convoitée par les Espagnols, ravagée par les bandits, épuisée par la famine, la Bretagne n'avait en 1598 ni la volonté ni le pouvoir d'opposer aucun obstacle à un roi victorieux réconcilié avec l'Église. Ce fut très-gratuitement que le roi paya à Emmanuel de Lorraine, pour prix d'une soumission que celui-ci ne pouvait plus refuser, 4,295,000 livres qui feraient environ 14 millions de notre monnaie. Dans l'état d'abandon où se trouvaient alors M. et madame de Mercœur, Henri IV

1. Registre des états, séance du 17 décembre 1597.

aurait pu couvrir à moins de frais le premier scandale éclatant que sa maison ait donné à la France. Quoi qu'il en soit, un bâtard de quatre ans devint l'époux d'une princesse de six, issue des plus grandes races de l'Europe ; cet enfant, légitimé, créé duc de Vendôme, pair de France et gouverneur de Bretagne, entra solennellement à Nantes sur les genoux de Gabrielle d'Estrées, duchesse de Beaufort, sa mère, et celle-ci reçut les mêmes honneurs que ceux qui avaient été rendus à Madame, sœur de Henri IV.

Le roi, devenu maître de Nantes à prix d'argent, ne s'y montra pas d'humeur joyeuse. Il y pénétra entouré de ses hommes d'armes et presque en conquérant. Henri refusa les pompes de l'entrée royale, en retenant toutefois pour payer son armée les 23,000 écus d'or votés par la municipalité afin d'en acquitter les frais. A peine installé dans le château des ducs de Bretagne, ce prince renouvela le personnel de la mairie et de la garde civique, sans tenir aucun compte des privilèges attribués à la ville de Nantes par les lettres patentes de Henri II. Il confia la mairie à Charles Harrouis de l'Épinay, qui l'occupait en 1589, et auquel sa fidélité avait valu un long et cruel emprisonnement. La situation politique justifiait une telle mesure ; mais nous verrons bientôt que ce prince ne devait pas s'arrêter là. Henri IV donna le gouvernement de la ville et du comté de Nantes au duc de Rohan-Montbazon, et laissa dans cette ville Gabrielle d'Estrées, qui y donna le jour au chevalier de Vendôme. M. de Montbazon reçut pour instruction de consulter la duchesse de Beaufort sur toutes les difficultés qui pourraient survenir; puis, après avoir signé l'acte mémorable qui couronnait son règne[1], le roi s'empressa de quitter une ville où sa verve gasconne ne trouvait guère à s'épancher.

Ce prince ne pouvait visiter la Bretagne sans paraître dans la cité qui lui avait donné, au milieu d'une défection générale, des marques d'une persévérante fidélité. Il se rendit donc à Rennes à travers des campagnes ruinées, à l'aspect desquelles il s'écria, dit-on : « Où ces pauvres Bretons prendront-ils tout l'argent qu'ils m'ont promis? » On lui avait promis beaucoup d'argent en effet, car, avant de se séparer, les derniers états s'étaient engagés à voter en dehors des dépenses ordinaires un fonds spécial de 200,000 écus pour la bienvenue du roi, s'il accomplissait enfin le voyage depuis si longtemps demandé. Un ordre royal venait de convoquer à Rennes ces états *affamés de voir le roi.* Le clergé, la noblesse, les députés des communautés, affluèrent de tous les points de la province. Les membres des trois ordres, avec MM. du parlement en robes rouges, entouraient Sa Majesté, quand le 9 mai, par un beau soleil de printemps, elle entra dans sa bonne ville, jonchée de fleurs, le front joyeux, le sourire aux lèvres, le geste paternel et fier. Lorsqu'à la porte Toussaints le sénéchal lui présenta deux

1. Édit de Nantes du 13 avril 1598.

magnifiques clefs d'or : « Je les accepte, mais je préfère
les clefs de vos cœurs, » s'écria le roi, aussi prodigue
à Rennes de mots charmants pour ses amis éprouvés
qu'il l'avait été de millions à Nantes pour ses anciens
adversaires. Les bons bourgeois royalistes, les magistrats et les nombreux suppôts du palais étaient devant Henri IV dans une sorte de béate contempla-
tion. L'un d'entre eux nous a laissé de ce prince une
photographie saisissante. « C'est un fort agréable
prince, fort familier à tout le monde, mêlé à toutes
choses sans grande longueur de discours et adonné à
toute sorte d'exercices ; de moyenne taille, la barbe
toute blanche, le poil blond commençant à grisonner,
et l'œil plaisant et agréable, peut avoir l'âge de qua-
rante-six à quarante-sept ans ; néanmoins sa barbe
le rend plus vieil qu'il n'est [1]. »

Durant la semaine que Henri IV leur consacra, les
habitants l'accablèrent de fêtes et de plaisirs. Ce fut
une suite impitoyable de collations, de bals, de parties de bagues et de chasse dont le notaire Pichart
s'est constitué le Dangeau. Entre mille anecdotes
moins piquantes, il nous apprend que « comme le
sieur roi sortait de Saint-Pierre, un appelé Gravelle,
mente captus, s'adressa à Sa Majesté, lui disant qu'il
le faisait son prisonnier et qu'il était le duc de Bretagne. Sur ce qu'il lui fut empêché d'approcher du
roi, ledit fol prit M. de Montbarot aux jambes et s'y

---

1. Journal du notaire Pichart. — *Preuves de l'histoire de
Bretagne*, t. III, c. 1757.

opiniâtra tellement qu'il fut fort difficile de l'en ôter. »
Henri se tira moins heureusement d'une autre rencontre qui lui fit prolonger de vingt-quatre heures
son séjour à Rennes. « En fut cause une demoiselle
qu'il voulut voir de plus près. C'était la femme d'un
capitaine appelé Desfossés, auquel le roi a fait depuis
beaucoup d'avantages, et l'a envoyé pour aller à Calais, dont il est sergent. »

En quittant Rennes, le roi y laissa M. de Rosny
pour débattre avec les états toutes les questions financières. Le comte de Molac, qui avait eu le premier
jour la présidence de la noblesse, dut la céder au
baron d'Avaugour, comte de Vertus, survenu le lendemain, lequel la prit probablement comme seigneur
issu du sang de Bretagne. L'évêque de Cornouaille
présida pour le clergé, et le sénéchal de Rennes pour
le tiers. Une déclaration du roi, communiquée à l'ouverture de l'assemblée, lui annonçait que ses vœux
avaient été accueillis sur plusieurs questions fort importantes. Dans les instructions données par le roi à
ses six commissaires, on remarquait en effet les points
suivants : remise des arrérages de toute nature dus
au trésor royal par la province ; déclaration que les
fouages et impôts seront continués en la manière accoutumée avec promesse de n'augmenter les levées
de deniers que du consentement préalable des états ;
retrait de toutes les impositions établies par le duc de
Mercœur qui ne seraient pas sanctionnées par eux ;
promesse de soumettre à une vérification rigoureuse

l'état des garnisons, de faire démolir dans le plus bref délai toutes les fortifications reconnues inutiles, et d'interdire aux seigneurs toute levée d'hommes ou d'argent sous peine de confiscation; engagement de donner les devoirs à ferme d'après le mode d'adjudication publique recommandé par les états, et d'en déposer les deniers aux mains de leur trésorier [1].

C'étaient là des concessions très-considérables, et l'on pouvait croire qu'elles suffiraient pour désarmer toute opposition. Cependant il n'en fut pas ainsi, les états ayant cru remarquer une sorte de lacune dans la déclaration royale. Sa Majesté n'avait ni juré, ni promis, à l'exemple dê tous les princes ses prédécesseurs, de garder inviolablement les libertés et priviléges de la province. Le roi semblait donc retenir en principe les droits que sa bonté lui faisait abandonner dans certains détails. C'était sur ce point délicat qu'on souhaitait une explication. En se plaçant sur un pareil terrain, les états et les commissaires du roi ne tardèrent pas à se brouiller. M. de Rosny parut indigné que des sujets osassent rappeler leurs droits à un souverain au moment où celui-ci s'occupait de leurs intérêts avec une sollicitude si paternelle. Les sieurs Roger, Harpin et Turcant, maître des requêtes, furent donc envoyés pour les admonester, mission dont ces fonctionnaires s'acquittèrent avec une roideur toute administrative. « Messieurs des états

1. Registre des états. Règlement arrêté à Rennes en conseil, le roi présent, 14 mai 1598.

n'ont pas à entrer en forme de traité avec le roi, mais
à délibérer sur ce qu'il leur fait proposer. On ne peut
s'arrêter à la demande de confirmation de leurs priviléges, puisqu'il y a bientôt neuf ans que le roi est
roi comme aujourd'hui. »

Cette communication provoqua l'envoi d'une députation des trois ordres aux commissaires afin de leur
demander déclaration particulière des promesses du
roi mentionnées par eux ; mais l'abbé de Sainte-
Croix, l'un des députés, ne tarda pas à venir annoncer à l'assemblée que lui et ses collègues « ont très-
peu profité en leur députation, laquelle a été tenue
par MM. les commissaires pour une marque d'irrévé-
rence plutôt que de bonne affection au service du roi,
ceux-ci leur déniant en outre la déclaration qu'ils
demandaient comme chose qui ne dépend d'eux, mais
de Sa Majesté seule à laquelle il serait fort malséant
d'en faire la demande [1]. »

La question se trouvant posée dans de pareils termes par les représentants du monarque, les états
agirent peut-être prudemment en n'engageant pas
une lutte inopportune. Ils votèrent sans discussion
toutes les sommes demandées au nom du roi, en ajoutant au produit des impositions ordinaires les 200,000
écus, promis pour le voyage du monarque. L'auteur
des *OEconomies royales* quitta la Bretagne aussi
éclairé sur ses besoins et ses ressources que sur les

---

1. Registre des états, 22 mai 1599.

moyens de les mettre en œuvre. Le surintendant,
dont la fille épousa l'héritier de la maison de Rohan,
fut au conseil du roi le protecteur assidu des intérêts
bretons, et c'était toujours à lui que s'adressaient les
députés des états chargés de porter à la cour le cahier
des remontrances.

Ce gouvernement réparateur cicatrisa promptement
les plaies de la malheureuse Bretagne. Au bout de
quelques années, elle commença de se repeupler, la
corde et la roue ayant fait justice des scélérats qui l'a-
vaient opprimée. Mais ce règne si admiré, et sous
tant de rapports si admirable, profita moins aux institutions de la France qu'à ses richesses; et sitôt que le
grand roi fut descendu dans la tombe, la royauté se
retrouva plus faible qu'elle ne l'avait jamais été. Trop
modéré pour aimer le despotisme, Henri avait pourtant la religion du droit monarchique, dont son épée
avait assuré le triomphe. C'est le premier roi de droit
divin qu'ait eu la France, car il ne se croyait comptable
à personne du pouvoir qu'il tenait « de Dieu et de son
épée. » Nullement défavorable aux états provinciaux
quand ceux-ci lui transmettaient des avis constamment recherchés par sa bonne foi, il s'irritait à la
pensée qu'ils pouvaient songer à faire prévaloir leur
volonté contre la sienne en plaçant leur propre droit
à côté du sien. Lorsqu'aux états de Bretagne ses commissaires tinrent le langage que nous venons de rappeler, ils exprimaient la pensée la plus persistante
d'un souverain aussi porté aux concessions individuel-

les qu'inflexible sur les principes. Si la plénitude de
son pouvoir semblait en question, ce prince perdait
cette liberté d'esprit qui faisait le charme de sa personne et le succès de sa politique. La Bretagne l'é-
prouva plus d'une fois. Avant de quitter Nantes, par
exemple, Henri IV avait décidé qu'au lieu de nommer
annuellement leur maire les électeurs de cette ville
formeraient désormais une triple liste sur laquelle il
choisirait ce magistrat. Le même système devait être
appliqué à la nomination du sous-maire et des capitaines des compagnies bourgeoises; mais quand Charles Harrouis sortit de charge, le roi, créant le système
des candidatures agréables, appelé depuis à une si
brillante fortune, écrivit à la communauté pour l'in-
viter à placer au nombre des trois candidats le sieur de
la Bouchetière, trésorier des états, « ce qui nous sera
fort agréable, pour avoir donné beaucoup et de bonnes preuves de sa fidélité au bien de nos affaires et à
celui de nos sujets [1].

Soit impopularité personnelle, soit vieux levain
d'opposition, le sujet ainsi recommandé ne réunit
pas la majorité des suffrages. Cette résistance à sa
volonté fit perdre au roi le sang-froid qui l'abandon-
nait rarement, et il écrivit *ab irato* aux habitants de
Nantes la curieuse lettre qui suit : « Je trouve fort
étrange de ce que, au préjudice de ce que je vous ai ci-
devant écrit pour élire maire de ma ville de Nantes,

---

1. Lettre datée de Fontainebleau, 22 avril 1599, aux maires,
échevins, manants et habitants de la bonne ville de Nantes.

pour la présente année, le sieur de La Bouchetière, lequel j'ai toujours reconnu pour mon très-fidèle serviteur, il y en ait eu quelques-uns d'entre vous si hardis que de s'y opposer et d'en nommer d'autres ; c'est pourquoi je vous fais ce mot de ma main par lequel vous saurez que ma volonté est que le sieur de La Bouchetière soit élu et nommé, qu'il n'y ait aucune faute, et que je sois obéi en cela ; autrement j'aurai occasion de chercher les moyens de me faire obéir, à quoi je suis résolu, et de vous témoigner l'envie que j'ai de faire pour vous lorsque vous m'en donnerez sujet [1].

Le roi n'attendit pas d'ailleurs le résultat d'un nouveau scrutin. Il nomma *proprio motu* le sieur de La Bouchetière maire de Nantes, et lui fit connaître sa nomination par une lettre affectueuse où les Nantais étaient assez malmenés et qui se terminait ainsi : « S'il n'est par eux entièrement satisfait à mes ordres, vous nous en tiendrez avertis afin d'y pourvoir selon le besoin qui en sera, car tel est notre plaisir [2]. » Le sieur de la Bouchetière fut donc maire de par le roi. Lorsqu'un an après le moment fut venu de renouveler la mairie, les bourgeois adressèrent au roi une sorte de supplique dans laquelle, après avoir

1. 8 mai 1599.

2. Lettre écrite à Fontainebleau, le 13 mai 1599, signée *Henri* et plus bas *Potier*, à notre cher et bien amez le sieur Hux de La Bouchetière, trésorier des états de notre province et duché de Bretagne, maire en notre ville de Nantes.

rendu hommage à la bonne administration du fonctionnaire nommé par Sa Majesté, ils demandaient
qu'elle daignât leur rendre le droit de désigner pour
l'année 1601 trois candidats, selon qu'elle l'avait
réglé elle-même; mais Henri IV feignit de ne pas
comprendre le sens de cette requête, et leur répondit,
en vrai Gascon, que, puisqu'ils se tenaient pour sa-
tisfaits des services du maire actuel, il déférait avec
plaisir à leur vœu en consentant à le maintenir en sa
charge.

En matière de libertés municipales, Henri IV ne se
gênait pas plus avec les vieux royalistes qu'avec les
vieux ligueurs. Vers la même époque, il attribuait au
gouverneur de Rennes la mairie perpétuelle de cette
fidèle cité, et transformait le régime de sa communauté élective en se réservant la nomination des échevins. Ce prince, plus habile que prévoyant, fit au
système municipal une guerre sourde, mais persistante, en souvenir de la puissance qu'il avait exercée
durant les troubles, sacrifiant ainsi aux intérêts de
ses rancunes ceux d'une bonne politique.

Après la paix de Vervins, qui lui permit de rétablir son commerce avec l'Espagne, stimulant principal de sa faible industrie, la Bretagne ne songea
plus qu'à remettre ses friches en culture et à faire
démolir les repaires d'où d'exécrables brigands s'é-
taient abattus sur ses campagnes. Coëtfrec, Corlay,
l'île Tristan, lieux de sinistre mémoire, tombèrent
d'autorité royale sous les malédictions publiques.

Rien ne vint troubler l'harmonie qui s'établit sous le
gouvernement nominal du jeune duc de Vendôme,
suppléé par le duc de Rohan-Montbazon et le maréchal de Brissac, entre la royauté et la représentation
provinciale. Le fils naturel de Henri IV fit son entrée
solennelle à Rennes en 1608, à l'âge de quatorze ans,
y ranimant au sein d'une population royaliste quelques restes du vieil enthousiasme que ce prince était
si peu capable d'entretenir.

Le bon ordre introduit dans les finances et la
prospérité chaque jour croissante du royaume per-
mirent à Sully d'accorder aux portions les plus
malheureuses du pays des remises d'impôts et de
longues surséances. Reconnaissants de cette bonne
administration, sans se montrer pourtant fort ex-
pansifs, les états ne disputaient plus guère sur le
chiffre des demandes adressées par le monarque
que pour constater et conserver leur droit. Ils ne re-
trouvaient leur énergie que lorsque les privilèges de
la province semblaient mis en question. Alors s'éva-
nouissaient toutes les considérations de prudence, et
ces fiers gentilshommes, presque tous vieux soldats
de Mercœur, étaient prêts à remettre la main sur la
garde de leur épée.

Les états de Vannes en 1600 s'étaient passés dans
une entente parfaite entre les trois ordres et les
commissaires. Il arriva pendant cette tenue une
lettre de cachet du roi qui prescrivait à l'assemblée
d'avoir à choisir un autre procureur-syndic, « Sa

Majesté ayant été informée par voie sûre que le
sieur Biet du Coudray, syndic actuel des états, n'é-
tait pas noble d'ancienne extraction, qualité indispensable pour exercer de telles fonctions. » A ces
mots, un orage éclata dans la salle, la noblesse tout
entière s'écriant qu'elle était insultée dans son honneur, lorsque d'autres affectaient de se montrer sur
cet article-là plus susceptibles qu'elle-même. Les trois
ordres, adoptant sans débat une résolution commune,
déclarèrent que la lettre lue par le maréchal de Brissac serait considérée comme non avenue, et le sieur
du Coudray maintenu envers et contre tous dans des
fonctions dont il n'était pas moins digne par lui-
même que par le choix de l'assemblée seule compé-
tente pour les conférer. Brissac, en homme prudent,
ne donna pas suite à cette mauvaise querelle, et les
choses en restèrent là.

Dans une autre occasion, les états furent un moment en proie à une émotion plus violente encore. Ils
apprirent que M. de La Jallière, un de leurs membres, avait été arrêté la veille par le grand prévôt
sous l'inculpation d'un délit privé. C'était une violation du privilège d'inviolabilité qui leur avait été dé-
parti de temps immémorial pendant la durée de la
tenue et dix-huit jours après sa clôture. A l'instant
toutes les opérations furent suspendues, et une députation de six membres reçut charge d'aller délivrer le
membre incarcéré qui reprit sa place dans l'assemblée, les commissaires du roi s'empressant d'ailleurs

de confirmer par leurs paroles le droit reconnu aux états [1].

Mais la justesse d'appréciation que cette noblesse possédait à un degré si élevé dans les questions d'honneur lui faisait malheureusement défaut dans les questions d'affaires ; intrépide pour défendre ses droits, elle était sans expérience et sans initiative pour en user. La suite de ce travail en fournira beaucoup d'exemples. J'en rapporte ici un seul, emprunté au règne qui nous occupe. Durant la session de 1608, l'assemblée reçut la lettre suivante que je copie en entier d'après le registre des états : « Messieurs, je vous avais écrit pendant votre dernière assemblée que, si vous vouliez faire fonds d'une notable somme de deniers pour employer aux réparations des ponts, pavés, chaussées et mauvais passages de votre province, Sa Majesté en destinerait pareille somme pour parvenir plus promptement à la réfection desdits ouvrages, auxquels vous commettriez tels députés que vous aviseriez pour assister mes deux lieutenants en la voyrie sur la distribution desdits deniers, et feriez commencer les travaux ès endroits que vous jugeriez nécessaires. Sur quoi votre réponse n'a point satisfait à ce que Sa Majesté attendait de vous, car, ayant été d'avis d'en rejeter les frais sur les particuliers qui ont des fiefs ou des fonds joignant lesdits points et mauvais passages, vous avez ôté par ce moyen toute espérance d'y pourvoir, n'y ayant point de doute que

1. Registre des états, séance du 17 juin 1632.

les particuliers ne quittent plutôt leurs héritages que
d'entrer en cette dépense, qui doit être supportée par
le public, puisqu'il en reçoit la première commodité.
C'est pourquoi je vous conseille d'apporter tout ce qui
vous sera possible pour faire résoudre le pays à faire
un fonds suffisant pour lesdites réparations, desquelles il ne doit pas appréhender la dépense, puisqu'il
en recevra l'utilité. Assurez-vous que, de mon côté,
je ferai en sorte que Sa Majesté y contribuera pour
pareille somme, et tenez-moi toujours, messieurs,
votre plus affectionné serviteur. Écrit à Fontainebleau le 8 septembre de l'an 1608. Maximilien de Be-
thune. » Si avantageuse que fût une pareille proposition, les états,' par un aveuglement inexplicable,
refusèrent de l'accueillir en se fondant sur la misère
de la province, quoique cette misère même fût un
motif déterminant pour la faire accepter. Nous trouverons bientôt le cardinal de Richelieu en présence de
difficultés semblables.

Sous Henri IV comme sous Louis XIII, les états
n'eurent qu'une pensée, donner le moins d'argent
possible au roi en demeurant étrangers aux intrigues
qui divisaient la cour. Ils avaient l'instinct confus des
périls auxquels serait exposée la monarchie le jour où
disparaîtrait le prince qui avait amorti les factions
sans consolider le pouvoir royal. L'opinion inclinait
donc en Bretagne avec une force irrésistible vers la
politique d'abstention qui avait prévalu si heureusement pour la province durant la première période des

guerres de religion. Une pareille disposition était naturelle dans une contrée dont la noblesse restait encore étrangère à la cour et même à l'armée. La justesse en fut révélée sitôt que le poignard de Ravaillac
eut frappé le prince qui avait fait la royauté française
si forte devant l'Europe, en la laissant si faible contre
ses ennemis intérieurs. Condé, Soissons, Longueville,
Vendôme, Bouillon, d'Épernon et leurs complices, ne
rencontrant aucun pouvoir avec lequel ils eussent à
compter, purent commencer à jouer, tantôt entre
eux, tantôt contre une femme vulgaire entourée d'a-
vides étrangers, une partie dans laquelle le pays ne
s'intéressait à personne, ces joueurs éhontés étant de
tout point dignes l'un de l'autre. Rarement d'aussi
médiocres personnages suscitèrent d'aussi grands
maux, et le honteux spectacle de cette première régence peut seul expliquer la faveur témoignée par la
postérité à la seconde, aussi égoïste dans ses poursuites, aussi frivole dans ses projets, mais où du
moins les vices étaient brillants et l'ambition excusée
par la gloire.

La Bretagne parvint à demeurer étrangère à ces
luttes durant lesquelles un jeune roi, menacé par les
défenseurs naturels de sa personne et de son trône, ne
pouvait quitter sa capitale sans se faire accompagner
par une armée. Les populations, les communautés et
les états de la province refusèrent tout concours à une
rébellion dont les fauteurs se croyaient fondés à compter sur eux. Au plus profond du sol armoricain était

en effet implantée cette grande maison de Rohan dont
les aspirations avaient dépassé depuis un siècle les
horizons de sa vieille patrie, et qui durant la jeunesse
de Louis XIII fut engagée presque tout entière dans
les intrigues seigneuriales. Alors grandissait au château de Blain, sous l'aile de la célèbre Catherine de
Parthenay, sa mère, l'enfant qui allait donner au parti
calviniste un chef héroïque; et, comme pour ajouter
la séduction à la puissance, on voyait briller dans les
deux branches de cette famille des femmes char-
mantes dont, au dire d'un contemporain, l'*esprit avait
été trié entre les délices du ciel* [1].

Au prestige de la maison de Rohan venait se joindre,
pour compromettre la tranquillité de la Bretagne,
l'autorité du gouverneur de la province. Le fils de
Henri IV n'avait hérité ni du charme, ni de la valeur
de son père; c'était un esprit stérile et agité, incapable du repos plus encore que du succès, et très-
digne de trouver sa place dans le groupe d'eunuques
politiques qui empêchaient le pouvoir de s'établir en
se montrant eux-mêmes impuissants pour l'exercer; mais le titre de gouverneur de Bretagne ne lui
maintenait pas moins une autorité considérable, autorité rehaussée pour l'époux de Françoise de Lorraine par les immenses possessions de la maison de
Penthièvre.

César de Vendôme espéra pouvoir faire de la Bretagne un quartier général pour l'insurrection des

1. D'Aubigné.

princes. Dans cette pensée, il tenta plusieurs fois d'armer la·ville de Nantes, ou plutôt de déterminer cette ville à s'armer elle-même en appliquant à cet usage les importantes ressources financières de la communauté ; mais ces efforts tournèrent contre lui. Aucun succès n'était en effet possible pour le parti des mécontents sans l'active coopération des huguenots, fort nombreux dans le Poitou, et qu'il s'agissait d'introduire en Bretagne au moyen des intelligences qu'y possédaient MM. de Rohan. Or l'attitude menaçante des calvinistes sur les marches de la province était précisément pour la bourgeoisie nantaise l'objet du plus constant effroi.

Ce fut dans la pensée de résister aux religionnaires et nullement pour prendre vis-à-vis de Marie de Médicis une position comminatoire que les compagnies bourgeoises se constituèrent au grand complet. Ce fut afin de seconder le duc de Montbazon, demeuré fidèle au roi, qu'elles recommencèrent en 1614 le pénible service des jours orageux, que la ville renouvela tout le matériel de son artillerie et remit en état de défense les fronts démantelés de ses longues fortifications. Ce que voulait le gouverneur était donc tout le contraire de ce que voulaient les Nantais. Traitant avec les protestants pendant qu'il adressait au roi son frère des assurances réitérées de fidélité, Vendôme flottait entre la rébellion et l'obéissance ; mais plus il inclinait vers les mécontents et les calvinistes, dont l'intérêt était alors inséparable, plus les Bretons se montraient fer-

vents catholiques et royalistes dévoués. Ce fut ainsi
que la Bretagne, malgré les efforts du prince mis à sa
tête par l'imprudente tendresse de Henri IV, demeura
la moins agitée de toutes les provinces du royaume
sous le gouvernement de Marie de Médicis et de ses
conseillers florentins. Elle accueillit le nouveau règne
avec d'autant plus de faveur que la régente, alarmée
des bruits qui arrivaient à la cour sur les dispositions
de l'ouest, avait accordé à la Bretagne la chose à laquelle
cette province tenait le plus, une ample et générale
confirmation de tous ses droits, privilèges et libertés.

Au moment où s'ouvraient à Rennes les états de
1611, l'assemblée recevait en effet avec les lettres
confirmatives qu'avait refusées Henri IV une déclaration par laquelle Louis XIII révoquait divers édits contenant création de nouveaux offices. Avant la clôture
de la session, conformément à cette royale promesse,
elle entendit la lecture d'une ordonnance de Sa Majesté portant révocation de cinquante-neuf édits en
vertu desquels avaient été créés des offices dont les
cahiers de remontrances avaient constaté l'inutilité et
demandé la suppression. Cette ordonnance ajoutait une
amnistie pleine et entière pour toutes les condamna-
tions prononcées en matière d'impôt, donnait les assurances les plus formelles relativement à la franchise
du sel, et promettait la punition des archers qui s'étaient
livrés sur les marches de la province à des voies de
fait et vexations sous prétexte de punir les faux-sau-
niers; elle contenait enfin la déclaration précise qu'au-

cune taxe ne serait levée en Bretagne sans le consentement préalable des états. De longues acclamations
accueillirent ce don de joyeux avènement, et les états
ne discutèrent sur aucune des demandes financières
qui leur furent soumises par les commissaires du roi.

Il fallait l'impéritie de César de Vendôme pour attendre de la part d'une province satisfaite et tranquille
une participation quelconque à des machinations politiques. Ce prince continua cependant de faire fortifier plusieurs places de ses domaines particuliers, et
le duc de Retz lui amena en 1613 quelques troupes
dans Ancenis au moment où les protestants paraissaient à la veille de se soulever dans le Poitou. La régente prit alors une résolution dont l'effet décisif laissa
pressentir ce que serait, au sein de cette monarchie
mise au pillage par une aristocratie sans pudeur, la
force de l'autorité royale, lorsque celle-ci s'exercerait
par un grand ministre en attendant le jour de s'incar-
ner dans un grand roi. Elle conduisit Louis XIII à
Nantes, et toutes les velléités de résistance s'évanoui-
rent. A la vue du jeune monarque venant se confier à
sa loyauté, la Bretagne fut prise d'un accès d'enthousiasme indescriptible. Les états, réunis en présence de
Leurs Majestés, les corporations municipales, qui se
ruinèrent pour leur faire fête, les populations émues,
rivalisèrent d'ardeur, au point que l'assemblée des
états parut animée d'un véritable esprit de réaction
contre les vieux vaincus de la Ligue, si longtemps
populaires.

Le 16 août 1614, les canons du château de Nantes
et les cloches de la cathédrale ébranlèrent au loin les
airs. Le roi, la reine mère et leur suite assistaient à la
grande fête nautique qui devait précéder leur entrée
dans l'antique cité ducale, fête somptueuse dont les
riches archives de Nantes ont conservé le programme
avec les nombreuses quittances à l'appui. Ce fut un
simulacre de combat naval suivi de l'attaque d'un
château par sept galions armés en guerre. Après la
prise de la forteresse, le cortège se forma pour entrer
à Nantes. En tête marchaient dix compagnies de milice bourgeoise en belle ordonnance. Les six premières
portaient les couleurs du roi, *incarnat blanc* et *bleu;*
trois étaient aux couleurs de la reine, *pensée* et *gris-
blanc;* une portait celles de la ville, *noir* et *blanc*.
Venaient ensuite sous deux dais de velours aux armes
royales Marie de Médicis et le jeune roi, qui maniait
avec grâce un joli petit cheval bai aux acclamations
d'un peuple immense. Il était nuit close avant que
Leurs Majestés pussent obtenir le droit de se reposer
des plaisirs de la journée, car il fallut, à chaque sta-
tion, subir des surprises et des magnificences nouvelles. Parmi celles dont le souvenir a été gardé par
la chronique locale, on cite l'exhibition de trans-
parents ingénieusement éclairés qui représentaient
Henri IV et Louis XIII vêtus en Hercules, foulant aux
pieds le dragon du jardin des Hespérides. Ces enseignes avaient été brossées par un peintre qui parcourait
en touriste les bords de la Loire, dont quelques pay-

sages se font reconnaître encore dans ses pages im-
mortelles. Cet artiste inconnu s'appelait Nicolas Pous-
sin. Toutes ces belles représentations terminées, le
roi dut essuyer encore une longue harangue de
M. Charette de La Collinière, sénéchal et maire de
Nantes, entouré des échevins et des notables en robes
de cérémonie. Ce magistrat présenta au jeune prince
trois clés de vermeil « si riches qu'on n'en avait pas
encore offert de semblables à quelque Majesté que ce
fût en pareille cérémonie, ce dont le roi fut grandement ravi, et témoigna son contentement par le serein
de son visage. »

Messieurs du corps de ville, peu au courant des
usages de la cour, croyaient avoir fait grandement les
choses en envoyant à chacun des seigneurs de la suite
de leurs majestés quelques pipes d'excellent vin, et en
y joignant pour les dames des caisses de confitures
exquises. Aussi furent-ils un peu surpris le lendemain
en voyant les écuyers, les archers de garde et jusqu'aux aumôniers du palais, s'emparer, en vertu du
droit de leur charge, de tous les meubles, ustensiles,
tapisseries et ornements qui avaient servi à la solennité de la veille. Tout y passa, ou dut être racheté à
beaux deniers comptants, depuis les grands Hercules
jusqu'aux beaux carreaux de velours à crépines d'or
sur lesquels s'étaient agenouillées leurs majestés;
mais on était tellement heureux que ces exigences
furent à peine remarquées, et l'argent ne coula pas
moins abondamment que le vin. Huit jours se pas-

sèrent dans des fêtes tellement somptueuses que la
dernière parole de la reine mère, en prenant congé de
messieurs les échevins, fut une tardive recommandation à la ville de Nantes *pour qu'elle eût à se montrer
plus économe à l'avenir.*

Durant son séjour, Louis XIII ouvrit les états, ayant
à ses côtés la reine sa mère, entouré de sa cour et de
ses secrétaires d'état. Le vaste cloître des cordeliers,
lieu ordinaire de ces réunions, avait été décoré avec
une richesse merveilleuse. Partout brillaient les armes
mi-partie de France et de Bretagne, et les trois ordres
au grand complet donnaient à cette cérémonie un éclat
jusqu'alors sans exemple. Cette tenue se résuma dans
un long cri d'enthousiasme et une protestation d'inal-
térable fidélité. Le seul mécontentement sérieux que
témoignèrent les états fut provoqué par l'indulgence
avec laquelle le roi traita son frère naturel. Pleinement rassurée désormais sur les dispositions de la
Bretagne, la régente, toujours en ménagement avec
les seigneurs mécontents, venait de rendre au duc de
Vendôme le titre de gouverneur de cette province,
sans susciter d'ailleurs en lui ni le sentiment de la reconnaissance ni celui de son profond isolement. Les
états supplièrent le roi d'ordonner des poursuites
contre les agents et « capitaines de monseigneur de
de Vendosme, qui depuis six mois avaient fait des levées de deniers tant sur les paroisses que sur les particuliers, révoquant en ce qui les concernait le consentement obtenu par surprise, et qu'ils avaient donné

en la tenue précédente pour l'entretenement dudit duc de Vendosme, les états suppliant Leurs Majestés ordonner qu'à l'avenir il n'y aura aucune garde dans la province, et qu'il ne se pourra ci-après faire semblable proposition en l'assemblée à peine d'être les proposants et consentants déclarés ennemis du roi et du pays[1]. »

Les états reproduisirent avec une nouvelle insistance toutes leurs réclamations antérieures pour la démolition des fortifications des villes, châteaux et donjons ayant résisté à l'autorité royale durant les troubles; ils allèrent même jusqu'à demander que tous les officiers qui avaient appartenu au ci-devant parti de la Ligue fussent révoqués de leurs gouvernements et autres fonctions publiques. Quand de pareils sentiments dominaient au sein de l'assemblée, le maréchal de Brissac pouvait solliciter sans crainte ce que nous nommerions aujourd'hui un bill d'indemnité pour avoir, l'année précédente, en prévision des troubles qui menaçaient la province, suspendu la convocation des états, augmenté l'effectif de quelques garnisons et dépensé pour l'entretien de celles-ci une centaine de mille livres sans autorisation ni vote préalables. Les trois ordres déclarèrent trouver ses raisons bonnes et prendre sur eux cette cette charge, « quoiqu'ils ne soient pas tenus à tel remboursement; mais en considération du mérite du sieur comte de

1. Registres des états de Nantes, séance du 24 août 1614.

Brissac et de la diligence qu'il a apportée dans la conservation de la province en l'obéissance du roi. »

D'importantes questions furent réglées dans cette tenue, qui se prolongea plusieurs semaines après le départ de la cour. Les dépenses des villes pour les travaux d'utilité communale étaient, sous le gouvernement des ducs comme de nos jours, acquittées au moyen des droits supportés par certains objets de consommation usuelle. Ces droits et tarifs d'octrois étaient de temps immémorial concédés aux villes sur leurs demandes par l'assemblée des états; mais depuis la réunion plusieurs villes les avaient obtenus directement de l'autorité royale. Il fut arrêté que la demande, d'abord soumise aux états, serait, après l'approbation de ceux-ci, adressée au prince, qui la revêtirait d'une sanction définitive. C'était de la bonne administration, car ce mode conservait à la fois le droit d'appréciation de l'assemblée représentative et le droit de promulgation de la couronne; toutefois cet arrangement si sensé ne dura guère. Louis XIV ne prit pas seulement sur lui de concéder directement aux communautés les octrois qu'elles réclamaient pour leurs besoins, il tira un profit considérable de ces concessions, de telle sorte que les villes durent commencer par acheter du roi la faculté de s'imposer elles-mêmes.

Après avoir mis en bon ordre les affaires de la province, les états, pour déférer à l'invitation qui leur fut adressée au nom du roi, désignèrent dix-huit députés, dont six de chaque ordre, pour représenter la Bretagne aux états généraux de 1614, convoqués d'abord à Sens, puis à Paris. La nomination fut faite d'après le mode antérieurement pratiqué pour les états de Blois. Les députés de la noblesse furent choisis par l'église et le tiers, ceux de l'église par le tiers et par la noblesse, et ceux du tiers par la noblesse et par l'église.

Fermant ses plaies, contemplant avec bonheur la chute des forteresses dont le démantèlement était ardemment poursuivi par la commission intermédiaire, la Bretagne goûtait une tranquillité profonde pendant qu'au delà de ses frontières les réformés et les mécontents organisaient leurs prises d'armes. Ses institutions particulières fonctionnaient d'ailleurs avec une entière liberté, et jamais la couronne n'avait moins songé à lui disputer ses franchises. Les derniers états de Vitré et ceux de Saint-Brieuc n'avaient provoqué aucune contestation ; mais il n'en fut pas ainsi de ceux qui s'ouvrirent à Rennes en 1621. Un désaccord profond se révéla dès l'origine entre les commissaires du roi et les trois ordres. Ce désaccord s'aggrava par les formes blessantes qu'apporta dans cette discussion le conseiller d'État d'Aligre, devenu plus tard chancelier. La commission dite des contraventions fit son rapport, selon l'usage, à l'ouverture de la session, et l'on peut en dégager les griefs suivants : plaintes contre une levée de francs-archers faite par les sénéchaux des juridictions royales en vertu d'ordres dont le syndic des états n'a pas reçu

communication ; plaintes plus vives encore sur ce
qu'on aurait fait vivre les gens de guerre par étapes,
« à la charge et oppression du peuple ; » instances
près du duc de Vendôme, gouverneur, et du maréchal de Brissac, lieutenant général du roi, afin qu'ils
obtiennent de Sa Majesté la sortie de plusieurs
régiments inutiles à la défense de la province, les
états promettant d'accorder quelques secours à ces
garnisons, mais seulement après qu'elles auront évacué
le territoire breton ; demande pressante d'une protection efficace contre les pirates et rebelles de La Rochelle, qui ont déjà causé pour près d'un million de
dommages aux habitants de Nantes, Saint-Malo et
Saint-Brieuc.

Les réponses des commissaires à ces diverses réclamations n'eurent pas toute la précision qu'auraient souhaitée les états. Aussi, lorsque M. d'Aligre
eut soumis au nom du roi la demande d'un don de
600,000 livres, on lui posa avec une certaine vivacité
la question de savoir si ce chiffre était définitif, et si
avant la fin de la tenue il ne surviendrait pas d'autres demandes sous d'autres appellations. Enfin l'assemblée voulut savoir s'il était vrai qu'il y eût alors
sous presse plusieurs édits relatifs à des créations de
charges nouvelles, « édits dont le ministère prétendait
poursuivre l'enregistrement sitôt qu'elle serait dés-
emparée. » D'Aligre répondit d'une manière à la fois
évasive et offensante, déclarant n'avoir à rendre
compte à personne de ses instructions et vouloir con-

server pour le gouverneur et pour lui-même la plus
entière liberté dans le cours de la mission que lui et
ses collègues avaient reçue du roi, « n'entendant pas
être traité plus mal que ceux qui l'avaient précédé. »

Les états commencèrent, sous l'impression de ces
paroles, par voter une somme de 350,000 livres,
somme que les commissaires du roi déclarèrent dérisoire. A la séance suivante, l'offre fut élevée de
50,000 livres sans que ceux-ci consentissent à la
discuter. A ce point du débat se produisit entre les
représentants du pays et ceux de la couronne un incident ainsi exposé au procès-verbal de la séance :
« Sur ce que M. le sénéchal de Rennes s'est plaint
que messieurs les commissaires auraient prétendu
qu'un particulier du tiers aurait dit, en délibérant sur
la proposition de M. d'Aligre, *qu'on lui baille* 500,000
livres et qu'il aille au diable, les états protestent
contre cette atroce calomnie. » Quoi qu'il en soit, les
500,000 livres furent en effet proposées, mais les
commissaires déclarèrent cette offre *ridicule* « en
présence des grands besoins d'argent qu'avait Sa
Majesté, contrainte de faire face à la fois à ses ennemis du dehors et du dedans. » Enfin, après quinze
jours de débats orageux, les états en étaient arrivés
à « prier messieurs les commissaires du roi d'accorder purement et simplement les conditions que l'assemblée leur avait proposées, sinon à ne pas trouver
mauvais qu'elle ne contractât pas avec eux [1]. » Tou-

1. Regist. des états, séances des 13, 17, 21 et 24 juillet 1621.

tefois il intervint bientôt après un arrangement dont les motifs comme les détails nous échappent, mais duquel il semble résulter que les états votèrent la somme réclamée sous la condition formelle de ne la payer qu'après qu'ils auraient pu réaliser leurs ressources et dans la mesure de cette réalisation.

Le don gratuit ne provoqua pas des débats moins animés dans les tenues qui eurent lieu en 1622 e 1623 à Nantes, en 1624 à Ploërmel, en 1625 à Guérande. Il demeura fixé jusqu'en 1629 à 600,000 livres. Dans ce chiffre n'était pas compris le fonds fait par les états pour les garnisons de certaines villes de guerre indiquées dans les contrats annuels, pour le service de la maréchaussée et pour celui des milices locales, ce qui en doublait à peu près l'importance. A cette somme attribuée au roi venaient se joindre le revenu d'environ 400,000 livres que représentait l'ancien domaine ducal, le produit des fouages et celui des fermes. L'impôt produit par la plus considérable, celle des devoirs sur les boissons, appartenait en propre à la province, qui possédait en outre certains revenus particuliers, sur la masse desquels étaient prélevés le don gratuit, les gages du gouverneur, des officiers des états et du parlement, les dépenses des routes et des travaux publics. L'ensemble de ces recettes réunies par l'État et par la province montait à la fin du règne de Louis XIV à une somme d'environ 7,800,000 livres [1]. Si ce budget, calculé au

1. Voyez aux archives de l'empire les comptes de 1703 et.

cours de notre monnaie actuelle, était fort inférieur à celui qu'acquittent aujourd'hui les cinq départements réunis de l'ancienne Bretagne, il pesait d'un poids beaucoup plus accablant sur la population rurale. Cette classe malheureuse était en effet écrasée par le chiffre des fouages, parce que le nombre des anoblissements et des exemptions accordés aux terres et aux personnes rendait chaque jour le fardeau plus lourd en réduisant la quantité des contribuables appelés à le supporter.

Les édits portant création de charges nouvelles, sur lesquels M. d'Aligre avait gardé un silence prudent en présence des états, parurent après la séparation de l'assemblée, ainsi que celle-ci l'avait prévu. La commission intermédiaire s'étant vainement opposée à l'enregistrement de ces édits, l'affaire se présenta à la tenue suivante sous une forme des plus vives. En voyant la royauté manquer vis-à-vis d'eux à des engagements réitérés, les trois ordres se tinrent pour blessés dans leur honneur, et sur cet article ils ne transigeaient jamais.

Leur premier soin fut d'envoyer à la cour une députation extraordinaire pour protester contre ces déplorables créations. Les états décidèrent qu'ils ne délibéreraient sur le don gratuit qu'après qu'il aurait été répondu à leurs députés. L'adresse dont ceux-ci étaient porteurs reproduisait toutes les objections

1709 fournis par MM. Chamillart et Desmaretz, nouveau fonds du contrôle général.

auxquelles avaient donné lieu, depuis le règne de Henri II, ces innombrables inventions du génie fiscal. Elle établissait qu'en obligeant les Bretons à recourir pour les actes les plus simples de leur vie au ministère onéreux d'agents scandaleusement inutiles, l'État les frappait de véritables impôts non consentis ; elle contenait enfin contre l'établissement du bureau des trésoriers de France en Bretagne des objections toutes spéciales. L'adresse se terminait ainsi : « Sire, c'est avec un extrême regret que les gens des trois états apportent par cette députation extraordinaire leurs très-humbles supplications aux pieds de Votre Majesté ; mais, ayant plusieurs fois recherché le remède à leur mal vers Mgr le duc de Vendosme et autres commissaires de Votre Majesté, et ne l'ayant jamais trouvé, ils ont cru qu'elle aurait agréable qu'ils eussent recours à sa souveraine main, n'étant aucune occasion plus importante pour son service et pour le bien public. La foi si solennellement promise fait espérer aux gens desdits états que Votre Majesté agréera leurs supplications, et leur accordera lettres portant suppression et révocation du bureau des trésoriers de France en votre dite province. Cependant ils se tiennent assemblés pour recevoir l'honneur de vos commandements, toujours respectés en cette province très-pauvre en effet, mais plus affectionnée que nulle autre au service de son roi [1]. »

1. Registres des états de Nantes, séance du 8 décembre 1623.

Cette noble lettre fut remise à un conseil que dirigeait déjà Richelieu! Elle obtint trois semaines après
la réponse suivante :

« Très chers et bien amés, nous avons pris en
bonne part ce qui nous a été représenté par vos députés, et après les avoir entendus et fait ouïr par
notre conseil, sur les propositions et demandes
qu'ils avaient charge de nous faire, nous en sommes
demeurés contents. Aussi, en cette considération,
et moyennant les offres spontanées d'une somme
de 500,000 livres de votre part, nous avons eu
agréable de leur accorder la révocation de l'édit
de création des offices de trésoriers de France en notre
pays de Bretagne. »

Les états gagnèrent donc leur cause moyennant
la promesse d'un gros subside, mais pour quelques
années seulement. Quoi qu'il en soit, ils venaient de
faire une double expérience qui leur avait réussi. La
première, ce fut d'offrir de l'argent comptant pour le
retrait de certains édits impopulaires, la seconde, de
suspendre le vote du surplus jusqu'à ce qu'il fût fait
droit à leurs réclamations. L'année suivante, ils
mirent en pratique ce second moyen aux états de
Guérande. Ayant subordonné l'octroi du don gratuit
à l'accueil qui serait fait à quelques observations con-
signées dans leurs remontrances, les trois ordres
prirent l'engagement d'honneur de s'assembler plus
tard au lieu et à la date qu'il plairait au gouverneur
d'indiquer, afin d'y reprendre leurs opérations sus-

pendues, ce qui eut lieu en effet à Nantes le 29 avril suivant.

Leur ferme attitude en face du pouvoir recommande certainement à la postérité la mémoire de ces obscurs patriotes, pour lesquels l'histoire n'a pas même une mention ; mais le soin jaloux avec lequel ils défendaient les droits de leur vieille patrie ne profitait point à leur expérience administrative. Nous les avons vus sous le règne de Henri IV refusant de seconder le duc de Sully dans ses efforts pour ouvrir des routes en Bretagne et pour féconder un sol aride et dévasté ; nous les voyons sous Louis XIII repousser le concours qui leur est demandé au nom du roi par le contrôleur général des postes afin d'établir des relais sur les routes principales de la province, puis accueillir les fondations commerciales et maritimes de Richelieu avec une méfiance que l'éclat du bienfait parvint pourtant à dissiper.

La mission de la Bretagne, c'était de donner une marine à la France : dans cette œuvre elle allait trouver bientôt sa richesse et sa grandeur ; mais, avant de le comprendre, il fallait qu'elle pénétrât la pensée profonde de l'homme qui s'était emparé de haute lutte de la surintendance du commerce et de la navigation ; il fallait que la grande province et le grand ministre fussent entrés l'un avec l'autre dans un commerce continu. Ce pays touchait au moment où allait s'ouvrir cette phase nouvelle de son histoire, car le cardinal de Richelieu était venu visiter à la suite de

Louis XIII la terre à l'extrémité de laquelle il devait fonder l'un des plus durables monuments de son génie.

Douze années s'étaient écoulées depuis les états de 1614, qui avaient laissé dans la ville de Nantes d'ineffaçables souvenirs. En 1626, Louis XIII avait repris sur les protestants toutes les provinces méridionales; et malgré les secours de l'Angleterre MM. de Rohan et de Soubise avaient dû s'incliner sous ses armes victorieuses. Un esprit nouveau commençait à pénétrer ce gouvernement d'étrangers et de favoris qu'on avait pu croire atteint par la précoce sénilité du prince. L'évêque de Luçon s'appelait déjà le cardinal de Richelieu. Revêtu de la pourpre en 1622, entré en 1624 dans le cabinet où l'avait introduit sa souplesse et qu'il domina bientôt par sa fierté, assez fort pour n'avoir plus à ménager les instruments de sa fortune et résolu à rompre tout ce qui hésiterait à plier, Richelieu avait trouvé un appui sûr pour sa politique dans le monarque méfiant auquel l'indulgence avait trop mal réussi en sa jeunesse pour qu'il n'éprouvât pas la tentation d'essayer la sévérité.

Par la pente irrésistible d'une nature vicieuse, le duc de Vendôme était retombé dans l'ingratitude et la rébellion. Isolé autant qu'incorrigible, ce prince comprit qu'il était perdu en voyant le roi, son frère, marcher vers la Bretagne, où l'héritier des Penthièvre n'avait su se ménager aucun point d'appui. César vint à Blois, où se trouvait déjà la cour, avec le grand prieur de Malte, son frère. Arrêtés immédiatement, les deux Vendôme furent conduits à Vincennes aux applaudissements de la Bretagne tout entière. Le roi, traînant à sa suite Gaston, son frère, se dirigea d'Amboise sur Nantes. En venant s'établir pour deux mois dans cette ville, il songeait moins à maintenir par sa présence une population dont le dévouement lui était bien connu qu'à s'assurer une plus entière liberté pour une œuvre de haute justice. Au mois d'août 1626, la France vit s'accomplir simultanément deux actes que Richelieu considérait comme nécessaires à la consolidation de l'autorité royale et à sa sécurité personnelle au milieu de tant d'ennemis. Ce ministre résolut de marier de force l'héritier du trône, qui, dans la prévision alors généralement admise de la mort prochaine du roi, avait osé porter sur Anne d'Autriche des regards audacieux, et de frapper un jeune imprudent qui avait prétendu passer du rôle d'espion à celui de conspirateur. Le duc d'Orléans dut donc épouser à Nantes mademoiselle de Montpensier, parce que les ennemis du cardinal combattaient ce mariage et qu'il fallait les convaincre d'impuissance; Chalais dut mourir, si peu dangereux qu'il fût, parce qu'il fallait montrer la hache du bourreau à ces brillants étourdis qui n'avaient pas encore vu couler le sang de par le roi.

Six semaines avant l'exécution du comte de Chalais, quinze jours avant le royal hyménée, au milieu de l'émotion entretenue par l'attente de ces événements, Louis XIII ouvrit les états de Bretagne, entouré d'une cour nombreuse. Il avait à ses côtés Marie de Médicis et la jeune reine, alors en butte aux soupçons de l'époux comme à ceux du monarque. Quand un immense cri de *vive le roi* vint ébranler le cloître du vieux couvent où se tenait l'assemblée, Anne d'Autriche, pâle et tremblante, crut voir dans cette éclatante manifestation une sorte d'accusation élevée contre elle. A cette acclamation le front de Louis s'éclaircit un moment, et d'une voix lente il prononça quelques phrases dont le sens était qu'il venait dans cette province pour écarter, par sa présence, les grands maux dont elle était menacée. Le garde des sceaux de Marillac fut beaucoup plus prolixe sans être beaucoup plus clair. Il disserta longuement sur la manière dont la malveillance ourdit ses complots et trompe quelquefois jusqu'aux plus fidèles. Il traça un sombre tableau de l'abîme au fond duquel tomberaient les peuples, si les grands maux n'étaient détournés par l'œil du roi, « qui est hors de son sceptre, voit et découvre plus loin, sa vigilance l'engageant à des remèdes prompts et puissants, proportionnés au mal qu'il sait prévenir et à l'affection qu'il porte au repos public. » Sans affirmer la culpabilité du duc de Vendôme, le ministre déclara au nom du roi que son frère légitimé ne reprendrait jamais le gouvernement de la Bretagne, « quelque issue que puissent avoir ses affaires, » et termina sa harangue en prononçant ces paroles accueillies par d'unanimes applaudissements : « Le roi veut que vous lui fassiez librement toutes les plaintes sur les moindres choses qui vous blesseront, et si les années précédentes il s'est passé quelque chose qui blesse vos libertés, franchises et privilèges, il entendra volontiers vos remontrances là-dessus, car il les veut maintenir entièrement et ne souffrir qu'elles soient entamées en quelque sorte que ce soit [1]. »

Si le garde des sceaux avait paru ménager l'ancien gouverneur de Bretagne, une déclaration antérieure de quelques jours à la réunion des états ne pouvait laisser aucun doute sur la mesure que le roi se proposait de prendre contre son frère. Cette déclaration fermait en effet les portes de l'assemblée à tous les serviteurs, domestiques ou pensionnaires de M. de Vendôme, « pouvant, selon l'occurrence, s'y traiter des affaires qui concernent et touchent notre frère naturel, à quoi il n'est pas raisonnable d'engager ceux qui lui seraient obligés d'affection ou d'intérêt, quoique nous ne doutions pas de leur fidélité envers nous. »

Quelque atteinte que cet acte pût porter au droit des états, il n'y provoqua aucune observation tant l'exaspération était vive contre MM. de Vendôme, tant on était résolu à ne pas se laisser engager pour d'égoïstes intérêts dans des agitations nouvelles. L'as-

1. Registre des états, 11 juillet 1626. — *Mercure* de 1626, p. 341. — *La Commune de Nantes*, t. IV, p. 146 et suiv. — *Histoire civile et politique de Nantes*, t. III, p. 259.

semblée avait accueilli avec joie la nomination du
maréchal de Thémines au gouvernement de la Bretagne, parce que l'homme qui devait sa fortune à
l'arrestation du prince de Condé donnait toute garantie à la province contre le seul péril dont elle se montrât alors préoccupée. Une députation spéciale fut
chargée d'aller remercier Sa Majesté en exprimant
aussi le vœu formel « qu'elle ordonnât par lettres patentes que ni M. ni madame de Vendosme, ni aucun
de leurs enfants ou descendants, ne pussent être à
l'avenir pourvus dudit gouvernement. » Enfin, quelques jours plus tard M. Aubery, l'un des commissaires
du roi, venait annoncer aux états que Sa Majesté avait
donné des ordres pour que toutes villes et châteaux
possédés par le duc de Vendôme en Bretagne fussent
immédiatement démolis, et l'assemblée, rompant avec
les derniers souvenirs du passé, applaudissait à cette
communication.

Nantes ne pratiqua point en 1626 la leçon d'économie que lui avait faite Marie de Médicis en 1614.
L'hospitalité donnée à la cour durant deux mois fut
d'un éclat incomparable. Déployant cette *braverie*
signalée par madame de Sévigné comme un des
traits de leur caractère, messieurs des états abattirent
leurs dernières futaies, ressource unique d'une noblesse pauvre, pour tenir tête aux courtisans à table,
à la chasse et au jeu, jusqu'au jour où un voile san-
glant tomba sur ces splendeurs évanouies. Après le
départ du roi, la Bretagne reprit le cours de sa vie

modeste et tranquille. Toutefois il fut bientôt interrompu par le contre-coup, inévitable sur un grand
littoral, de l'expédition de La Rochelle et de la guerre
contre l'Angleterre. Obligées de se défendre avec leurs
seules ressources contre des menaces presque inces-
santes de débarquement, les villes résistaient énergiquement chaque fois qu'un commissaire des guerres
se présentait avec une commission royale pour prendre leurs canons ou leurs munitions. De 1626 à 1634,
les registres des communautés bretonnes sont remplis
de semblables réclamations; elles se produisirent à
Rennes, à Saint-Malo et à Nantes sous les formes les
plus animées. Nantes surtout ne céda qu'en présence
de lettres de jussion conçues en termes menaçants[1],
et ses magistrats déclarèrent, en protestant contre la
violence qui leur était faite, « qu'ils restaient sans
moyens de défendre leur ville, si elle était attaquée
par les ennemis du roi. »

Aux états qui se tinrent en 1629 à Vannes et en
1630 à Ancenis, les réclamations se reproduisent, et
la fréquence de ces débats, où le gouvernement se
voyait disputer l'exercice de droits indispensables à la
sûreté générale, constate combien avant la création
des intendances l'action administrative était faible et
la compétence des divers pouvoirs mal définie. Ces
deux tenues d'états furent signalées par un incident
qui aurait singulièrement ému la noblesse bretonne

---

1. Lettres du roi au corps de ville, 6 octobre 1627.

si l'ardent royalisme qu'elle professait depuis l'avénement de Louis XIII ne l'avait en ce moment désintéressée de ses plus vieux souvenirs. Le prince de Condé
vint y prendre la présidence à titre de duc de Rohan,
tous les biens confisqués pour cause de rébellion sur
le chef de cette maison ayant été attribués par le roi à
ce prince, naguère insurgé lui-même. Froidement
accueilli, Condé se concilia la faveur de l'assemblée
en s'y montrant gardien jaloux des droits de la province. Il fut applaudi lorsqu'il déclara ne prétendre à
aucun autre rang que celui de comte de Léon, et plus
encore quand il désavoua les expressions ambiguës
des lettres patentes, lesquelles prescrivaient « de le
recevoir et de l'honorer non-seulement comme duc de
Rohan, mais à cause de sa naissance et du commandement reçu du roi pour ce sujet. » La présence d'un
prince de la maison de Bourbon surexcita le dévouement déjà si chaud de la noblesse. Cette cause n'est
peut-être pas étrangère à l'élévation du don gratuit.
Ce chiffre fut porté aux états de Vannes à 700,000
livres, aux états d'Ancenis il s'éleva à 900,000, plus
une somme de 100,000, offerte par les états au cardinal de Richelieu en témoignage de leur reconnaissance pour les grands services rendus par lui à la
Bretagne.

Si le parlement de Rennes continuait contre les
grandes créations du ministre l'opposition procédu-
rière dans laquelle il persista jusqu'à la mort du cardinal, les états commençaient en effet à ouvrir les

yeux. Ils avaient compris quel vaste horizon préparait pour la Bretagne la fondation de cette marine militaire dont Henri IV avait si souvent déploré l'absence. Les cadets, vivant dans une pénible dépendance au fond du manoir paternel, les chefs de nom et d'armes, prévoyant pour leurs nombreux juveigneurs une situation voisine de l'indigence, entrévirent dans la création dont leur province fournirait la plupart des éléments une noble carrière pour leurs fils, une importance toute nouvelle pour cette chère Armorique dont le véritable génie allait enfin se révéler. En réunissant à Brest les ressources éparses jusqu'alors de l'ancienne marine du *ponant*, en y ordonnant de vastes constructions, Richelieu fit de cette ville la capitale maritime de la France. Ce port merveilleux, creusé par la nature avec des conditions de sûreté que l'art ne saurait jamais atteindre, n'avait reçu jusqu'alors que le quart de la subvention allouée aux ports de Brouage et du Havre de Grâce, réputés les principaux chantiers de construction. Richelieu attribua quatre fois autant à Brest qu'à chacun des deux autres, et ce grand port devint le quartier général de la marine française sur l'Océan par suite de l'application d'un règlement admirable, œuvre personnelle du cardinal[1]. L'effet de ces mesures fut si prompt que trois ans après l'escadre de Bretagne, construite tout en-

---

1. Règlement de la marine, promulgué le 29 mars 1631.

tière à Brest, fournissait à l'armée navale un contingent
de seize magnifiques vaisseaux [1].

Il n'y a donc pas lieu de s'étonner si les états d'Ancenis supplièrent en 1630 Sa Majesté de donner pour
gouverneur à la Bretagne monseigneur le cardinal,
« qui a choisi cette province pour y former des compagnies, et ses havres pour y mettre les vaisseaux du roi. »
Ne disputant jamais à son ministre aucun des pouvoirs
nécessaires à l'accomplissement de ses vastes desseins,
Louis XIII déféra sans hésiter à ce vœu, et Richelieu
reçut les provisions de gouverneur de Bretagne [2]. Ainsi
furent terminées les difficultés, insolubles jusqu'a-
lors, élevées à l'occasion des droits de l'amirauté du
royaume, droits que les états n'entendaient reconnaître qu'autant qu'ils seraient exercés directement dans
la province par le représentant officiel de l'autorité
royale [3]. L'année suivante, le cardinal s'excusait près

---

1. *Histoire de la ville et du port de Brest*, par M. Levot,
t. I, p. 119.

2. Ces lettres de provision sont datées de Compiègne le 16
septembre 1631. Elles réitèrent l'exclusion perpétuelle donnée
pour le gouvernement à quiconque se prétendrait issu du sang
de Bretagne, et font un magnifique éloge des services et de la
personne du cardinal.

3. Les plus graves de ces difficultés étaient suscitées par
l'exercice de ce droit de bris et naufrage qui fournissait en
quelque sorte un revenu régulier aux seigneurs riverains des
côtes de la Manche et de l'Océan. Ce droit sauvage n'était pas
encore ébranlé dans l'opinion même parmi les membres du
clergé. Au procès-verbal des états de 1629, je trouve l'énonciation suivante : « Il a été représenté que les ecclésiastiques

des états de ne pouvoir résider dans la province, et faisait nommer Charles de La Porte, duc de La Meilleraye, son neveu, lieutenant général au gouvernement de la Bretagne. Quelques mois après, ce jeune seigneur, héritier des volontés altières de son oncle sans l'être de son génie, venait s'établir à Nantes, et ses violences, jointes aux caprices de madame de La Meilleraye, ne tardèrent pas à y susciter à son administration les plus sérieux embarras.

S'il arriva plus d'une fois aux états de résister aux demandes de la couronne, ce fut presque toujours parce que les formes provoquantes de M. de La Meilleraye avaient ajouté aux difficultés financières des difficultés d'amour-propre. Celles-ci faillirent provoquer en 1636 une crise véritable. L'autorité conquise dans la province par le cardinal vint heureusement tempérer l'effet des procédés de son neveu. A cette époque, le pouvoir, pressé d'argent, comme le sont tous les gouvernements qui font la guerre, lors même qu'elle est heureuse, imagina la plus déplorable des opérations. Sans l'assentiment préalable des états de Bretagne, qui l'auraient certainement refusé, il aliéna la jouissance temporaire de certains impôts à des trai-

et les gentilshommes qui ont le droit de bris y sont troublés par les officiers de Mgr le cardinal de Richelieu. Les états ont chargé leurs députés à la cour de supplier Mgr le cardinal, surintendant de la navigation, de laisser jouir lesdits ecclésiastiques et gentilshommes des droits de bris et autres qu'ils justifieront leur appartenir. »

tants, et rédima à prix d'argent de l'impôt des fouages un certain nombre de feux par paroisses, en dévorant ainsi pour un prix dérisoire son plus solide capital.

Violentés par M. de La Meilleraye, mais bientôt après ménagés avec souplesse par des agents directs du cardinal, les états finirent, à la suite des débats les plus animés, par consentir une transaction qui restreignit dans les plus étroites limites la mesure générale décrétée d'abord, se donnant la satisfaction de laisser comprendre à leur illustre gouverneur qu'ils accordaient à l'oncle ce qu'ils auraient refusé au neveu. Richelieu n'avait le goût ni des luttes ni des rigueurs inutiles; il ménageait les forces qu'il ne croyait pas dangereuses; s'il frappa les états du Languedoc, c'est qu'ils avaient préparé depuis longtemps par leur attitude, et qu'en 1632 ils secondèrent par leur concours, l'insurrection du duc de Montmorency. Sitôt que la tête de ce seigneur fut tombée, le cardinal n'hésita point à restituer à la province la plupart de ses priviléges, se montrant aussi facile envers les populations qu'il avait été impitoyable envers les derniers représentants de la puissance féodale. Richelieu pratiqua la même politique dans ses relations avec le parlement de Rennes; enfin, lorsqu'en 1636 il eut nommé le maître des requêtes d'Étampes de Valançay intendant de *police, justice et finances* en Bretagne, cette innovation fut si vivement combattue au sein des états et surtout du parlement, que le ministre estima prudent de l'ajourner, quoique son système

administratif vînt se résumer tout entier dans l'établissement des intendances.

Les institutions particulières de la Bretagne fonctionnèrent donc sous le règne de Louis XII avec une
efficacité constatée par leurs résultats. C'est le moment où la constitution de cette province, à peine en-
tamée par l'arbitraire ministériel, se présente dans sa
plus complète liberté. Cette constitution, il faut bien
le reconnaître, était purement aristocratique. Les évêchés et les abbayes qui donnaient accès dans le premier ordre se trouvaient pour la plupart aux mains de
la noblesse. La représentation des communautés urbaines appartenait aux sénéchaux et aux maires choisis par le roi ou propriétaires de leurs charges à titre
héréditaire ; ces magistrats, d'ailleurs, tenaient assez
souvent à la noblesse soit par la nature de leurs fonctions qui la conféraient, soit par la possession de terres
nobles, et l'on peut remarquer en lisant les procès-
verbaux des états qu'un certain nombre de députés
du tiers ne manquaient jamais de faire précéder leur
nom de la qualification de *noble homme*.

Cependant, si exclusive qu'en fût la composition,
ce grand corps était puissant par son union intime
avec la population comme par les importantes prérogatives qu'il sut défendre avec une courageuse persévérance. Il avait le droit absolu de voter tous les subsides, qu'ils s'appliquassent aux dépenses de la
province ou aux dépenses du royaume, ce qui entraî-
nait la faculté de discuter toutes les questions admi-

nistratives. A cette prérogative venait se joindre le droit moins nettement reconnu, mais toujours revendiqué par les états, de vérifier avant leur enregistrement parlementaire tous les édits intéressant la province, même lorsqu'ils étaient rendus « pour le général du royaume; » enfin l'usage s'était établi de dresser un cahier de remontrances, remis après chaque tenue par les députés en cour aux mains du monarque, cahier dont la rédaction conserva, même sous Louis XIV, une liberté de langage dont on s'étonne aujourd'hui.

Jusqu'en 1630, les états étaient réunis régulièrement chaque année dans une session d'une durée habituelle de six semaines ou deux mois. Après 1630, les réunions ordinaires n'eurent lieu que tous les deux ans, changement qui eut probablement moins d'importance aux yeux des contemporains qu'aux nôtres, car il ne provoqua aucune sorte de réclamations aux tenues suivantes. L'on peut inférer de ce silence qu'il fut le résultat d'un accord tacite fondé sur les dépenses provoquées par la solennité de ces réunions, où se ruinait la noblesse, et dans lesquelles l'usage commençait à s'introduire de voter des gratifications fort considérables aux présidents des trois ordres, au gouverneur de la province et à tous les officiers des états. Ce changement dans la périodicité des sessions ne modifia pas d'ailleurs les attributions et les travaux de l'assemblée, qui votait l'état des dépenses et des recettes pour deux ans, en doublant le chiffre du don gratuit, payable par moitié sur chacun des deux exercices. .

Toutes les opérations étaient préparées par des commissions composées de membres des trois ordres [1]. Après la séparation des états, une représentation permanente exerça par délégation, à partir de 1734, une partie de leurs pouvoirs. Cette commission, dont j'aurai à exposer plus tard le mode de constitution définitive, suivait près du gouverneur et du parlement toutes les affaires courantes. Elle arrêtait la répartition des diverses impositions entre les neuf diocèses. Dans chacun de ceux-ci, une sous-commission diocésaine de neuf membres opérait la répartition par paroisse, y surveillait la gestion des receveurs et statuait sur toutes les réclamations en matière d'impôt. Enfin cette sous-commission transmettait à la commission centrale, siégeant à Rennes, tous les renseignements propres à éclairer ses travaux comme à préparer ceux des prochains états. Ajoutons qu'avant l'établissement des intendants et des subdélégués la royauté n'avait à opposer aux nombreux agents, choisis par l'assemblée provinciale et répandus sur tous les points du territoire, que les gouverneurs de

1. Ces commissions étaient au nombre de six et portaient les qualifications suivantes : finances et impositions, — baux et adjudications, — commerce et ouvrages publics, — étapes et casernements, — domaines et contrôles, — contraventions. — Voyez *Droit public de la province de Bretagne*, p. 99, in-12, Rennes 1787.

ville, munis de pouvoirs plutôt militaires que civils,
et les sénéchaux, dont la compétence était moins administrative que judiciaire. Si ce n'était pas là la liberté politique, cette organisation constituait du
moins une intervention constante et le plus souvent
décisive dans les affaires du pays. Les états de Bretagne auraient donc été une admirable école pour la
vie publique, si l'ordre privilégié avait ouvert ses
rangs au lieu de les fermer, et cette noblesse se fût
trouvée très-heureusement préparée pour la crise de
1789, si sa trop grande prépondérance au sein des
états n'avait fini par revêtir à ses yeux le caractère
d'un droit inviolable.

CHAPITRE IV

Lorsque Richelieu précéda dans la tombe le monarque sous le nom duquel il avait régné, ce ministre eut la rare fortune de se survivre dans son successeur. Par une soudaine intuition de ses grands devoirs envers son fils, Anne d'Autriche remit la conduite des affaires au cardinal étranger dont l'autorité royale avait fait l'élévation, et qui ne pouvait rien attendre que de son triomphe. La France continua donc de se mouvoir par l'impulsion que lui avait communiquée Richelieu. Les armées formées par ses soins poursuivirent leur course triomphale sous les ordres du jeune prince qui allait s'appeler le grand Condé, et les diplomates qui avaient rédigé sous la dictée du ministre de Louis XIII les préliminaires de Hambourg signaient après sa mort les traités de Westphalie, dont la pensée première lui appartient. Au dedans comme au dehors, les plans de Richelieu furent respectés; mais sa main ne tarda pas à manquer à son œuvre. Quoique

Mazarin voulût tout ce qu'avait voulu son prédécesseur, il était hors d'état de développer ses conceptions
économiques et financières. Ce diplomate incomparable était en effet un très-pauvre administrateur, et
ses plus heureuses combinaisons risquaient toujours
de se trouver compromises par l'insuffisance des
moyens qu'il préparait pour les accomplir.

De toutes les provinces du royaume, la Bretagne fut
celle qui souffrit le plus de cette différence entre les
temps et les hommes. Les grandes compagnies fondées pour la colonisation du Canada, des Antilles et
de Madagascar succombèrent l'une après l'autre, sitôt
que la vigilance du pouvoir ne les protégea plus contre
les chances périlleuses inséparables d'entreprises de
cette nature. La vive impulsion imprimée à la marine
ne tarda pas à s'arrêter, au détriment de la péninsule,
dont le surintendant du commerce et de la navigation
avait si rapidement doublé la richesse et décuplé l'importance. En regard des cinquante-quatre vaisseaux
construits sous le ministère de Richelieu, celui de Mazarin n'en fait figurer que six. Les états de dépenses
conservés aux archives de la marine constatent la tor-
peur dans laquelle resta, jusqu'au ministère de Colbert,
le grand port de l'Océan, objet de toutes les complai-
sances de Richelieu, qui l'appelle souvent *son Brest*
dans sa correspondance avec d'Escoubleau de Sour-
dis, cet archevêque aussi peu dépaysé à bord d'une
escadre que le cardinal au conseil de l'amirauté. Durant les dernières années de l'administration de Ma-

zarin, dit le savant historien de cette ville, on était arrivé à ne plus consommer en ce port pour travaux et achats de matières qu'une somme annuelle de 16,585 livres tournois[1] !

La suspension des armements contrista la noblesse bretonne, heureuse et fière de fournir la plupart de leurs officiers aux vaisseaux du roi. Elle ne vit pas non plus s'évanouir sans regret les perspectives ouvertes à ses nombreux cadets par la création des grandes' compagnies coloniales, car Richelieu avait introduit dans leurs lettres d'érection une clause qui autorisait les gentilshommes à s'associer à ces sortes d'opérations sans déroger. Aussi un respect universel entourait-il dans cette province le nom du grand ministre qui avait su rendre la royauté française si forte sans toucher aux privilèges de la Bretagne, dont il avait été dix ans gouverneur. Appelé en 1632 à y représenter son oncle comme lieutenant général et gouverneur de Nantes, le duc de La Meilleraye avait obtenu, après la mort du cardinal, des lettres de survivance en faveur de son jeune fils, qui fut depuis duc de Mazarin par son mariage avec Hortense Mancini. Deux ans plus tard, M. de La Meilleraye, élevé à la dignité de maréchal de France, avait l'honneur de suppléer dans le gouvernement de la Bretagne la reine régente elle-même. Cette princesse en effet ne crut pas au-dessous d'elle de déférer, en acceptant le titre demeuré vacant

1. *Histoire de la ville et du port de Brest*, par M. Levot, t. I, p. 121.

par la mort de Richelieu, au vœu exprimé par les états de 1643, et Mazarin estima prudent de ne livrer à aucun prince de la maison royale un pareil poste en présence des agitations qu'il pouvait déjà pressentir.

« Le gouvernement de notre pays et duché de Bretagne étant un des plus considérables de notre royaume, il est très-important pour notre service qu'il soit mis entre les mains d'une personne en qui nous ayons une confiance entière et sur qui nous puissions nous reposer de la conservation de cette province sous notre autorité. C'est pourquoi nous eûmes, dès notre avénement à la couronne, la pensée de prier la reine régente, notre honorée dame et mère, de l'accepter, et nous avons été de plus en plus confirmés dans ce dessein par les instances que nous ont faites les ordres du pays pour recevoir cette honneur. »

Ces lettres royales, données le 30 mars 1647, étaient notifiées aux états peu de semaines après, et ceux-ci accueillaient l'heureuse nouvelle avec les plus ardentes acclamations. Anne d'Autriche fut un moment Anne de Bretagne. La province se mit en fête, et un premier présent de 300,000 livres fut offert à la reine gouvernante par les trois ordres; ils poussèrent même l'attention jusqu'à y joindre 8,000 livres pour le sieur de Lyonne, secrétaire des commandements de Sa Majesté; mais il en est des joies populaires comme de toutes les autres : elles sont exposées à n'avoir pas de lendemain. Quelques jours après, les états reçurent communication du texte des lettres de provision adressées à la royale gouvernante. Or ces lettres accordaient à cette princesse des droits si nouveaux, elles lui attribuaient, surtout en sa qualité de surintendante de la navigation du royaume, des prérogatives d'une telle étendue pour taxer arbitrairement les navires et les marchandises, qu'il aurait été facile de faire sortir de pareilles dispositions l'anéantissement de tout le commerce maritime de la province. L'inquiétude se répandit partout, et la ville de Nantes, à raison de l'importance de ses transactions, dut en être plus particulièrement atteinte. Les états s'en firent les organes en adressant à Louis XIV un mémoire dans lequel cette assemblée sut concilier son respect pour la royauté, alors représentée par un enfant, avec la ferme revendication de tous ses droits.

« Sire, les gens des trois états de votre province de Bretagne ont été ravis de joie quand ils ont vu que Votre Majesté avait eu agréable de donner le gouvernement de ladite province à la reine régente, mère de Votre Majesté. Ils ont pensé que c'était le comble de leur bonheur, et c'est pour cela qu'ils ont fait tant d'instance par leurs députés pour tomber sous la direction et protection spéciale de cette bonne, sage et heureuse régente.

« Mais ils ont été extraordinairement surpris de voir que dans les mêmes lettres on lui a attribué sous le nom de grand maître, chef et surintendant de la navigation et commerce, des droits tellement importants, que l'établissement d'iceux attirerait la ruine inévitable de notre province. Ils ont cru, sans intéresser le respect qu'ils doivent à Votre Majesté et à la reine régente, pouvoir par leurs députés vous faire leurs remontrances sur le sujet de ces lettres. Les passeports introduits dans la province y rendront le commerce privatif à ceux qui les auront obtenus, et, ce faisant, les particuliers seront contraints de leur vendre leurs denrées à tel prix qu'ils voudront. Par les mêmes règlements, les capitaines de navires sont tenus de faire déclaration aux bureaux de tout ce qu'ils portent et rapportent, et qui est-ce qui voudra se commettre à tant de minutieuses obligations et trafiquer parmi tant de périls et de hasards? Quant aux pouvoirs départis par ces lettres aux officiers particuliers de l'amirauté, la province se verrait réduite à l'extrême misère par les vexations de ces agents en conflit nécessaire avec les anciens officiers. Nous ne doutons pas, Sire, que, si la reine régente votre mère se donnait la peine d'exercer cette charge elle-même, toutes choses ne succédassent au plus grand avantage de vos sujets, dont les intérêts se confondent avec ceux de votre État; mais nous ne pouvons espérer une telle faveur, et nous devons nous attendre à voir ces fonctions, nécessairement déléguées par elle, tomber aux mains de personnes qui chercheraient plutôt leur intérêt particulier que l'intérêt général et le bien de votre peuple, lequel, sur ces considérations, attend de votre bonté et justice l'effet de votre inviolable parole, assuré qu'éclairé par ces observations respectueuses vous révoquerez en ce qui regarde la province de Bretagne tout droit de passe-port, congé, établissement de juges, greffes et bureaux de la marine nouvellement attribués à ladite charge.

« Arrêté en l'assemblée des états le 25 avril 1647, signé : de Beauveau, évêque de Nantes, Henri Chabot, duc de Rohan, Jean Charette. »

Cet énergique appel à la liberté des transactions était conforme à toutes les traditions des états. Il n'est guère de cahier qui ne contienne des remontrances contre les obstacles opposés à la circulation des marchandises tant à l'importation qu'à l'exportation sur les frontières de l'ancien duché. La liberté du commerce des céréales par la voie territoriale ou maritime est l'un des objets qu'ils rappellent avec le plus d'insistance. Ils n'en mettent pas moins à obtenir relativement à leurs toiles, objet principal de l'industrie de la province, le droit de libre sortie pour l'Espagne et le Portugal, et nous les voyons à chaque tenue protester contre une désastreuse réglementation déterminée par des considérations purement fiscales, étrangères à toute pensée de protection industrielle ou agricole. L'un des services les plus éclatants que les états aient rendus à la Bretagne, c'est de l'avoir maintenue, sous le rapport économique, dans une sorte de situation exceptionnelle qui contrastait avec le régime insensé qu'une avidité imprévoyante faisait peser sur les contrées voisines. A la franchise du commerce du sel, assurée de temps immémorial à cette province, la

persévérance de leurs réclamations parvint à joindre
l'abolition à peu près complète de la traite foraine,
dont l'effet aurait été de rendre ses frontières de terre
inabordables.

Déjà aux prises dans Paris avec les résistances parlementaires, Mazarin ne voulut pas s'exposer, pour le
seul intérêt de grossir le trésor particulier de la régente, à exaspérer une province dont la fidélité allait
être mise aux plus rudes épreuves. Il recula devant
l'opposition des états, et les lettres de provision
furent expliquées en ce sens qu'elles ne dérogeraient
en rien aux usages et priviléges particuliers de la
Bretagne.

Malgré cette concession, la tenue de 1647 fut fort
orageuse, la province semblant vouloir faire payer
par l'énergique revendication de ses propres droits
le loyal concours donné par elle à la royauté dans la
crise qui commençait. La charge des fouages pesait
sur les populations agricoles d'un poids qui devenait
de plus en plus accablant lors même que le chiffre de
l'impôt demeurait stationnaire. Il était arrivé en effet
que les terres roturières, primitivement destinées à le
supporter, avaient diminué d'une manière sensible
par l'admission de nombreuses tenues au privilège de
l'exemption, ce privilège ayant été assuré par la coutume de Bretagne aux héritages roturiers possédés
durant quarante ans par des gentilshommes. La matière imposable se resserrait donc de plus en plus.
Cette situation n'arrêta pas le surintendant Émery,

contraint de chercher partout des ressources nouvelles pour acquitter le prix onéreux de nos victoires.

En faisant valoir l'éclat de ces triomphes et la nécessité d'en poursuivre le cours jusqu'à la paix, les
commissaires du roi demandèrent sur cet impôt une
surélévation d'environ un cinquième, laissant même
pressentir que là ne s'arrêteraient pas les exigences
d'un gouvernement aux abois. Des débats animés
s'engagèrent donc entre les membres des états et
MM. de Marbœuf, de Cucé et Fouquet, commissaires
du roi; ils se terminèrent par le refus catégorique
d'élever la charge déjà exorbitante des fouages. Ne
pouvant rien opposer à une pareille résolution, les
commissaires en tirèrent une sorte de vengeance que
peut seule expliquer l'inexpérience financière de ce
temps-là. Ils refusèrent l'approbation royale à une
proposition soumise à l'assemblée par sa commission
des finances, et tendant à rétablir au moyen d'un emprunt l'équilibre rompu entre les recettes et les dépenses. Le système des emprunts pour couvrir les
charges ordinaires était très-périlleux sans nul doute,
mais il ne tarda pas à devenir l'unique ressource de la
province appauvrie pour faire face aux charges qui
lui furent successivement imposées par les succès,
puis par les désastres du grand règne. Quoi qu'il en
soit, le refus des commissaires contraignit les états à
porter l'impôt des boissons à un taux qui réagit à l'instant sur la consommation en diminuant sensiblement
les recettes, leçon élémentaire d'économie politique

dont tout le monde avait besoin, mais qui ne profita à personne.

Cette question vidée, une autre s'éleva. Organes d'un gouvernement engagé dans une lutte violente contre la magistrature du royaume, les commissaires maintenaient qu'après le vote approbatif des états les édits royaux étaient immédiatement exécutoires sans que la vérification en dût être faite au parlement de la province. Les états tenaient au contraire pour constant, sans admettre en rien le parlement au partage du pouvoir législatif, que l'enregistrement par cette cour souveraine pouvait seul imprimer aux actes de l'autorité royale l'authenticité qui les rendait obligatoires. « L'un de nos privilèges les plus importants, et que les prédécesseurs de Sa Majesté ont toujours reconnu et respecté, c'est qu'ils ne pourront imposer aucun tribut ni subside sans notre préalable et exprès consentement suivi de la vérification de la cour souveraine, ce qui est la primitive convention et la loi fondementale entre nos rois et les états confirmée par Sa Majesté elle-même au mois de septembre 1645. Sera donc très-humblement suppliée Sa Majesté de conserver en cela les franchises et privilèges de notre pays [1]. »

Ces désaccords entre les représentants de la couronne et ceux de la province etaient d'ailleurs singulièrement aggravés par l'attitude qu'affectait le duc de

—————

1. Registre des états, 30 avril 1647.

La Meilleraye, à qui son titre de commandant de la province attribuait le rang de premier commissaire du roi aux états. Devançant d'un siècle le maréchal de Montesquiou par les allures comme par le langage, M. de La Meilleraye n'opposait qu'un mot à toutes les difficultés, c'est que le roi le voulait. Son premier mouvement était de réclamer des régiments pour trancher d'un seul coup ces subtilités légales, nullement comprises par un militaire fort bien placé en face d'une insurrection parisienne, mais incapable de pratiquer les devoirs d'un gouverneur sur un terrain tel que celui de la Bretagne.

Dans un temps où l'on voyait la Fronde des princes succéder à celle des magistrats en attendant que le populaire se mit de la partie, la famille du maréchal semblait prendre à tâche de blesser simultanément la vieille aristocratie, dont le blason valait bien celui de la maison de La Porte, et la riche bourgeoisie de la ville de Nantes, résidence habituelle du gouverneur lorsqu'il n'était pas à la cour. Le souvenir des hauteurs de Mme de La Meilleraye est demeuré vivant dans la province où cette exilée du Palais-Royal daignait se montrer en passant. Elle avait dressé, dit-on, mesdemoiselles de Cossé, ses sœurs, à recevoir avec un flegme impérial les hommages de la société bretonne sous un dais où ces dames se montraient vêtues, en princesses romaines. Quelquefois elles déposaient le *peplum* pour se costumer d'une façon grotesque et *impossible*, comme on dirait aujourd'hui. Pendant

quelque temps, leurs modes furent copiées avec une
fidélité scrupuleuse qui provoquait des rires fous aux
dépens des naïves provinciales ; mais bientôt le vide
se fit dans les salons de la maréchale, et M. de La
Meilleraye put à peine y retenir par ordre les officiers
de service, qui n'y paraissaient qu'avec le hausse-col
et prenaient tous parti pour le *fretin*.

Si le grand-maître de l'artillerie, souvent retenu à
Paris par ses fonctions militaires, avait toujours ré-
sidé en Bretagne, il aurait probablement ménagé
aux agitateurs des chances qui leur manquèrent dans
cette fidèle province, car on touchait au temps où des
plus petites causes allaient sortir de très-grands effets.
Ruinée par une grêle d'édits bursaux, achevée par la
suspension des rentes de l'Hôtel de ville, la population
parisienne avait fourni au parlement une *garde nationale* qui, à sa force militaire, joignait une puissante
autorité morale. Cette armée avait trouvé des chefs
dans la triste aristocratie qui, même après Richelieu,
continuait de voir dans la guerre civile une très-pro-
fitable spéculation. La bourgeoisie embrassait de son
côté des perspectives lointaines très-confuses encore,
mais déjà séduisantes. Ces deux forces naturellement
ennemies se trouvaient maintenues dans une opposition commune par un corps qui déploya, dans un degré égal, l'ambition et l'impuissance d'un grand rôle.
Élevée à l'ombre de la royauté dont elle avait été
l'instrument modeste, la magistrature française aspirait à des destinées nouvelles. Elle entreprit de se les

assurer en associant à ses traditions, qui lui commandaient une soumission respectueuse, des visées incompatibles avec un pareil rôle, marchant chaque jour de contradiction en contradiction, selon qu'elle évoquait ses souvenirs, ou qu'elle se laissait aller au prestige de ses espérances. Ne s'inquiétant plus des états généraux depuis l'avortement de ceux de 1614 et travaillant à les faire oublier, les magistrats qui, avec l'agrément du roi, avaient acheté à deniers comptants le droit de débrouiller des procès, avaient fini par se prendre pour les représentants de la France ; et la nation les laissait faire, aimant encore mieux se voir défendue par les parlements que de ne l'être par personne. De là cette soudaine transformation des cours de justice en une sorte d'ordre politique qui, en 1648, tenta de se constituer au moyen du fameux arrêt d'union rendu par le parlement de Paris. Des passions et des intérêts divers ne tardèrent pas à donner à cette ligue une cohésion formidable. Mazarin eut à combattre simultanément les derniers efforts de la société féodale et les premières aspirations de la société nouvelle s'ignorant encore elle-même. Aux excitations qu'apportaient aux jeunes conseillers des enquêtes les exemples de l'Angleterre contemporaine, venaient se joindre à Aix, à Toulouse et à Bordeaux, les souvenirs d'une existence provinciale douloureusement mutilée. Le double génie du passé et de l'avenir se révéla dans les deux Frondes sous des formes également rè-

doutables. La lutte populaire provoquée dans les rues
de Paris par les cris de la servante du bonhomme
Broussel ne fut pas moins dangereuse pour l'autorité
royale que la guerre seigneuriale engagée par Turenne et par Condé, guerre qui embrasa le royaume
de Poitiers à Toulouse et de Stenay à Angers.

Les historiens de la Fronde n'ont pas fait remarquer l'influence décisive qu'exerça, sur les événements de cette époque, l'attitude de la Bretagne. Si, à
l'heure critique où le duc de Rohan, gouverneur de
l'Anjou, embrassa le parti du prince de Condé, cette
grande province avait cédé à l'impulsion que la haute
aristocratie de cour espérait pouvoir lui donner, il
est à croire que la guerre civile se serait indéfiniment
prolongée dans l'ouest du royaume; mais la noblesse
bretonne résista aux plus vives excitations : elle avait
la fidélité monarchique chevillée dans le cœur à ce
point, qu'il n'y eut jamais d'explosion plus éclatante
de *loyalisme*, comme on dirait en Angleterre, qu'aux
états de 1649 et de 1651, tenus aux deux périodes les
plus animées de la guerre civile. Ce dédain pour des
intrigues dont les tristes mobiles n'échappaient à
personne, était à la fois honnête et politique. La Bretagne s'était trop bien trouvée d'être demeurée étrangère aux ambitions seigneuriales durant les guerres
de religion, elle était trop heureuse d'avoir fait avorter les complots de MM. de Vendôme sous la précédente minorité, pour s'engager dans des aventures
qui ne pouvaient lui profiter; elle portait enfin à Anne

d'Autriche, sa royale gouvernante, un attachement si
vrai que cette princesse aurait pu compter en toute
occasion sur elle. Si à cette époque la reine avait conduit Louis XIV en Bretagne, la noblesse s'y serait
armée tout entière, ne fût-ce que par haine contre les
gens de cour, sentiment qui commençait à poindre,
et qui se développa de plus en plus jusqu'à l'aurore de
la révolution. A part les maisons de Rohan et de la
Trémoïlle, dont l'existence n'était plus provinciale,
l'aristocratie de cette province fut tout entière résolûment opposée à la Fronde. On trouve à peine un
nom breton à la suite de l'*acte d'union* qui devint le
manifeste de la Fronde nouvelle.

Après que les troubles de Paris eurent contraint le
jeune roi à quitter sa capitale, les états de Bretagne
furent réunis à Vannes, et jamais les demandes de la
cour ne rencontrèrent un accueil plus empressé. Le
même spectacle se représente deux ans plus tard aux
états de Nantes, quoique cette dernière tenue ait été
marquée par des scènes d'une violence inouïe, comme
on le verra bientôt. Durant cette session, la royauté
recourut deux fois à l'assistance financière du grand
corps dont elle connaissait le dévouement. A l'ouverture de l'assemblée, le maréchal de La Meilleraye demanda d'urgence un premier secours extraordinaire
de 100,000 livres « indispensable sans retard à Sa
Majesté dans l'extrême besoin auquel elle était réduite par le fait de ses ennemis. » Ce secours fut voté
sans désemparer. Trois semaines après, une somme

d'un million fut réclamée également d'urgence par
une lettre de cachet du roi adressée à messieurs des
états. Après· les avoir tout d'abord remerciés de ce
qu'ils ont déjà fait, le prince leur demande un nouveau subside, rendu nécessaire par l'accord des factieux avec les ennemis de la France. Pénétrés de la
gravité de ces motifs, les trois ordres se réunissent et
le votent immédiatement. Afin de couvrir cette allocation, les états établissent une imposition toute
nouvelle sur l'eau-de-vie, liqueur qui jusqu'alors n'é-
tait pas entrée dans la consommation usuelle et se
débitait encore chez les apothicaires.

De cet empressement à accueillir les demandes de
la cour, il ne faudrait pas inférer que la Bretagne
n'eût pas reçu le contre-coup des évènements qui
agitaient alors tout le royaume. Ce contre-coup est
surtout sensible' dans l'attitude du parlement de
Rennes durant toute la période des troubles. Cette
compagnie ne va pas sans doute jusqu'à adhérer au
fameux arrêt d'union, ni même jusqu'à donner à la
faction une assistance directe, mais ses prétentions
grandissent dans la mesure où s'affaiblit le pouvoir
royal. Comme les autres parlements du royaume,
celui de Rennes aspire à saisir le rôle politique que
les événements semblent lui préparer. Cette disposition devient manifeste lorsqu'on observe la position
que cherche à prendre ce grand corps vis-à-vis des
états avec lesquels il s'efforce d'entrer en partage de
l'autorité législative. Chaque jour voit naître des dif-

ficultés nouvelles, provoquées quelquefois par des
questions de doctrine, le plus souvent suscitées par
des querelles d'étiquette ou des susceptibilités pué-
riles.

A ces symptômes, il est facile de juger que l'assemblée provinciale et la cour souveraine n'envisagent pas de la même manière les événements. C'est
qu'en effet l'esprit royaliste domine complétement les
états, tandis que l'esprit d'opposition règne au parlement de Rennes, dans la mesure du moins où cet
esprit reste compatible avec une stricte fidélité. Quoique cette compagnie ne se soit pas détournée, durant
la minorité de Louis XIV, de l'obéissance au gouvernement de la régente, le cardinal Mazarin ne lui était
pas moins antipathique qu'aux autres parlements du
royaume. Avant même que les embarras eussent
grossi au point de laisser craindre une révolution, la
cour de Rennes avait protesté par des refus réitérés
d'enregistrement contre les nombreux édits bursaux
du surintendant; et diverses mesures émanées de
l'autorité royale qui n'avaient rencontré au sein des
états aucune opposition avaient suscité chez les magistrats des résistances très-vives. Nous en rapporte-
rons un seul exemple. Mazarin, qui ne renonçait jamais sans regret à suivre les traces de Richelieu,
avait cru possible de faire accepter enfin un intendant à la Bretagne, en attribuant ces fonctions à un
membre respecté de la magistrature provinciale. Au
commencement de 1647, il nomma en cette qualité

M. Louis de Coëtlogon, sieur de Méjusseaume, conseiller au parlement ; mais loin que ce titre profitât à M. de Méjusseaume, il devint pour lui un obstacle insurmontable. La compagnie lui défendit, sous peine d'interdiction, d'exercer les fonctions dont il avait été investi, faisant également défense à tous les sujets du roi de le reconnaître, et bientôt un nouvel arrêt vint ordonner au magistrat fourvoyé de reprendre à l'instant son siège au sein du parlement, s'il ne voulait s'en voir exclu pour toujours. M. de Méjusseaume, ainsi placé au pied du mur, comprit qu'il n'avait rien de mieux à faire que de s'accommoder avec ses collègues. Il renvoya donc sa lettre de nomination, et l'autorité royale reçut à Rennes un échec éclatant, sur lequel Mazarin ferma les yeux, ce qui lui coûtait moins qu'à tout autre.

La même nomination, notifiée aux états assemblés à Nantes, y produisit un effet beaucoup moins vif qu'au parlement, et, lorsqu'on songe à la violence avec laquelle avait été accueillie, quelques années auparavant, une tentative semblable faite par le cardinal de Richelieu, on a quelque peine à s'expliquer une pareille modération ; mais elle cesse d'étonner en présence de la lutte alors engagée entre le parlement et les états, lutte passionnée dont bénéficia un moment l'impopularité même de Mazarin. Jalouse de la représentation nationale tout autant qu'elle l'était de l'autorité du souverain, la magistrature, profitant de la faveur passagère que lui avait ménagée le cours des événements, tendait à dominer le pouvoir législatif aux états tout aussi bien qu'à la cour. Elle s'efforçait de transformer en *veto* politique le droit d'enregistrement, abusant en cela de la loyauté avec laquelle l'assemblée des états s'était empressée de le lui maintenir dans l'unique intention de revêtir d'un caractère d'authenticité les actes de l'autorité publique.

L'antagonisme des états et du parlement de Bretagne prit tout à coup un caractère encore plus passionné par l'effet d'une compétition engagée entre deux maisons puissantes. La présidence de la noblesse aux états avait donné lieu dans d'autres temps à d'orageux débats auxquels l'assemblée de 1579 s'était efforcée de mettre un terme. Elle avait décidé que l'alternat serait établi entre MM. de Rohan, barons de Léon, et MM. de La Trémoïlle, barons de Vitré en leur qualité d'héritiers d'Anne de Laval. Sans adhérer à cet arrangement d'une manière précise, les chefs des deux maisons rivales s'étaient habituellement entendus pour ne point paraître ensemble aux états, ce qui tournait la difficulté; mais il n'en fut plus ainsi en 1651, et la résolution bien connue de MM. de Rohan et de La Tremoïlle de s'y disputer la présidence, même à main armée, avait provoqué la plus vive agitation dans toute la province plusieurs mois avant l'ouverture de l'assemblée. Le duc de Rohan-Chabot, dont l'influence était très-considérable sur le parlement de Rennes, y avait fait reconnaître le droit qu'il s'attribuait comme premier baron de

Bretagne, et un arrêt du mois de septembre 1651 avait validé sa prétention à présider la noblesse à l'assemblée convoquée à Nantes pour le mois suivant. Le concours empressé du parlement disposa fort mal la noblesse bretonne pour le duc de Rohan, et le plus grand nombre des gentilshommes se rallia au nom du duc de La Trémoïlle, ardemment patronné d'ailleurs par le maréchal de La Meilleraye, ennemi personnel de son compétiteur. Ce fut probablement pour dégager la reine de cet embarras que le cardinal Mazarin, quoique hors de France en ce moment-là, suscita la candidature imprévue du duc de Vendôme, rentré dans la faveur royale, et dont le fils venait de conclure une alliance de famille avec le premier ministre. Vendôme se rendit à Nantes et réclama la présidence comme duc de Penthièvre ; mais son nom ne rencontra aucun écho, et cette troisième intervention n'eut d'autre effet que de rendre la confusion plus complète. Le maréchal de La Meilleraye continuait d'ailleurs de soutenir avec énergie les prétentions du duc de La Trémoïlle, prétentions agréables à Anne d'Autriche, et que le duc se mit en devoir de faire prévaloir à la manière dont on l'aurait fait au moyen âge. Il réunit à Laval, à Vitré et à Thouars une troupe de sept à huit cents gentilshommes tant bretons qu'étrangers, tout prêts à s'abattre l'épée à la main sur l'assemblée, s'il n'était fait droit à ses réclamations. Le mois d'août et le mois de septembre furent consacrés à un armement dont l'agent principal en Bretagne fut le marquis de La Moussaye, qu'un dévouement profond attachait à la maison de La Trémoïlle.

Dans la situation terrible où se trouvait alors la régente, séparée du ministre de sa confiance, placée entre l'émeute à Paris, l'insurrection en Guienne et la défection du prince de Condé traitant avec l'Espagnol, la fâcheuse perspective que présentaient les affaires de Bretagne dut la préoccuper vivement. Une lettre du roi fit défense aux deux compétiteurs d'assister aux états, ce qui n'empêcha point le duc de Rohan d'entrer à Nantes accompagné d'une escorte tumultueuse. Cette lettre leur prescrivit de congédier les gentilshommes dont ils se faisaient suivre, d'attendre pour le fond du différend la décision définitive du parlement et les arrêts du conseil; enfin ces deux seigneurs n'apprirent pas sans surprise qu'ils étaient consignés aux mains d'un exempt des gardes jusqu'à la clôture des états [1]. Pour mettre fin à tous ces dé-

1. « Mon cousin, vous ayant déjà donné avis de l'arrêt donné en mon conseil portant renvoi au parlement de Bretagne du différend que vous avez avec mon cousin le duc de Rohan touchant la présidence de la noblesse aux états de la province, et fait commandement de congédier tous ceux dont vous vous faites accompagner et qui ont pris engagement avec vous en cette occasion, et voulant vous faire plus particulièrement connaître ma volonté, je vous envoie le sieur de Saint-Laurent, exempt des gardes de mon corps, pour vous la faire savoir et se tenir auprès de vous et vous accompagner durant tout le temps de votre poursuite audit Rennes. Vous donnerez donc créance à tout ce que le sieur de Saint-Laurent vous

bats, les membres de la noblesse reçurent du roi l'ordre de choisir eux-mêmes leur président, sans tirer d'ailleurs à conséquence pour l'avenir.

Cette disposition fort sensée, parut contrarier vivement M. de La Meilleraye, tout entier aux intérêts du duc de La Trémoïlle. Il ne se borna pas à conseiller à celui-ci de persister dans sa poursuite, encore qu'il fût déjà convié par le roi à l'abandonner ; le maréchal engagea à Nantes contre M. de Rohan une lutte des plus violentes. Le duc se promenait dans la ville escorté de deux cents gentilshommes tapageurs, qui n'épargnaient au gouverneur de la province ni les insultes ni les menaces. Ayant pris ses dispositions militaires dans la nuit, M. de La Meilleraye fit enlever un matin M. de Rohan par ses gardes ; puis, après l'avoir fait conduire hors de la ville, il lui défendit d'y rentrer sous peine de mort. Cette mesure serait d'ailleurs trop justifiée, s'il était vrai, comme le prétend la chronique nantaise, que la duchesse de Rohan, ayant rencontré la veille le maréchal sur une place publique, lui aurait imprimé à la face un de ces affronts que la main d'une femme peut seule appliquer impunément. Mais le maréchal n'était

dira de ma part, et vous l'exécuterez ponctuellement. Sur ce, je prie Dieu, etc., Louis. Et plus bas, Loménie, le 27 août 1651. » Je dois la communication de cette lettre et de celle qui va suivre à M. le duc de La Trémoïlle, qui a mis la plus parfaite obligeance à m'ouvrir les riches archives de sa maison.

pas au bout de ses épreuves : pour prix de son zèle, la maison de La Trémoïlle lui en réservait une autre dont il n'avait pas prévu l'amertume. Pendant que M. de La Meilleraye réunissait à Nantes pour l'ouverture des états tous les gentilshommes sur lesquels il croyait pouvoir compter et qu'il écrivait à la cour afin d'obtenir que, revenant sur un ordre antérieur, elle permît à la noblesse de reconnaître les droits du baron de Vitré, il lui arrivait une nouvelle foudroyante. Ce vieil ami du gouvernement de la régente, qui avait servi cette princesse avec un dévouement égal dans les conseils et sur le champ de bataille, apprenait que le prince de Tarente, fils du duc de La Trémoïlle, pour lequel il s'était tant compromis, venait de se rendre à Bordeaux afin de mettre son épée au service de l'insurrection. Une lettre du marquis de La Moussaye à la duchesse de La Trémoïlle, écrite la veille de l'ouverture des états, expose l'impression du maréchal et de toute la noblesse bretonne au premier bruit de cet étrange incident. A ce titre, elle a trop d'importance pour que je ne la mette pas tout entière sous les yeux de mes lecteurs.

« Madame, j'ai cru que le moyen le plus sûr d'apprendre de vos nouvelles était de vous envoyer exprès une personne qui fît diligence. Je l'ai recommandée à ce page et ai une impatience extrême d'avoir quelque certitude des bruits qui courent, me promettant, madame, que vous me ferez l'honneur de me mander s'il est bien vrai que M. le prince de Tarente soit parti pour rejoindre les mécontents, comme quelques lettres écrites du Poitou à M. de La Meilleraye l'assurent. Cela paraît fort surprenant à toute la noblesse qui est ici. On me demande ce qui en est; je n'en puis rendre la raison, et je vous avoue que j'ai bien de l'impatience de savoir la vérité, et ce que vous voulez que l'on dise sur cette matière. M. le maréchal de La Meilleraye est fort troublé de ces bruits. Il dit qu'il n'a pas eu crainte, pour servir les intérêts de M. votre mari et de M. votre fils, de s'attirer la haine du parlement, qu'il lui eût été facile d'éviter, s'il eût voulu prêter l'oreille à s'accommoder avec M. de Rohan, qui lui offrait carte blanche. Il dit qu'il n'a point de regret aux ennemis qu'il s'est faits en votre considération, et qu'après tout cela il pourrait arriver que vous l'abandonneriez. Je ne lui ai pu dire autre chose, sinon que je ne croyais pas ces nouvelles véritables, et qu'il vous avait obligés de si bonne grâce et avec tant de chaleur que vous ne pouviez manquer de témoigner dans ses intérêts la même passion qu'il avait montrée dans les vôtres.

« La Bretagne, madame, est aujourd'hui divisée en deux puissants partis que votre procès avec M. de Rohan a formés. Votre parti a été appuyé de M. le maréchal de La Meilleraye, lequel sera appuyé des états et de toutes les personnes de qualité qui sont ici, comme de M. de Vendôme, M. le duc de Retz, le marquis de Coëtlogon, le marquis d'Assérac, et nombre de personnes qui arrivent tous les jours ici du Poitou et du Maine. De l'autre parti, M. de Rohan est le chef qui sera soutenu par le parlement, lequel, comme vous savez, n'a pas peu de crédit en Bretagne; mais tous les amis de M. le maréchal et tous ceux qui sont entrés dans le parti que vous leur avez fait prendre y demeureront fermes, et croient que M. votre mari et M. votre fils y demeureront fermes aussi, puisque vous êtes la première cause de leur liaison. Demain les états s'ouvriront, qui avaient été fermés jusqu'à ce que les ordres du roi fussent arrivés, lequel a approuvé tout ce que le maréchal de La Meilleraye a fait. La cabale de M. de Rohan en est au désespoir. »

Le cas était embarrassant, même pour un courtisan délié. Le maréchal en sortit en suivant à la lettre ses instructions. Conformément à celles-ci, les trois ordres nommèrent eux-mêmes leurs présidents, qui furent l'évêque de Nantes pour l'Église, le baron du Pont-l'Abbé pour la noblesse, et M. Charette de La Gascherie pour le tiers. On a déjà vu avec quel empressement messieurs des états accueillirent, durant cette tenue, toutes les demandes formées par les commissaires. Ce fut une sorte d'explosion continue de dévouement inspirée par les tristes circonstances du temps. Toute la noblesse bretonne serait certainement montée à cheval à la clôture de l'assemblée, si elle y avait été conviée par le roi, car la défection du prince de Condé avait produit dans ses rangs une horreur profonde, et le duc de Rohan, alors en pleine insurrection dans son gouvernement de l'Anjou, lui paraissait traître au roi et à la Bretagne.

Voici en effet ce qui s'était passé.

Chassé de Nantes par M. de La Meilleraye, M. de Rohan s'était rejeté sur Rennes et avait obtenu un arrêt du parlement qui, déclarant nulle l'assemblée tenue à Nantes, cassait toutes les délibérations faites en cette assemblée, « enjoignant et faisant commandement aux ecclésiastiques, gentilshommes et députés du tiers, présentement en la ville de Nantes pour la tenue desdits états, de désemparer incontinent, à peine d'être procédé contre eux [1]. » Sitôt qu'ils furent informés de l'existence de cet étrange arrêt, les états protestèrent avec indignation contre un acte attentatoire à leurs droits et profondément injurieux pour leurs membres. Ils déclarèrent traîtres au roi et à la nation un certain nombre de gentilshommes dont le duc de Rohan se faisait suivre, et au moyen desquels il s'efforçait d'organiser à Rennes un simulacre d'états autorisés, malgré le petit nombre des adhérents, par la complicité des magistrats. M. de Locmaria fut envoyé en cour par l'assemblée de Nantes, afin d'expliquer à Sa Majesté les choses scandaleuses qui se passaient dans la province, et pour obtenir justice d'une compagnie judiciaire qui, sous l'influence d'un seigneur séditieux, violait à la fois les ordres du roi et la constitution de la Bretagne.

---

1. Arrêt du parlement de Rennes du 17 octobre 1651.

Obligé à la modération par sa faiblesse, le ministère du jeune Louis XIV se garda bien de déclarer ennemis des magistrats qui le seraient devenus, si on les avait tenus pour tels ; mais il n'hésita point à faire casser, par un arrêt du conseil, tous les arrêts rendus sur l'instance du duc de Rohan. Notifié aux états avant leur séparation, cet acte portait que « le parlement de Bretagne ayant autorisé diverses réunions séditieuses, menaçantes pour l'autorité de la monarchie et l'unité de la France, il était fait défense audit parlement d'entreprendre à l'avenir aucune chose touchant l'assemblée, le lieu et l'ordre de convocation des états. »

Cette compagnie, loyale au fond et très-dévouée à l'autorité monarchique, songea d'autant moins à prolonger sa résistance que le duc de Rohan, ayant jeté le masque, luttait bientôt après derrière les murs d'Angers contre l'armée du maréchal d'Hocquincourt. Avant même que la guerre civile fût complétement terminée, elle reprit envers la couronne les traditions de respectueuse obéissance dont elle s'était un moment écartée sous l'influence à laquelle avait cédé toute la magistrature du royaume.

Battu par les états, le parlement le fut aussi par la chambre des comptes, par suite de la réaction antiparlementaire que provoqua le triomphe de l'autorité royale. Étouffée entre la cour des comptes de Paris, le parlement et les états de la province, la malheureuse chambre de Nantes, dont l'histoire se

résume durant les deux derniers siècles dans un gé-
missement continu, voyait le terrain de ses attributions de plus en plus resserré par les agents ad-
ministratifs que créait chaque jour la couronne. Un
règlement de 1625 lui avait réservé toutes les questions touchant à la réformation du domaine; mais
d'une part les délégués directs de l'autorité royale
n'admettaient pas qu'ils pussent demeurer étrangers
à l'administration des propriétés du roi; de l'autre,
les présidiaux et le parlement trouvaient étrange de
voir en matière contentieuse les commissaires des
comptes rendre des arrêts à la seule fin de laisser à
leur chambre quelque chose à faire. Elle ne se maintenait guère en effet que par le prix de ses charges,
auquel le trésor n'était pas en disposition de renoncer. Afin de conserver des fonctionnaires, il fallait
bien s'ingénier pour leur conserver des fonctions; le
roi prononça donc l'annulation par arrêt de son conseil de tous les arrêts rendus à Rennes au détriment
de la chambre de Nantes. L'un des plus constants
soucis de l'ancienne monarchie, ce fut de créer des
attributions aux agents nombreux qui achetaient à
l'enchère le droit de faire quelque chose.

Les états se montrèrent vis-à-vis du parlement moins
modérés que ne l'avait été la cour. A l'assemblée de
Vitré, ils parurent poursuivre une vengeance bien plus
qu'une victoire; et si la royauté avait déféré à tous
leurs vœux, c'eût été sans nul doute au détriment de
ces institutions bretonnes dont les magistrats étaient

comme eux les intrépides défenseurs. Ils résumèrent
dans une sorte d'acte d'accusation, tous leurs griefs
contre le parlement, et prirent une mesure plus directement hostile aux magistrats en réduisant d'une manière notable la somme affectée sur les *petits devoirs*
à payer les gages de cette compagnie. Poussant l'hos--
tilité encore plus loin, l'assemblée attaqua l'hérédité
des offices à sa source, suppliant le roi de ne plus
accorder la *paulette* pour le parlement de Bretagne,
« offrant lesdits états de faire fonds à Sa Majesté des
32,000 livres qu'il tire chaque année pour la paulette
dudit parlement ; » enfin, stimulée par sa haine et se
mettant en contradiction avec ses traditions les plus
persévérantes, elle réclama l'évocation au parlement
de Paris de toutes les causes où se trouvaient intéressés les membres des trois ordres, leurs femmes,
leurs enfants ou leurs domestiques.

Provoquer un pareil appel à la juridiction française,
c'était insulter à l'honneur des magistrats de la Bretagne. Le roi ne prit pas heureusement au mot messieurs des états, et le sang-froid ne tarda point à ré-
veiller chez eux le sentiment un moment oblitéré du
patriotisme. Au début de la session suivante, les états
nommèrent une commission de quinze membres chargée de rechercher les moyens de s'accommoder avec
le parlement en maintenant contre les prétentions de
celui-ci tous les droits de l'assemblée provinciale.
Alarmée des conséquences d'une pareille lutte, Anne
d'Autriche, en sa qualité de gouvernante de Bretagne,

avait pris la résolution d'intervenir comme médiatrice entre ces deux grands corps. Le maréchal de La Meilleraye lut donc à l'assemblée une lettre de la reine, sortie de la plume habile de M. de Lyonne, et dans laquelle, après avoir réduit à leur juste mesure les griefs qu'on s'imputait réciproquement, la reine exprimait la volonté de s'entremettre pour accommoder le parlement avec les états. Le lendemain, deux conseillers vinrent témoigner au nom de la cour sa ferme volonté de reprendre avec messieurs des états les bonnes relations si malheureusement interrompues. Ils signèrent comme fondés de pouvoir de leurs collègues un accord qui consacra sur tous les points les droits de l'assemblée, avec laquelle ils déclarèrent vouloir demeurer unis à jamais. De leur côté, les états, pour premier gage du rétablissement de la bonne harmonie, votèrent immédiatement les fonds réclamés pour l'augmentation des gages accordés à messieurs du parlement.

Après avoir signé cette réconciliation si avantageuse au bien public, les états entendirent la lecture d'une autre lettre de leur auguste gouvernante. Anne y fulminait, au nom de Louis XIV et au sien, contre les duels, crime attentatoire, disait Sa Majesté, à toutes les lois divines et humaines, et contre lequel elle en appelait à la foi et à l'honneur de ses fidèles Bretons. Les trois ordres, pénétrés de reconnaissance pour l'intervention de la reine dans le différend si honorablement terminé, interrompirent par de fréquentes acclamations le long message dans lequel cette princesse suppliait la noblesse de ne répandre désormais son sang généreux que contre les ennemis de la France, la conviant à donner un exemple qui, venu d'aussi haut, serait au-dessus de la calomnie.

Le duc de La Trémoïlle, président de la noblesse, appuya la missive royale par un discours chaleureux. Sous l'impression de sa parole, tous les gentilshommes, la main droite levée, l'autre sur la garde de leur épée, jurèrent que les édits du roi seraient religieusement obéis, et qu'ils se montreraient dignes de la confiance de leur gouvernante. Une délibération fut rédigée séance tenante, par laquelle il fut décidé « qu'à l'avenir nul gentilhomme ne pourrait être admis à siéger aux états de Bretagne qu'il n'eût signé la protestation contre les duels telle qu'elle avait été approuvée par les maréchaux de France, voulant que, s'il contrevenait à sa parole d'honneur donnée au roi, il en fût chassé comme indigne [1]. »

A chaque moment, dans les délibérations des états, se révèlent ces élans d'esprit chevaleresque qui vont au cœur parce qu'ils en sortent. La session qui nous occupe vit, par exemple, un vote de 20,000 livres pour Henriette d'Angleterre, « fille de France, méchamment persécutée par ses sujets. » Des secours abondants avaient été précédemment octroyés aux pauvres

1. Cette résolution, prise le 16 juillet 1655, est signée : Henri de La Motte Houdancourt, évêque de Rennes, Henri de La Trémoïlle, Eustache de Lys.

Irlandais proscrits pour fidélité à leur religion, et des allocations plusieurs fois réitérées avaient naguère fait sortir du bagne d'Alger tous les captifs bretons.

Souvent des secours furent accordés pour des fondations pieuses, églises, écoles, hôpitaux. Les jésuites reçurent de larges subventions pour les aider à créer l'école militaire de La Flèche, sous la condition d'y admettre comme pensionnaires des états cinquante jeunes gentilshommes bretons. Parfois les fonds étaient dépensés au dehors pour un intérêt national, et l'église de Saint-Yves-des-Bretons sortait à Rome de ses ruines, dans les premières années du dix-septième siècle, par l'assistance généreuse des états. Nous voyons encore ceux-ci se mettre sous le patronage de saint Joseph à l'occasion de l'érection à Fougères de la première église placée sous le vocable de ce saint. Pour que la couleur locale soit complète, nous relevons dans les procès-verbaux de 1665 l'énonciation suivante : « Les états, après en avoir délibéré, font une pension de 400 livres au chevalier de Saint-Hubert, qui dit avoir l'honneur de descendre de saint Hubert et avoir le pouvoir de guérir de la rage, ce qu'il a prouvé en guérissant sept enragés rien qu'en les touchant sur la tête au nom de Dieu et de monseigneur saint Hubert, chose très-utile pour la province. » N'omettons pas de rappeler enfin, en témoignage de cet esprit national si vivant, les encouragements donnés par les états à toutes les publications relatives à l'histoire de la province. A la fin du seizième siècle, d'Argentré avait édité sous leur patronage son grand monument. Au commencement du dix-septième siècle, le fils de l'illustre sénéchal avait reçu une large allocation pour couvrir les frais d'une édition beaucoup plus complète des œuvres de son père, et dans le cours du siècle suivant la même assistance généreusement accordée rendit seule possible les dispendieuses publications des bénédictins.

La bonne entente du parlement et des états éteignit l'unique brandon de discorde qui existât alors en Bretagne. Cette province est probablement la seule qui n'ait jamais inspiré de souci à Mazarin. Ce fut sans doute la dédaigneuse indifférence qu'on y prêtait aux intrigues de la cour qui détermina le ministère à donner en 1654 le château de Nantes pour prison à un infatigable agitateur, vaincu sans être lassé. Par un étrange caprice du sort, le cardinal de Retz fut confié à la garde du duc de La Meilleraye, dont ce maître fou avait voulu, si l'on en croit Saint-Simon, faire divorcer la femme dans l'espérance de l'épouser du vivant de son mari, quoique déjà engagé dans les ordres[1]. Les procédés du maréchal prouvent d'ailleurs qu'il n'avait gardé de cette tentative nul souvenir pénible. Il fit de bonne grâce les honneurs du château de Nantes au coadjuteur, bohême politique plus occupé du bruit que du succès, et fort bien servi en cette occasion par sa fortune, puisqu'elle lui ménagea une

1. *Mémoires du duc de Saint-Simon*, t. XV, p. 41.

évasion romanesque au prix d'un saut périlleux qui aurait fait honneur à un acrobate de profession.

Le triomphe de Mazarin, consacré par l'abaissement de ses ennemis, achetés ou vaincus, rendit au pouvoir toute la force que lui avait donnée Richelieu. Quoique Louis XIV n'ait gouverné par lui-même qu'à partir de la mort du cardinal Mazarin, on ressentit partout, dès la rentrée du roi dans Paris, l'effet du souffle monarchique. Le maréchal de La Meilleraye prit sa revanche en Bretagne des concessions qu'il avait dû faire à cause de la difficulté des temps. Sur la fin de sa carrière, il rendit l'essor à l'esprit revêche qui en avait signalé les débuts, et le dévouement si éprouvé des états à la royauté ne leur fit pas trouver grâce auprès du gouverneur.

Ceux de 1657 s'ouvrirent à Nantes par un premier acte de violence que la suite ne démentit point. Après que les commissaires du roi eurent indiqué en assemblée générale le chiffre du don gratuit réclamé par Sa Majesté, les trois ordres décidèrent qu'ils se réuniraient le lendemain dans leurs chambres respectives afin d'en délibérer; mais l'abbé de Lanvaux ne parut pas le matin dans celle du clergé, et, des bruits fâcheux s'étant répandus, messieurs de l'Église l'envoyèrent chercher à son domicile par le héraut des états, revêtu de sa cotte blasonnée. Le héraut, ayant appris que ce député avait été enlevé pendant la nuit, se présenta chez le gouverneur pour réclamer quelques explications. Celui-ci le chargea

de faire savoir aux états qu'il avait renvoyé l'abbé de
Lanvaux par ordre du roi, et l'attitude de M. de La
Meilleraye fit comprendre qu'il en agirait ainsi avec
quiconque se permettrait de critiquer les ordres de
Sa Majesté. Presque en même temps quatre conseillers du parlement de Rennes, MM. de Laubrière, Le-
febvre, de Gouvello et de Fouesnel, étaient conduits
par des exempts, les deux premiers à Lyon, les deux
autres à Morlaix. Le motif de ces rigueurs nouvelles
alors, mais qui allaient se répéter fréquemment durant deux longs règnes, était la vivacité avec laquelle
l'abbé de Lanvaux et les magistrats bretons s'étaient
exprimés sur un édit concernant le domaine royal qui
venait d'être présenté aux états. Fort ému de la déclaration catégorique du maréchal, l'ordre de l'Église
provoqua la réunion des trois ordres sur le théâtre,
et l'assemblée générale envoya neuf députés, l'évêque
de Saint-Brieuc en tête, supplier le duc de La Meilleraye de faire revenir l'abbé de Lanvaux. Sur un
premier refus, la députation fut doublée; mais elle
rencontra une résistance encore plus obstinée, le gouverneur déclarant qu'il avait reçu du roi des pouvoirs
pour dissoudre les états, et qu'il en userait, si toutes
les demandes formées au nom de Sa Majesté n'étaient
pas promptement accueillies.

Deux jours de réflexion modifièrent pourtant les
dispositions de M. de La Meilleraye. Dans la séance
du 8 novembre, l'évêque de Saint-Brieuc vint annoncer que M. le maréchal laisserait rentrer dans l'assem-

blée l'abbé de Lanvaux, si, au lieu d'une somme de 1,400,000 livres qu'ils avaient proposée, les états portaient le chiffre du don gratuit à 2 millions; il ajouta, en ce qui concernait l'édit du domaine, dont l'opinion était très-vivement préoccupée, que M. le gouverneur promettait d'en demander le retrait, si l'assemblée consentait à le racheter au prix d'un million payé comptant au moyen d'un emprunt, opération que M. de La Meilleraye déclarait excellente, puisque les états bénéficieraient, selon lui, d'une somme de plus de 500,000 livres sur celle qu'ils auraient à payer au roi.

Si étranges que puissent paraître aujourd'hui de pareilles propositions, elles n'étonnaient pas à cette époque, car c'était à coups d'expédients que marchaient les finances de l'ancienne monarchie. En présence de la résolution du gouverneur de prononcer la dissolution des états, ceux-ci estimèrent prudent de cesser une résistance inutile. Ils votèrent donc à peu près sans discussion le chiffre réclamé par les commissaires royaux avec les voies et moyens nécessaires pour y faire face; ils ajoutèrent même, sur l'invitation officieuse du maréchal, une somme de 100,000 livres au chiffre du don gratuit, sous la condition que les quatre conseillers au parlement seraient autorisés à rentrer à Rennes, étrange rançon dont l'offre fut acceptée sans nul embarras. Les mêmes procédés furent employés et réussirent plus complètement encore aux états tenus à Saint-Brieuc en 1659. M. de La Meille-

raye vint déclarer à l'assemblée qu'il avait l'ordre
formel de réclamer 2,200,000 livres pour le don gratuit. Celle-ci offrit 2 millions, et, la discussion continuant, le gouverneur prévint messieurs des états avec
une sorte de bonhomie que, s'ils ne se décidaient pas
à déférer immédiatement à la volonté du roi, il sus-
pendrait l'assemblée dès le mardi suivant pour la convoquer à Nantes, où il espérait la trouver plus docile.
Cette menace fit son effet, et le vote eut lieu dans les
termes indiqués. Outre les allocations ordinaires,
200,000 livres furent votées pour la reine-mère; on y
joignit d'abondantes gratifications au gouverneur, à
son fils, au marquis de Coaslin, gendre du chancelier
Séguier, aux secrétaires d'État et à leurs commis. Le
prestige de l'autorité royale était déjà si grand que
l'indépendance des états s'en trouvait visiblement en-
travée.

Au gouvernement personnel de Louis XIV s'arrête
la vive impulsion imprimée par Richelieu à la liberté
comme à la richesse de la Bretagne. Nous aurons à
suivre durant un demi-siècle les conséquences du mouvement qui commençait, et qu'avait inauguré le jeune
roi du vivant même de Mazarin, lorsqu'il entrait au
parlement menaçant d'un geste souverain le banc des
enquêtes, condamné au silence jusqu'à la fin du règne.
Le cardinal avait à peine fermé les yeux, que Louis XIV
chercha l'occasion de constater par un acte éclatant
son aptitude à gouverner par lui-même. Les dilapida-
tions et les projets insensés de Fouquet la lui four-

nirent. La sagacité, la discrétion et la force, ces trois qualités de l'esprit politique, se révélèrent dans les moyens combinés pour frapper le surintendant au milieu d'une cour remplie de ses pensionnaires, et pour prévenir dans la Bretagne, sa patrie, jusqu'à l'ombre d'une résistance.

Des lettres patentes du mois de juillet avaient convoqué les états à Nantes pour le 18 août 1661. Le prétexte d'ouvrir cette assemblée manquait donc au roi ; mais il colora son voyage dans cette province reculée par des motifs dont Fouquet, dans son infatuation persistante, ne pénétra pas la futilité, malgré des avis nombreux et concordants. La résolution de se rendre à Nantes pour y arrêter le surintendant laisse croire que le roi avait pris beaucoup plus au sérieux qu'elles ne le méritaient les extravagantes imaginations d'un parvenu rêvant le rôle d'un prince apanagé au quinzième siècle. Les forces dont Louis XIV se fit accompagner constatent qu'il voulait être en mesure de réprimer sur les lieux mêmes toutes les tentatives de résistance maritime ou militaire dont ce malheureux, blasé sur les plaisirs, s'était complu à écrire dans ses loisirs de Saint-Mandé le périlleux roman. Fouquet était issu d'une honorable famille nantaise, et son père, que nous avons rencontré aux états comme commissaire du roi, avait, par la confiance du cardinal de Richelieu, figuré, triste rapprochement, parmi les juges du comte de Chalais; mais Nicolas Fouquet, entré jeune dans le service des intendances, bientôt

après procureur-général au parlement de Paris, avait
ort peu de relations personnelles en Bretagne, et son
nom n'y aurait pas fait remuer une paroisse, même
dans la plénitude de sa puissance. Les grandes terres
que Fouquet avait récemment achetées représentaient
des revenus et non de l'influence. Ni Belle-Ile, ni Concarneau, malgré les grosses sommes dépensées pour
les armer, n'auraient résisté à la sommation du plus
mince officier de l'armée du roi, et tout ce que ce ministre pouvait attendre des amis de cour dont il es-
comptait si gratuitement l'assistance, c'était qu'en cas
de malheur ils ne fussent pas les premiers à l'insulter.

En venant en Bretagne pour prévenir des résistances
qui n'étaient pas à redouter, Louis XIV fit donc une
chose inutile, et l'on se serait bien accommodé de ne
pas payer les frais de ce royal voyage. Fidèle à la tradition qui voulait qu'une allocation extraordinaire fût
votée chaque fois que le souverain honorait la province
de sa présence, M. de La Meilleraye vint annoncer aux
états rassemblés la très-prochaine arrivée du roi, et
demanda en termes pompeux que le don gratuit fût
doublé et porté à 4 millions. Plus maîtres de leur joie
que le gouverneur, les états répondirent par l'organe
de l'évêque de Saint-Brieuc que Sa Majesté jugerait
bientôt de la misère du peuple, et qu'elle fixerait elle-
même en connaissance de cause le chiffre auquel ses
fidèles états s'empresseraient de souscrire, comptant
sur sa justice comme sur sa bonté.

Les officiers de l'assemblée et les archivistes de la

LES ÉTATS DE BRETAGNE

ville se mirent à dépouiller les procès-verbaux des précédentes entrées royales, et une armée de tapissiers était en voie de renouveler les merveilles qu'avait deux fois admirées Louis XIII, lorsque le 1er septembre au matin le roi, se présentant avec peu de voitures à l'entrée de la ville, la traversa rapidement pour aller s'établir au château. Quelques instants après, il recevait le corps municipal précédé du maire de Nantes, et le soir MM. des états, informés par M. Boucherat, l'un des commissaires de Sa Majesté, de l'ordre dans lequel elle les admettrait devant elle, se présentaient à son audience. «Étant entrés, ils ont trouvé Sa Majesté assise dans une chaise, et se sont présentés messieurs de l'Église à main droite, messieurs de la noblesse à main gauche, et debout, découverts et derrière eux, messieurs du tiers un genou en terre. A côté du tiers et derrière la noblesse étaient les officiers des états. Monseigneur de Saint-Brieuc a harangué Sa Majesté, et lui a témoigné la joie générale de la province et ses justes ressentiments du bonheur de sa visite, auquel le roi a répliqué la satisfaction qu'il avait de voir ses sujets dans une prompte soumission à ses volontés, et assuré la compagnie qu'il s'en souviendrait aux occasions [1]. »

La réponse habile de l'évêque de Saint-Brieuc au duc de La Meilleraye valut à la province une remise d'un million sur le don de bienvenue primitivement

---

[1]. Registres des états de Nantes, 1er septembre 1661.

réclamé; déférer au roi le soin d'en fixer lui-même la quotité, c'était en effet le contraindre à la réduire. Aussi le procès-verbal porte-t-il sommairement, à la date du 2 septembre, que « monseigneur de Saint-Brieuc annonce à l'assemblée l'intention où est Sa Majesté de se contenter de 3 millions. » Ce chiffre fut voté sans observation, et le 5 septembre M. de La Meille- raye entra dans l'assemblée pour la remercier de son empressement à déférer aux volontés-royales. « M. le maréchal a dit que le roi était tout à fait obligé aux états de ce qu'ils lui avaient accordé 3 millions, qu'il destinait cette somme à ses bâtiments, et qu'en reconnaissance Sa Majesté en ferait faire marque sur lesdits bâtiments[2]. »

La présence du roi en Bretagne pendant la tenue des états exerça pour l'avenir une action des plus funestes sur leur liberté. L'enthousiasme avec lequel l'assemblée avait accordé le don gratuit avant toute autre délibération constitua un précédent dont on ne tarda pas à abuser contre elle. Nous verrons le duc de Chaulnes réclamer bientôt comme un droit acquis ce vote préalable, et plus tard le maréchal de Montes-

---

1. Aucune allusion ne se rencontre dans les registres au grand événement accompli durant la tenue par des états de 1661. On y trouve seulement indiquée à la date du 2 septembre la nomination d'une commission de six membres chargée de la part des états « d'aller saluer M. le surintendant, ainsi que MM. de Lyonne, Letellier et de Brienne. » On sait que Fouquet fut arrêté par d'Artagnan le 5 au matin, en sortant du conseil tenu chez le roi.

quiou dissoudre les états pour avoir décidé qu'un débat sur le rapport des commissions précéderait la fixation du don gratuit[1].

Les précédents légèrement établis sont l'écueil principal des assemblées délibérantes; et l'influence de celui-ci fut d'autant plus funeste que la représentation provinciale était alors sur une pente déclive qu'il lui fallut plus d'un demi-siècle pour remonter. Les hommages prodigués au monarque par la France victorieuse et par l'Europe éblouie avaient fasciné cette assemblée de gentilshommes dont les fils entraient alors en foule dans les armées du roi et dans sa marine renaissante. Le prestige du jeune souverain, illuminé par la gloire et célébré par le génie, ne fut pas moindre dans la province qu'à la cour, car l'idolâtrie est contagieuse surtout lorsqu'elle est sincère. Après avoir résisté avec une fermeté respectueuse à Henri IV et à Richelieu, les états ne résistèrent à Louis XIV que dans la mesure strictement requise pour ne pas rompre avec toutes les traditions de la Bretagne. Rappeler au roi les droits de la province, lui révéler ses maux, y intéresser son cœur en s'en rapportant d'ailleurs à

1. « Autrefois, avant de délibérer sur le don gratuit, on examinait les infractions aux précédents contrats ou on portait les plaintes à MM. les commissaires du roi. On négociait longtemps sur la somme à laquelle on porterait le don gratuit, mais l'usage est présentement de l'accorder après que MM. les commissaires sont sortis. » Mémoires de M. de Nointel, intendant de Bretagne, dans l'*État de la France* du comte de Boulainvilliers, t. IV.

sa bonté, telle fut leur ligne de conduite sous un gouvernement aspirant à toutes les gloires, excepté à celle qui assure le bonheur public. Les tenues suivantes constatèrent l'abdication à peu près complète des trois ordres et leur résolution de n'élever désormais aucun conflit avec la royauté et de ne jamais faire prévaloir leur propre droit contre le sien.

Colbert dirigea souverainement toutes les opérations des états en 1665 et en 1667, par l'intervention de son frère, que le contrôleur général y fit nommer commissaire du roi. M. Boucherat remplit le même rôle à ceux de 1669, et le chiffre du don gratuit, qui varia de 2,200,000 à 2,600,000 livres, ne fut plus débattu que pour la forme. Aucun changement ne se révèle d'ailleurs dans les actes extérieurs de l'assemblée. La plus grande partie de son temps s'écoule dans l'accomplissement d'un cérémonial minutieux. C'est le même protocole, ce sont les mêmes formules et les mêmes harangues; il ne manque à tout cela que la vie qui s'est retirée. La députation en cour va porter tous les ans à Versailles des cahiers textuellement copiés sur ceux que traçait la génération précédente. Dans le contrat annuel passé entre les délégués de la couronne et ceux des états, toutes les libertés de la Bretagne sont encore énumérées avec une fermeté de langage fort étrangère à la langue habituelle du temps : on supplie Sa Majesté de révoquer tous les édits contraires au droit qui appartient à la province de s'imposer et de s'administrer

elle-même ; mais, lorsqu'au lieu de déférer à ce
vœu, il arrive au roi de décréter d'autres taxes plus
accablantes encore, les états, au lieu d'user de leur
droit constitutionnel en repoussant les inventions fiscales pour en empêcher l'application dans la province, ne connaissent plus qu'une méthode pour y
échapper : c'est d'offrir au roi de racheter ses édits en
lui payant le prix qu'il retirerait de leur application.
Ils agirent ainsi en 1667 et 1669 pour l'édit sur la
poudre et sur les savons, précurseurs des innombrables nouveautés qui les émurent bientôt, sans ré-
veiller une énergie fort difficile à recouvrer lorsque
l'usage en est perdu.

Le même procédé de rachat fut appliqué en 1673
aux états de Vitré, à l'occasion de l'érection d'une
chambre royale du domaine et de l'édit relatif à la
réforme des justices seigneuriales. Ce fut avec des
cris d'enthousiasme que l'assemblée accueillit l'annonce que Sa Majesté, dans sa bonté, avait daigné
consentir à recevoir directement par un vote des états
une somme égale à celle qu'elle s'était montrée résolue à prendre sans leur avis. Placés en face d'exigences impitoyables et sous la main d'un pouvoir ne
s'inquiétant plus ni des droits particuliers de la Bretagne, ni de la misère des populations, les états n'as-
pirèrent désormais qu'à l'honneur de se saigner eux-
mêmes, soit par des subventions spéciales votées
pour le retrait de certains édits déterminés, soit en
élevant le don gratuit, soit en multipliant ces gratifi-

cations dont la surabondance inquiétait fort madame de Sévigné, se demandant si les Bretons pourraient boire assez pour les payer. Nous touchons à l'époque dont la marquise est demeurée jusqu'ici l'unique historien. Ses rapports journaliers avec les membres d'une assemblée où la famille de Sévigné comptait habituellement des représentants dans les deux premiers ordres, l'intimité de ses relations avec M. et madame de Chaulnes, donnent aux récits de la châtelaine des Rochers une autorité irrécusable, et cette autorité devient plus sérieuse encore lorsque de terribles calamités parviennent à éteindre sous les larmes attristées de la femme les fusées de son bel esprit.

Le duc de Mazarin avait remplacé en 1663 M. de La Meilleraye peu après son mariage avec Hortense Mancini, qui commença en Bretagne l'aventureuse carrière à laquelle semblaient prédestinées les nièces du cardinal. Au duc de Mazarin avait succédé le duc de Chaulnes, d'abord avec le titre de lieutenant général, puis comme gouverneur titulaire de Bretagne à la mort d'Anne d'Autriche, qui laissa dans cette province des regrets attestés par tous les témoignages contemporains [1]. Tout le monde connaît

1. Parmi les plus curieux monuments de l'éloquence politique de cette époque, il faut placer l'oraison funèbre de la reine-gouvernante de Bretagne, prononcée le 20 janvier 1666 dans la cathédrale de Nantes par l'abbé Blanchard, prieur d'Indre. « Plaise à Dieu, s'écrie l'orateur, que toutes les grâces de la cour pour la Bretagne ne se soient pas retirées dans le

le duc de Chaulnes, possédant « sous la corpulence,
l'épaisseur, la physionomie d'un bœuf, l'esprit le plus
délié, le plus souple, le plus adroit à prendre et à
pousser ses avantages, joint à une grande capacité et
à une continuelle expérience de toutes sortes d'affaires. » Chacun aussi connaît madame de Chaulnes,
« pour la figure un soldat aux gardes, et même un peu
Suisse, mais beaucoup de dignité, beaucoup d'amis,
une politesse choisie, un sens et un désir d'obliger
qui lui tenaient lieu d'esprit [1]. » Tels sont les deux
personnages placés au premier plan du tableau au
fond duquel se montrent les états de Bretagne dans
leur confusion pittoresque. La postérité connaît ceux-
ci par la chronique quotidienne que madame de Sévigné adresse en Provence à sa fille « pour sa peine
d'être Bretonne. »

Les états ont leur part collective dans l'immortalité
départie à mesdemoiselles de Kerborgne, de Kerlou-
che, de Kercado et de Crapado, sans oublier le gentilhomme râpé des environs de Landerneau que madame

---

ciel avec notre princesse dont les vertus semblaient croître
comme le soleil en approchant de son couchant!... Nos batailles gagnées, nos villes conquises étaient dues aux prières
et aux dévotions de la reine plutôt qu'aux batteries de nos
canons... Si les vœux et les soupirs des patriarches ont attiré le
Messie, la naissance du roi et de Monsieur sont des fruits précieux que les oraisons de leur vertueuse mère ont produits à
la France. La grâce qui les animait a tiré la nature de sa sté-
rilité. »

1. *Mémoires de Saint-Simon*, t. I et IV.

de Sévigné prit si malencontreusement pour un do-
mestique de M. de Chaulnes, et qui se trouva n'avoir
pas moins d'esprit que la marquise. Il n'est pas de
procès-verbal plus fidèle d'une tenue à l'époque de
relâchement politique où nous sommes arrivés que
celui de l'assemblée de Vitré. « On mange à deux
tables dans le même lieu : M. de Chaulnes en tient
une, madame l'autre. La bonne chère est excessive,
on remporte les plats de rôtis tous entiers, et pour les
pyramides de fruits il faut faire hausser les portes.
Après le dîner, MM. de Locmaria et de Coëtlogon
dansent avec deux Bretonnes des passe-pieds merveilleux, et à la suite de ce petit bal on voit entrer ceux
qui arrivent en foule pour ouvrir les états. Le lendemain M. le premier président, MM. les procureurs et
avocats-généraux du parlement, neuf évêques, cinquante Bas-Bretons dorés jusqu'aux yeux, cent communautés, c'est un jeu, une chère, une liberté jour
et nuit qui attire tout le monde. Il n'y a pas une province rassemblée qui ait un aussi grand air que
celle-ci.

« Les états ne sont pas longs, il n'y a qu'à demander ce que veut le roi; on ne dit pas un mot,
voilà qui est fait. Pour le gouverneur, il y trouve je ne
sais pas comment plus de 40,000 écus qui lui revien-
nent, une infinité de présents et des pensions.....
Quinze ou vingt grandes tables, un jeu continuel, des
bals éternels, des comédies trois fois la semaine, une
grande braverie, voilà les états. J'oublie trois ou qua-

tre cents pipes de vin qu'on y boit; mais, si je ne comptais pas ce petit article, les autres ne l'oublient pas, c'est le premier. »

Ce tableau laisse toutefois dans l'ombre des côtés fort importants. Si la soumission des états à la volonté royale était alors à peu près complète, cette soumission était due à des moyens ignorés de madame de Sévigné, mais aujourd'hui constatés par la correspondance officielle des agents du pouvoir. Ces moyens étaient de ceux dont la puissance est grande dans tous les temps ; cependant l'efficacité n'en était pas telle que l'honneur breton n'y résistât énergiquement, et que l'indépendance assoupie de la province ne pût laisser pressentir un réveil. Dans les lettres adressées au contrôleur général soit par les commissaires du roi, soit par le gouverneur et le lieutenant général, on suit jour par jour la trace des pratiques exercées sur les membres de l'assemblée. Indépendamment des faveurs personnelles que le gouverneur est en mesure de répandre sur messieurs des états, faveurs qui lui assujettissent presque complètement les membres de l'Église et du tiers, un fonds secret de 60,000 livres est destiné à récompenser les membres de la noblesse qui « y servent le mieux le roi[1]. » Les menaces sont encore plus prodiguées que les rémunérations. M. le duc de Mazarin, dont la courte admini-

---

[1]. Colbert à son frère, maître des requêtes et commissaire aux états de Bretagne, 3 et 10 août 1663. — *Correspondance administrative sous le règne de Louis XIV*, t. I, p. 469 et suiv.

stration laissa pourtant dans la province de bons
souvenirs, déclare aux députés rassemblés chez lui
« qu'il saura qui sont ceux qui engagent la province
à manquer en quelque chose à ce qu'elle doit au roi,
et que Sa Majesté les pourra traiter selon leur mérite [1]. » M. le duc de Chaulnes a recours à des procédés plus décisifs. Lorsqu'aux états de Vitré il voit que
la fermentation augmente à l'occasion des édits, il
s'enquiert du nom des membres qui l'entretiennent,
et il les chasse. « Les états ont eu hier beaucoup
d'emportement de se voir refuser des offres qu'ils
croyaient pouvoir plaire à Sa Majesté. Je fais dessein
de chasser demain de l'assemblée deux gentilshommes
qui ont aujourd'hui parlé avec le plus de chaleur,
n'étant pas à croire, monsieur, par tout ce que nous
voyons ici, que l'on puisse par autre voie que par des
exemples redoublés d'autorité régler des esprits d'autant plus opiniâtres qu'ils croient ne le pas être, en
offrant tout ce qu'il plaira au roi pour se racheter des
exécutions quelquefois très-rudes, il est vrai, des
édits. Nous n'omettons rien ici de tout ce qui peut
assurer l'autorité du roi [2]. » Le lendemain en effet,
M. le gouverneur mande chez lui les deux Bretons in-
discrets, leur ordonne de se retirer de l'assemblée et
les fait à l'instant monter dans son carrosse avec un
officier suivi de six de ses gardes. « Cette action a été

1. Colbert, maître des requêtes, au contrôleur général.
Vitré, 19 août 1665.
2. Le duc de Chaulnes à Colbert, 10 décembre 1673.

soutenue de toute l'autorité que le roi m'a commise, et la journée d'hier se passa en trois députations pour le retour de ces gentilshommes[1]. Nous nous servîmes de ces députations pour faire craindre aux états que, s'ils ne délibéraient promptement sur le don du roi et sans aucune condition, nous nous en désisterions, pour ce que la gloire du roi souffrirait trop de mendier un don *plus glorieux à faire qu'utile à recevoir*. Et après nous être expliqués sur l'obéissance aveugle que l'on devait avoir à toutes les volontés de Sa Majesté, les états nous ont député ce matin pour la supplier de vouloir accepter les 2,600,000 livres que nous avons eu ordre de demander. Nous recevrons seulement demain les mémoires que les états nous envoieront contre les édits, *et vous jugerez de ce qu'ils souffrent par les offres qu'ils feront pour en être soulagés*[2]. »

Ces deux lignes résument la situation tout entière :

1. Voici ce que contient sur ce point le registre des états : « L'assemblée ayant été avertie que M. le duc de Chaulnes a fait éloigner ce matin MM. de Saint-Aubin-Freslon et Duclos, a députe six de chaque ordre pour lui demander leur rappel, à quoi il a répondu qu'il ne pouvait et qu'il n'avait fait qu'exécuter les ordres de Sa Majesté. Les mêmes députés ont été renvoyés vers lui à la même fin, et sur ce qu'ils ont rapporté que leur voyage avait été inutile, MM. les présidents des ordres ont été priés de se joindre auxdits députés, et sur ce qu'on a su que madame la princesse de Tarente avait eu la bonté de s'entremettre auprès de M. le duc de Chaulnes pour cette affaire, on lui a envoyé rendre grâce par douze députés. »

2. Le duc de Chaulnes à Colbert, 13 décembre 1673.

plus les états souffrent, plus ils sont disposés à payer.
C'est d'ailleurs une justice à rendre à l'esprit droit et
naturellement modéré du duc de Chaulnes, que personne ne connaissait mieux ce que les réclamations
de la Bretagne présentaient de légitime, et n'aurait
plus sincèrement désiré concourir à soulager les souffrances publiques. Sa correspondance contient sur ce
point-là les indications les moins équivoques; mais,
serviteur soumis d'un pouvoir enivré, le gouverneur
ose à peine hasarder un conseil, de crainte qu'on n'y
entrevoie un reproche; et lorsqu'éclatent les malheurs
qu'il aurait voulu prévenir, quand l'incendie dévore
la Bretagne, il l'éteint sans pitié dans le sang, cachant
à la royauté, pour ne pas troubler sa quiétude, les périls qu'il court lui-même et les barbares extrémités
auxquelles ces périls le conduisent.

De 1667 à 1675, la Bretagne souffrit de grands
maux et se trouva sous le coup des plus douloureuses
anxiétés. Tous ces maux provenaient de la même
source : les besoins d'un pouvoir sans limites, et, il
faut bien ajouter, sans entrailles. Entre ces fléaux, les
uns frappaient ou menaçaient la population : c'étaient
une vingtaine d'édits imposant les denrées et les objets de consommation usuelle, depuis le tabac jusqu'à
la vaisselle d'étain; les autres, inspirés par le même
esprit fiscal, atteignaient plus directement les gentilshommes. Afin de procurer au roi des ressources
financières fort restreintes, on menaçait ceux-ci dans
leur état politique, dans la sécurité de leurs héritages

et dans la jouissance de leurs prérogatives les plus importantes. L'anxiété universelle de la noblesse provenait de trois tentatives s'opérant simultanément contre son existence et sa fortune : la recherche des faux nobles qui faisait trembler les véritables, tant les frais des preuves à faire étaient accablants; la constitution à Rennes d'une chambre royale du domaine contre les revendications de laquelle on ne pouvait se garantir qu'à force d'argent; enfin un projet de réforme judiciaire qui menaçait l'existence de la plupart des juridictions seigneuriales, et dont la seule annonce avait, d'après un écrivain breton, provoqué l'ouverture de plus de deux mille procès[1]. Personne n'était plus contristé de pareilles mesures que le duc de Chaulnes, obligé de réclamer beaucoup d'argent d'une noblesse en proie à des inquiétudes si naturelles. Aussi durant ces états dont madame de Sévigné n'apercevait que la belle ordonnance, le gouverneur de Bretagne écrivait-il chaque soir à la cour des lettres qui, en constatant sa haute sagacité, viennent se résumer dans cette conclusion, qu'au fond la justice envers une province malheureuse serait un bon calcul, puisqu'elle ne rapporterait pas moins que l'iniquité.

« Depuis le temps de mon arrivée ici, que j'ai employé à pénétrer la vérité, je trouve, monsieur, plus de consternation et d'aliénation dans tous les esprits

1. M. A. du Chatellier, *la Représentation provinciale en Bretagne, Revue des provinces de l'Ouest,* 1856.

que je ne pouvais imaginer. Deux points principaux me paraissent être la cause de ce changement. L'un est la poursuite rigoureuse qui se fait des juridictions usurpées, et l'autre ce qui est inséré dans l'arrêt du conseil du 17 septembre 1672 contre les états, qui, par une clause générale, sont exclus de la communication des arrêts qui détruiraient même leurs priviléges.

« Je puis vous assurer que la recherche des juridictions, dans la forme qu'elle se fait, déconcerte ici tout le monde, et nécessite à de grandes dépenses dont le roi ne profite pas. Quant à la chambre du domaine, on peut dire avec vérité que pour 200,000 livres peut-être qu'il pourra revenir au roi de cet édit, il en coûtera plus d'un million aux particuliers; mais ce qui me confirme davantage la peine que leur fait cette recherche, c'est qu'il paraît toute sorte de dispositions de donner au roi plus qu'il ne lui en peut revenir, et, qu'en portant leurs plaintes ils font voir un désir commun de subvenir par d'autres voies aux besoins pressants, et de faire tous les efforts possibles pour satisfaire Sa Majesté.

« Pour ce qui est de l'article compris dans l'arrêt du 17 septembre 1672, ils y envisagent l'anéantissement de leurs priviléges, si on leur ôte, après la parole qui leur fut donnée, toute connaissance des édits qui pourraient les toucher. Il sera très-difficile de les rassurer sur ce point. Comme de tous les édits et déclarations que le roi envoie dans ses provinces, il y en a

qui sont pour ôter purement et simplement les abus,
et d'autres pour en tirer des secours d'argent, je puis
vous assurer que vous tireriez bien plus d'avantages
de recevoir des offres que nous pourrions rendre assez
fortes pour que vous les trouvassiez raisonnables, que
d'attendre l'effet incertain de poursuites qui consume-
ront la province en des frais immenses sans que Sa
Majesté en profite de la moitié de ce qu'elle peut avoir
sans embarras. Je suis encore obligé de vous dire que
j'ai parlé aujourd'hui à plusieurs gentilshommes dont
je me sers pour gouverner les autres : ils m'ont tous
témoigné le même désir de servir Sa Majesté, mais ne
pouvoir plus s'assurer d'avoir le même crédit que par
le passé, et m'ont même averti que le plus doux avis
pourrait aller à envoyer au roi des députés, si nous
n'avons pouvoir de donner quelque adoucissement aux
maux qu'ils souffrent. Vous croirez bien, monsieur,
que j'en détournerai l'effet par toute sorte de voies[1]. »

M. de Chaulnes reproduit fréquemment ces observations avec le sens d'un homme politique tempéré par
la souplesse d'un courtisan, sans se préoccuper d'ailleurs des populations, qui ne s'agitent pas encore. Il
revient sur l'irritation croissante de la noblesse, profondément dévouée au roi, mais très-alarmée pour sa
fortune. Il expose en détail les conséquences des édits
qui la touchent, il insiste enfin sur ce qu'il y a de bles-
sant pour elle à se voir, durant son séjour à Vitré,

1. Le duc de Chaulnes au contrôleur général, 3 décembre
1673.

contrainte de se défendre à Rennes contre les arrêts de la chambre royale du domaine, au mépris d'un privilége constamment reconnu aux membres de cette assemblée, celui de ne pouvoir être cités en justice durant les dix-huit jours qui précèdent et qui suivent les tenues d'états. M. de Lavardin, lieutenant général du roi dans la province, fait arriver de son côté des avis non moins pressants en faisant valoir, comme le duc de Chaulnes, l'avantage d'obtenir par un vote spontané une somme ronde, au moins égale à celle qu'aurait rapportée en plusieurs années l'application des édits[1]. Quoi qu'il en soit, le roi résolut de déférer au vœu des états en dissolvant la chambre du domaine et en suspendant les poursuites commencées dans la province pour usurpation de justices seigneuriales. Un courrier en apporta la nouvelle au duc de Chaulnes le 26 décembre 1673 au moment où les esprits étaient partagés entre la consternation et la colère.

L'assemblée fut dans l'ivresse, et jamais un malentendu ne provoqua pareille explosion de joie populaire. Madame de Sévigné nous a montré messieurs des états, au comble du bonheur, offrant au roi en témoignage de leur reconnaissance 5,200,000 livres, « petite somme par laquelle on peut juger de la grâce qu'on leur a faite en leur ôtant les édits[2]. » La spirituelle marquise était donc sur ce point-là peuple

1. Le marquis de Lavardin à Colbert, 26 novembre, 6, 9, 13 décembre 1673.

2. Lettre du 1er janvier 1674. Tous les détails donnés par

comme tout le monde, et croyait bonnement, elle aussi, à la révocation des édits. Comment s'étonner dès lors que la province tout entière s'y laissât prendre? L'heureuse nouvelle courut de bouche en bouche, partout accueillie par les acclamations publiques. Dans les feux de joie autour desquels il dansait en criant *Vive le roi*, le peuple breton voyait flamber pêle-mêle les édits du tabac, du papier timbré, de la marque d'étain, des affirmations, des nouveaux acquêts, des fruits de mâle foi, des îles, îlots, bacs,

madame de Sévigné sur l'allégresse de la province sont strictement exacts. On peut s'en assurer par une lettre de M. de Lavardin à Colbert à la date du 27 décembre 1673. « Loué soit mille et mille fois le nom du Seigneur qui a fait tant de bien à son peuple, et qui vient de tirer cette province d'une horrible consternation pour la jeter dans une joie excessive. On ne peut être un Français affectionné à son maître sans avoir les larmes à l'œil sur ce qui s'est passé aujourd'hui ici. Cette assemblée paraissait inquiète et abattue, et l'on n'y voyait de tous côtés que tristesse et langueur, lorsque M. de Chaulnes et les autres commissaires ayant pris leur place une heure après le retour du courrier, il leur a déclaré les bontés dont Sa Majesté voulait bien honorer la Bretagne, touchant la suppression de la chambre et la *révocation des édits*. A l'instant, toute l'assemblée a interrompu M. de Chaulnes par tant de cris de joie et d'acclamations de *Vive le roi*, que jamais on n'a marqué tant de zèle et de reconnaissance. Ces cris n'ont été entrecoupés qu'à peine pour prononcer, en redoublant de bénédiction, la somme de 2,600,000 livres, outre pareille somme, du don gratuit fait ci-devant au sortir de l'assemblée. Le peuple a couru de toutes parts, a redoublé les mêmes acclamations et crié de plus belle : « *Vive le roi, la Bretagne est sauvée, point de chambre!* On n'a jamais rien vu de pareil. »

péages, et mille autres inventions qui depuis trois ans grondaient dans l'air comme une menace ; mais en ceci il s'était trompé, et la déception fut d'autant plus amère que la reconnaissance avait été plus profonde. Le gouvernement n'avait abandonné aucun de ses principes ni aucune de ses espérances.

Sans contester que le consentement des états fût nécessaire pour modifier le chiffre des anciens impôts, Colbert avait imaginé une théorie en vertu de laquelle le roi pouvait de sa pleine autorité édicter pour la généralité du royaume des taxes *sur des objets nouveaux*, lorque ces taxes seraient déterminées par la considération du bien public dont le prince demeurait l'appréciateur suprême. Telle était la doctrine que ce ministre entendait faire prévaloir en Bretagne, en Languedoc, en Provence, en Bourgogne, en Artois, partout enfin où il existait encore des assemblées provinciales [1]. C'était substituer partout la monarchie absolue à la monarchie contrôlée, révolution qu'entendait consommer Louis XIV en vertu du droit royal dont il était le représentant convaincu. Lorsque MM. de Chaulnes et de Lavardin annoncèrent aux états le retrait des édits, ils étaient probablement de bonne foi ; mais ils ne tardèrent point à comprendre qu'ils avaient donné à la concession royale une portée qu'elle n'a-

1. Les états de Normandie avaient cessé de s'assembler depuis 1666. A partir de l'ordonnance rendue par Louis XIII en 1628, ceux du Dauphiné purent être également considérés comme anéantis.

vait en aucune façon. Calmer l'irritation des gentilshommes afin d'en obtenir beaucoup d'argent, telle
avait été l'unique pensée du gouvernement, et ces
concessions n'allaient pas au delà de ce qui, dans les
mesures alors débattues, touchaient spécialement la
noblesse. Ce fut pour celle-ci un vrai malheur. Cette
situation particulière la rendit suspecte aux populations rurales, avec lesquelles elle avait toujours marché dans un parfait accord. Quoique très-opposée aux
mesures dont l'application allait soulever la province,
l'aristocratie bretonne, par la situation que lui avait
imposée le pouvoir royal, parut être à peu près désintéressée dans le grand conflit bientôt après provoqué
par ces actes. De là le caractère démocratique du
mouvement qui était à la veille d'éclater, caractère
qu'exagérèrent à dessein dans leur correspondance
tous les agents officiels, comme on va le voir, afin de
faire retomber sur la noblesse la responsabilité qui
pesait d'un poids si lourd sur le gouvernement lui-
même.

CHAPITRE V

LA RÉVOLTE DU PAPIER TIMBRÉ.

« Il s'éleva quelques séditions en Bretagne et en Guienne à cause des impôts que ces provinces, naturellement mutines ou plus jalouses de leur liberté que les autres, ne pouvaient souffrir; mais ce n'était plus le temps de la minorité, et le roi qui était sur le trône savait trop bien se faire obéir pour souffrir que ses sujets osassent s'opposer à ses édits dans le temps qu'il donnait la loi à ses ennemis. Les plus coupables furent punis, et ceux qui furent épargnés rentrèrent dans le devoir [1]. » C'est ainsi qu'un historien contemporain, dont les termes ont été presque invariablement reproduits par la plupart de ceux qui l'ont suivi, parle des résistances qui mirent sous Louis XIV la capitale de la Guienne au pouvoir d'une insurrection et provoquèrent pour celle de la Bretagne des rigueurs que l'Europe ne connaissait plus. Les histo-

_____

1. *Histoire de Louis XIV*, par Larrey, t. IV, p. 290.

riens du dix-septième siècle font disparaître la nation devant le prince à ce point qu'elle semble dans leurs récits se montrer impassible dans toutes les fortunes et devant toutes les résolutions du pouvoir. On dirait qu'elle n'intervient dans le drame que pour apporter à heure fixe le tribut obligé de son or et de son sang. Rien n'est cependant moins conforme à la vérité, car, dans les temps même où la royauté semble posséder la plénitude de son prestige, les résistances furent fréquentes et plus d'une fois scellées par le sang. La guerre des camisards ne fut pas la première protestation qu'eût suscitée la violation du droit au sein de cette société appauvrie et décimée. Rétablir la vérité sur ce point-là, c'est relever l'honneur du pays, puisqu'il est moins humiliant d'être vaincu que de refuser le combat.

Plus de trente années avant qu'un garçon boulanger eût détruit une armée française dans les Cévennes, un autre partisan avait dirigé dans les landes de la Gascogne un soulèvement provoqué par l'introduction de la gabelle dans ces contrées. Maître un moment de plusieurs villes importantes, un vieux soldat du nom d'Audijos, à la tête de plusieurs milliers d'insurgés, tint deux ans la campagne, malgré les forces imposantes envoyées pour le réduire. Les sympathies universelles des populations protégèrent Audijos contre toutes les poursuites, quoique bon nombre des siens fussent journellement roués ou pendus à Dax, à Tartas, à Saint-Sever. Dans l'impossibilité de faire tomber sa tête, le gouvernement estima habile d'offrir à ce chef intrépide, comme il dut le faire plus tard pour Jean Cavalier, des lettres d'abolition avec un emploi hors du royaume [1].

Deux années auparavant, le comté de Boulogne avait été mis en feu par suite d'une taxe de 40,000 livres imposée contrairement aux priviléges reconnus aux Boulonnais. « C'était une très-petite somme, nous dit Louis XIV dans ses mémoires, et je la leur imposai seulement pour leur faire connaître que j'en avais le pouvoir et le droit. » Le roi ajoute que, des rassemblements armés s'étant formés en plusieurs lieux, il dut envoyer des troupes pour réprimer l'insurrection ; il fit ensuite condamner à mort et envoyer aux galères ceux qui furent pris les armes à la main, « croyant devoir en cette circonstance, ajoute le monarque dans ses conseils à son fils, suivre ma raison plutôt que mon inclination [2]. » Il dut en effet en coûter beaucoup au cœur du prince, car cette révolte, secrètement fomentée par la noblesse, comme nous l'apprend Louis XIV, fut réprimée avec une rigueur terrible. Un document de l'existence duquel on douterait, s'il n'avait une date certaine, prescrivit avant toute information judiciaire à un maître des

1. *Correspondance administrative sous le règne de Louis XIV*, t. III. — Voir les cinquante-sept lettres adressées par Pellat à Colbert du 26 mai 1664 au 8 février 1667.

2. Instruction du dauphin. *Œuvres de Louis XIV*, t. I, p. 213.

requêtes envoyé sur les lieux, de punir au moins douze
cents personnes, chiffre minimum, et de choisir les
prisonniers parmi les hommes les plus valides, de
manière qu'ils pussent faire un service utile sur les
galères de Sa Majesté, négligées par le cardinal Mazarin durant son administration, et que M. Colbert
aspirait alors à renforcer par un personnel vigou-
reux [1].

Un écrivain dont les travaux ont concouru à éclairer les côtés les moins connus de ce règne ne pouvait omettre les émeutes provoquées dans la plupart
des provinces du royaume par les disettes fréquentes
et les impitoyables exigences du fisc. M. Pierre Clément a tracé une sorte de tableau synoptique de ces
insurrections si bien étranglées par la corde que l'histoire en a perdu jusqu'à la trace. Il a retrouvé cette
trace douloureuse dans le Boulonnais, dans le Quercy,
en Périgord, en Normandie, en Languedoc, partout
enfin où s'exerça cette domination d'autant plus inflexible qu'elle avait la croyance et jusqu'au fanatisme
de son droit [2]. Grâce à ces récents travaux, grâce
surtout à la correspondance administrative dépouillée
par M. Depping, le public a connu la gravité de cette
insurrection de Guienne qui mit au pouvoir du
peuple l'une des plus grandes villes du royaume, et

1. Arrêt du conseil et instructions au sieur de Machault,
dans la *Gazette de France* de 1662, n° 88.
2. *La Police sous Louis XIV*, chap. xii. — *Les Émeutes en
province.*

fut assez forte pour contraindre le parlement de
Bordeaux à l'amnistier. La popularité acquise aux
lettres de madame de Sévigné a fait que l'on connaît un peu mieux l'importance de l'insurrection bretonne, laquelle éclata dans le même temps et pour
les mêmes motifs. Mais, en dehors des agitations
populaires et de leur sanglante répression, la révolte
du papier timbré se présente en Bretagne avec un
caractère tout particulier. L'application d'édits dont
la province venait de se libérer à prix d'argent constitue une violation tellement éclatante des principes
de la morale publique, et cette violation fut précédée d'un oubli si scandaleux d'engagements sacrés,
qu'un particulier qui se conduirait vis-à-vis d'un autre
comme le gouvernement français se conduisit alors
vis-à-vis des Bretons serait pour toujours retranché
de la société des honnêtes gens.

La Bretagne, qui durant les troubles de la Fronde
venait de prodiguer à la cause royale des gages
nombreux de son dévouement, fut traitée comme
une province conquise à l'instant même où sa population avait les armes à la main pour protéger contre
l'ennemi extérieur l'intégrité du territoire national.
Personne n'ignore que la guerre intentée par Louis XIV
à la Hollande provoqua les plus chaudes alarmes, de
1672 à 1675, dans les provinces maritimes du
royaume. Deux flottes formidables commandées par
les plus grands hommes de mer du temps menacèrent
plusieurs fois nos côtes de la Manche, et l'anxiété pu-

blique était d'autant plus naturelle que ces côtes n'é-
taient point fortifiées, et que les armées françaises se
trouvaient alors engagées tout entières en Allemagne.

La population bretonne suffit à la défense de son
double littoral. Jour et nuit en observation, elle ne
quittait la bêche du terrassier que pour saisir le mousquet du garde-côte. Lorsque le chevalier de Rohan,
abusant de la bonhomie des Hollandais pour leur es-
croquer de l'argent, leur promit de les introduire en
Normandie, ce Catilina de ruelles respecta trop sa patrie pour mêler le nom de la Bretagne à des trames
dignes d'aller se dénouer en police correctionnelle.
Rien de plus patriotique que l'attitude de la péninsule
durant cette crise. Attaquée par des forces considérables, Belle-Ile fut sauvée par l'élan de la population
rurale et de la noblesse ; et, au moment où la révolte
allait commencer à Rennes, ce drame s'ouvrait à
l'autre extrémité de la péninsule par un prologue
d'un caractère antique. Depuis plusieurs semaines,
des milliers de paysans des diocèses de Cornouaille et
de Tréguier étaient accourus à Brest, et travaillaient
avec ardeur à protéger la ville et son port par des
terrassements qui en formaient, à bien dire, la seule
défense. Le duc de Chaulnes venait de partir pour
la côte sud en emmenant la garnison lorsque, dans
les derniers jours de juin 1674, la flotte de Tromp
se déploya tout entière en vue de Brest, paraissant
se disposer à forcer le goulet et à opérer un débarquement. Les moyens de défense étaient à peu

près nuls, mais l'on était résolu à mourir en vendant chèrement sa vie. L'évêque de Tréguier réunit sur la place publique toute la population, et, après avoir donné au peuple l'absolution générale, il l'envoya, la conscience libre et le cœur joyeux, garnir les remparts, dont une soudaine tempête éloigna bientôt l'ennemi en dispersant la flotte hollandaise dans des passes périlleuses.

Cette heure était mal choisie pour mettre en vigueur par de simples arrêts du conseil des édits dont la Bretagne s'était rédimée six mois auparavant, et dont elle avait célébré le retrait aux cris mille fois répétés de *Vive le roi!* Ni le duc de Chaulnes, ni M. de Lavardin, ni M. Boucherat, ni Colbert, n'ignoraient qu'en votant en dehors du don gratuit un subside extraordinaire de deux millions l'assemblée de Vitré, close en janvier 1674, avait entendu attacher à ce vote une condition formelle, l'abandon de tous les impôts contre lesquels protestaient alors le parlement et les états. Aucun doute n'était possible sur ce point en présence d'une délibération prise quelques jours auparavant, et dont le texte a trop d'importance pour n'être pas reproduit. « Les états, outre le don gratuit, ont offert au roi deux millions pour la suppression de là chambre royale du domaine établie à Rennes, de l'arrêt du conseil qui défend au parlement la communication aux états de la recherche des justices seigneuriales et amendes pour icelles, — pour le retrait de l'édit des francs-fiefs et nouveaux acquêts, celui du

sceau, celui de la nouvelle création d'officiers, les
taxes sur les notaires, procureurs, huissiers et sergents, l'édit d'érection du greffe des arbitrages, des
banquiers expéditionnaires en cour de Rome, des
arts et métiers en communautés, du greffe des enre-
gistrements, des hypothèques, du papier timbré,
l'arrêt pour les îles, îlots, bacs, péages et pêcheries,
la recherche des fruits de malefoi, ladite somme de
deux millions payable à condition et non autrement
qu'avant le premier payement Sa Majesté enverra
une déclaration portant suppression de tous ces édits
et arrêts, et que, dans le moment qu'on en rétablira
quelques-uns, le trésorier des états cessera de
payer [1]. »

Jamais rédaction plus catégorique ne fut imaginée
pour prévenir la mauvaise foi. On peut donc comprendre la surprise indignée de la Bretagne quand elle
vit des arrêts du conseil et de simples décisions minis-
térielles mettre en vigueur la plupart des édits, malgré la délibération solennelle des états [2] et les refus de
vérification que leur opposait le parlement de Rennes.
Qu'on se figure la colère du peuple lorsqu'à tant de
prescriptions ruineuses pour les diverses classes de la

1. Registre des états de Vitré, 20 décembre 1673.
2. Les états considéraient si bien l'impôt du papier timbré,
par exemple, comme illégal et comme abrogé, qu'ils prescri-
virent, avant de se séparer, à leur procureur-syndic de rédiger leurs procès-verbaux et généralement tous les écrits relatifs à l'administration de la province *sur papier commun et
non timbré*. — Registre des états de Vitré, 30 décembre 1673.

société vint se joindre, comme une insulte à l'assemblée à peine séparée, l'impôt nouveau qui assujettissait à la marque toute la vaisselle-d'étain[1], et quand les traitants commencèrent la perception des droits sur le papier timbré et sur le tabac! La culture de cette plante, libre jusqu'alors, se trouva tout à coup restreinte à quelques localités; la vente en fut abandonnée pour une somme annuelle de 500,000 livres à des fermiers qui en rehaussèrent immédiatement le prix, au désespoir de la population rurale, pour laquelle le tabac était devenu un besoin impérieux. L'émotion publique s'accrut chaque jour par l'effet des mesures prises pour assurer la sécurité de la perception.

A Rennes commença le mouvement qui, dans les premiers mois de 1675, s'étendit par toute la péninsule. Les marchands de tabac et ceux de vaisselle d'étain, obligés d'élever des prix dont le maintien aurait amené leur ruine, rencontrant dans le peuple des dispositions fort menaçantes, s'adressèrent au premier président du parlement, qui avait fait aux édits une opposition constante. Alarmé d'une agitation depuis longtemps prévue et annoncée, M. d'Argouges promit d'écrire à la cour pour exposer l'état des choses, en exprimant l'espoir que les vœux de la population ne tarderaient pas à être exaucés. Soit que la réponse du premier président fût équivoque, soit qu'on affectât de la croire telle, ses paroles furent interprétées

3. Édit du 19 février 1674.

comme une promesse faite au nom du gouvernement
de rétablir les choses et les prix sur l'ancien pied.
La foule, excitée par cette espérance, se rua donc sur
les bureaux institués pour le débit du tabac, la vente
du papier timbré et le poinçonnage de la vaisselle
d'étain. Durant cette attaque, deux hommes furent
tués par les préposés du timbre, et leur mort exaspéra
la multitude qui, se portant au domicile des *maltôtiers*, brûla les registres et finit par envahir leurs maisons et par les saccager. Ces violences imprimèrent
bientôt à l'émeute un caractère plus redoutable, et les
hôtels de tous les capitalistes auxquels on supposait
quelque intérêt dans les fermes furent menacés de pillage et d'incendie : situation d'autant plus grave
qu'aucune autorité, hors celle du parlement, ne se
rencontrait alors à Rennes. Le gouverneur de la province était à Versailles; M. de Lavardin, lieutenant
général de la Haute-Bretagne, était à Nantes, où les
appréhensions n'étaient pas moins vives; enfin le
marquis de Coëtlogon, gouverneur de la ville, se trouvant absent, avait délégué ses pouvoirs à son fils,
jeune homme plein de courage, mais dénué de toute
influence personnelle.

Les moyens de défense militaire étaient nuls, l'un
des plus chers priviléges de la ville de Rennes étant
de ne pas recevoir de garnison, et le service de sûreté
se trouvant confié aux compagnies bourgeoises, qui
portaient le nom de *cinquantaines*. Ce fut à la bourgeoisie organisée, ce fut surtout à la noblesse, tou-

jours armée et toujours prête à combattre, que le jeune
gouverneur en survivance dut adresser un chaleureux
appel. L'une et l'autre y répondirent avec un dévouement égal. Au moment où l'émeute menaçait de se
porter aux dernières extrémités, quelques compagnies
de milice soutenues par de nombreux gentilshommes
engagèrent contre elle une lutte assez meurtrière,
mais où elles ne tardèrent pas à demeurer victorieuses.
L'insurrection une fois refoulée dans les faubourgs,
les portes de la ville furent fermées, et l'ordre parut
une première fois rétabli. Mais les troubles recommencèrent promptement, et la sédition, associant aux
griefs populaires d'invincibles antipathies religieuses,
se jeta, aux abords de la ville, sur le temple consacré
au culte protestant, auquel appartenaient plusieurs
employés des fermes [1]. L'édifice fut brûlé avant l'arrivée de deux cents gentilshommes accourus l'épée
à la main pour écarter les incendiaires. Ce fut à la
lueur des flammes que le marquis de Lavardin, parti
de Nantes au premier bruit des événements, entra
dans Rennes et prit jusqu'au retour du duc de Chaulnes

---

1. Il résulte des registres secrets du parlement que cette
cour, de tout temps fort opposée aux jésuites, fit les plus
grands efforts afin d'impliquer dans l'incendie du temple protestant les élèves du collége que cette compagnie possédait à
Rennes. Des poursuites furent commencées contre un élève
de cinquième, âgé de treize ans, et durent être abandonnées
faute de charges suffisantes. — *Registres secrets*, année 1675,
27 avril, t. III.

la direction des mesures défensives. Le gouverneur ne
tarda pas à le joindre.

Après la clôture comme pendant la durée des états,
M. le duc de Chaulnes avait fait près du contrôleur
général, pour obtenir ou le rapport ou la modification
des édits, des efforts dont sa correspondance constate
la persistance et l'inutilité. Sans croire que M. de
Chaulnes ait jamais inspiré l'*adoration* que Saint-Simon attribue à la Bretagne pour son gouverneur, il y
a tout lieu de penser que, jusqu'à la crise de 1675, il
n'y comptait pas d'ennemis. Il y avait déployé la sagacité d'un esprit mûri par les grandes affaires diplo-
matiques et cette magnificence tant célébrée par Saint-
Simon et par madame de Sévigné, magnificence que
rendaient d'ailleurs facile les immenses profits de son
gouvernement durant la guerre maritime[1]. Si l'ami
de madame de Sévigné fut plus tard considéré par
toute la population bretonne comme un ennemi public, ce qu'ignora toujours Saint-Simon, qui prenait
ses renseignements à Versailles, ce changement
s'explique par l'exaspération que provoquèrent chez
M. de Chaulnes les insultes populaires, tristes conséquences de la répression dont il fut l'instrument. Les
rigueurs impitoyables exercées par un homme naturellement modéré furent la suite de la funeste condi-

---

1. Dangeau, je ne sais trop sur quel fondement, porte à
900,000 livres la part du duc de Chaulnes dans la valeur des
prises, telle qu'elle était déterminée par les droits de l'amirauté en Bretagne.

tion imposée aux agents de tous les pouvoirs absolus, accoutumés à mesurer le zèle de leurs serviteurs à la promptitude avec laquelle ceux-ci sont obéis.

Arrivé le 2 mai 1675 à Rennes, où il fixa depuis cette époque sa résidence, le gouverneur de la province fut accueilli avec empressement par toute la bourgeoisie, car, si celle-ci se montrait fort opposée aux édits, elle était aussi fort alarmée des conséquences d'une insurrection toute prête à renaître. Reçu le lendemain à l'hôtel de ville avec les honneurs d'usage, M. de Chaulnes se montra d'autant plus résolu à faire strictement exécuter les ordres du roi, qu'il avait à faire oublier aux ministres ses efforts récents pour en obtenir le retrait. Rien n'était en effet plus dangereux pour un courtisan de profession que d'avoir eu raison contre un gouvernement qui ne doutait pas plus de sa sagesse que de son droit; mais pendant que le gouverneur se préparait à rétablir les bureaux saccagés, les nouvelles les plus sinistres lui arrivaient de tous les points de la province.

L'émeute venait d'obtenir à Nantes une sorte de victoire d'un effet périlleux. La femme d'un menuisier, dont les cris avaient attroupé le peuple, fut arrêtée par la garde du gouverneur de la ville, et son emprisonnement mit sur pied toute la populace des faubourgs. La mise en liberté de *la Veillone* fut réclamée avec des menaces terribles, et la fureur des insurgés devint tellement aveugle, que M. de la Beaume, évêque de Nantes, s'étant jeté au milieu d'eux dans la vaine es-

pérance de les calmer, leur première pensée fut de
sauver la vie de la prisonnière en menaçant celle du
courageux pasteur. Le peuple l'enferma dans une
église en faisant savoir au baron de Molac, gouverneur de la ville, que la vie de l'évêque dépendrait du
sort réservé à la Veillone, et qu'il serait pendu, si elle
l'était elle-même. Il est douteux qu'une population
profondément religieuse se fût jamais résolue à accomplir cette menace; cependant le péril du prélat
parut assez grave pour que M. de Molac se décidât à
délivrer la Veillone en faisant porter au peuple par
cette femme des paroles de concilation qui furent accueillies aux cris de *Vive le roi sans édits!* La nouvelle de ces événements arrivait à Versailles au moment où l'on apprenait que l'insurrection de Guienne
avait contraint le parlement de Bordeaux de pactiser
avec elle en infligeant à la royauté l'échec le plus grave
qu'elle eût essuyé depuis la Fronde. Aussi la conduite
de M. de Molac provoqua-t-elle à la cour la plus vive
indignation. Suspendu de ses fonctions, il dut en remettre immédiatement l'exercice au marquis de Lavardin, envoyé par le duc de Chaulnes à Nantes avec
quelques troupes pour y présider à la punition des
coupables et rendre à l'autorité dans cette grande ville
le prestige qu'elle avait perdu.

Cependant le feu de la révolte gagnait toutes les
parties de la Bretagne. A Lamballe, à Vannes, à Montfort, la sédition éclatait simultanément, et les paysans
refusaient d'acquitter toute espèce d'impôt. Une bande

d'employés du tabac était massacrée près de Dinan, dans la forêt de la Hunaudaye. A Guingamp, les bourgeois, placés entre la crainte que leur inspiraient les émeutiers et la terreur non moins vive causée par la prochaine arrivée des troupes, attaquaient bravement l'émeute, et faisaient pendre par voie de justice sommaire trois des prisonniers les plus compromis, afin de ne laisser ni au grand prévôt ni à M. le duc de Chaulnes aucun motif pour venir les visiter, précaution qui n'empêcha pas cette malheureuse communauté d'avoir à héberger le gouverneur, sa suite, ses juges et ses garnisaires.

Les choses allaient plus mal encore dans la Basse-Bretagne, ruinée l'année précédente par une mauvaise récolte, et dont les populations rurales avaient passé plus d'une fois, dans des crises semblables, de leur apathie habituelle à la fiévreuse ivresse du carnage. Dans le duché de Rohan et la principauté de Léon, les paysans firent main basse sur tous les magasins de tabac et de papier timbré, et ne tardèrent pas à refuser l'acquittement de toutes les taxes. A Landerneau, des établissements industriels considérables furent anéantis sur le seul soupçon d'appartenir à des traitants intéressés dans les fournitures du port de Brest; mais les révoltés du Léon furent bientôt dépassés par ceux de la Cornouaille. M. de Langeron, plus connu sous le nom de marquis de Lacoste, lieutenant général pour le roi dans les quatre évéchés de la Basse-Bretagne, se porta successivement à Carhaix et à Châteaulin, où les pay-

sans parcouraient les campagnes. Les *rustiques* s'é-
taient armés des vieux mousquets de la Ligue et brû-
laient les châteaux abandonnés par les gentilshommes,
contraints de se rendre, sur l'ordre du gouverneur,
au point de concentration assigné dans chaque ressort au ban de la noblesse. A Châteaulin , M. de
Lacoste, qui avait réuni en toute hâte à cette troupe
de gentilshommes les faibles contingents fournis par
les garnisons du littoral, trouva devant lui une multitude exaspérée qui paraissait obéir à une impulsion
donnée par le notaire d'une paroisse voisine. Une véritable bataille s'engagea aux abords et jusque dans
les rues de cette petite ville. Le lieutenant général de
la Basse-Bretagne y fut blessé grièvement, et, si l'absence de documents interdit d'apprécier l'importance
de ce conflit, il résulte des faits connus que durant
trois mois la Cornouaille demeura au pouvoir de l'insurrection [1]. Le marquis de Lacoste se fit transporter
à Brest afin d'y trouver les soins exigés par ses blessures, et peut-être aussi pour y veiller lui-même à la
sûreté de cette ville, bloquée et un moment menacée.
L'éloignement forcé de ce personnage fut un vrai
malheur pour cette contrée. Jouissant de l'estime générale que lui avaient assurée des qualités élevées et
modestes, M. de Lacoste semblait appelé à exercer le

---

1. Voir aux tomes VI et VII de la *Revue de Bretagne* les importants travaux de M. de La Borderie sur cette insurrection,
dont il a été le premier et dont il est demeuré jusqu'ici le seul
historien.

rôle de médiateur entre les gentilshommes, obligés par honneur de marcher sous ses ordres, et les paysans, qui, furieux de se voir combattus par leurs chefs naturels, les pendaient sans miséricorde. Il aurait certainement préservé le pays des vengeances atroces dont l'arrivée du gouverneur fut le signal, et qui, si le détail en était mieux connu, fourniraient une des pages les plus sombres de notre histoire.

Tandis que ces choses se passaient en Basse-Bretagne, ni M. ni madame de Chaulnes n'étaient à Rennes sur un lit de roses, car l'émeute y renaissait mille fois plus insolente qu'à ses débuts. Les nombreux gentilshommes qui jusqu'alors avaient entouré le gouverneur venaient de quitter Rennes sur le bruit des événements, pour veiller à la sûreté de leurs propriétés et de leurs familles. Dans cet isolement périlleux, le duc de Chaulnes agit comme tout autre aurait fait probablement à sa place. Il appela de Nantes quelques compagnies du régiment de la Couronne, force très-insuffisante, mais la seule dont il pût alors disposer. Ces compagnies entrèrent à Rennes tambour battant, mèche allumée, et se dirigèrent vers l'hôtel de ville, soit sur l'ordre du gouverneur, soit par une inspiration spontanée, car les lettres du duc de Chaulnes laissent quelque doute sur ce point. Le corps de garde de cet hôtel était occupé par la milice bourgeoise depuis le commencement des troubles, et celle-ci considéra comme une insulte l'injonction qui lui fut faite de l'évacuer. La bourgeoisie craignait l'émeute; mais

elle avait vu avec une humiliation qui chez elle faisait
taire jusqu'à la crainte quelques centaines de soldats
s'établir dans une ville à laquelle appartenait le privilège de ne pas recevoir de garnison; or le privilège
n'était pas alors moins sacré pour chacune des classes
de la société française que n'est aujourd'hui pour
nous le droit commun. C'est là une manière de sentir
dont nous ne saurions désormais nous faire aucune
idée, mais qui tenait à l'essence même de cette vieille
organisation dont elle constituait la force et l'honneur.

L'antipathie des bourgeois pour les soldats dominant donc pour ce jour-là la crainte que leur avaient
antérieurement inspirée les émeutiers, les cinquante-
niers affluèrent en armes à l'hôtel de ville, et les militaires, sur un ordre du gouverneur, s'empressèrent,
afin d'éviter un conflit, d'évacuer le corps de garde
pour s'établir dans les dépendances de l'ancien manoir épiscopal, résidence de M. le duc de Chaulnes.
Le lendemain, les marchands serraient la main des
faubouriens qui leur avaient fait si grand'peur la
veille. Ils s'emparèrent en commun de toutes les
portes, et rompirent les chaînes des ponts-levis, afin
qu'on ne pût empêcher les habitants de la banlieue
d'entrer en ville pour venir leur prêter au besoin main-
forte contre la garnison. Il semblait que celle-ci fût
devenue tout à coup le seul ennemi public. En présence d'une évolution aussi soudaine de l'opinion,
ayant d'ailleurs à compter avec le parlement, qui,

tout en sévissant contre les perturbateurs[1], maintenait résolûment son opposition aux mesures qui avaient provoqué l'agitation, M. de Chaulnes comprit que mieux valait encore pour sa fortune politique une grande humiliation personnelle qu'un conflit duquel l'autorité royale courrait risque de sortir vaincue. Il se résigna donc, la honte et la douleur dans l'âme, à faire repartir les troupes qu'il avait lui-même appelées; malheureusement il perdit le bénéfice de cette concession, et parut reculer devant l'émeute, quoiqu'il fût d'une rare intrépidité. Avant qu'il eût pu donner des ordres pour le départ des troupes, tous les abords de son hôtel avaient été envahis par la foule, et lorsque le duc se présenta au balcon afin de haranguer la multitude, il fut assailli par une grêle de pierres et par un torrent de qualifications injurieuses entre lesquelles la plus douce, si l'on en croit madame de Sévigné, était celle de *gros cochon*[2].

Deux jours après leur entrée menaçante, les trois malheureuses compagnies furent donc obligées de déguerpir de grand matin, protégées contre la populace par une nombreuse escorte de la milice bourgeoise. Celle-ci s'empara de toutes les portes et eut la ville à

1. Un arrêt du 10 juin 1675 interdisait sous peine de mort tout attroupement, ordonnait des poursuites contre tous les perturbateurs du repos public, et spécialement contre les malveillants qui répandaient de faux bruits, tels que celui du prochain établissement de la gabelle en Bretagne. — *Registres secrets du parlement*, année 1675, t. II et III.

2 Lettre du 19 juin 1675.

sa merci. Le gouverneur, ne pouvant attendre aucun renfort de troupes régulières tant que l'armée française serait occupée sur le Rhin, prit le parti de patienter jusqu'à la fin de la campagne, en calmant par une politique temporisatrice une situation qu'il n'était pas assez fort pour dominer.

Il se rapprocha du parlement, conclut un arrangement secret avec les fermiers du tabac pour la suspension de leurs opérations jusqu'à la prochaine tenue des états, et s'aventura même à promettre, sans aucune sorte d'autorisation ministérielle, comme le constate sa correspondance, la réunion à Dinan de ces états, attendus par tous comme la dernière espérance de la province. Le duc de Chaulnes avait à la session précédente si bien réussi à compromettre la noblesse en séparant ses intérêts de ceux des autres ordres, qu'il ne considérait pas comme impossible d'obtenir par le concours de la majorité des gentilshommes une sorte de sanction légale des édits. Ce fut donc de très-bonne foi qu'il travailla près du contrôleur général et de M. de Pomponne, chargé des affaires de la province, à provoquer la réunion des états, à laquelle Louis XIV répugnait singulièrement, et l'on verra qu'en ceci son esprit politique servit très-bien le gouverneur, qui ne fut pas trompé dans son espérance.

Cependant la position de M. de Chaulnes était devenue intolérable dans une ville unanime, ainsi qu'il le reconnaît lui-même dans toutes ses dépêches, pour détester la politique dont il se trouvait être l'instrument

fatal. Lorsqu'il parcourait les rues de Rennes, l'insulte
s'y dressait pour lui sous toutes les formes. Il n'avait
pas seulement à se défendre contre ce que madame de
Sévigné appelle la *colique pierreuse,* la sûreté et l'honneur de sa famille étaient tous les jours compromis.
Les lettres de la marquise ne nous ont initiés qu'à la
plus faible partie de ces tribulations quotidiennes. La
mère de madame de Grignan n'arriva aux Rochers qu'au
mois d'octobre, et ne put apprendre à Paris que par
ouï-dire les premiers actes du drame qu'elle exposait à
sa fille. Si madame de Sévigné assista à la péripétie la
plus terrible, celle de la répression, elle ignora une
foule d'épisodes conservés par la tradition locale, et
dont son amitié pour le gouverneur de la Bretagne ne
l'aurait pas empêchée d'amuser les loisirs de la gouvernante de Provence, heureuse de ne pas connaître
d'expérience *comment on détestait un gouverneur.*

Un jour, pour ne citer qu'un fait, la duchesse de
Chaulnes parcourait le faubourg de la rue Haute,
rasée trois mois plus tard en souvenir de cette mé-
saventure. Son carrosse est bientôt entouré d'une
foule compacte du milieu de laquelle se détachent
quelques femmes au geste patelin et au sourire équivoque. « Madame, voudriez-vous bien consentir à
nommer un enfant? — Très-volontiers, » reprend la
gouvernante, heureuse de ce retour inattendu de popularité. Elle ouvre avec empressement la portière
pour aller voir le nourrisson. A l'instant, une main
vigoureuse lui lance à la tête la charogne d'un chat

pourri, et les applaudissements de la foule révèlent à la duchesse que tel est le filleul qu'on lui destine. Son cocher, alarmé, met ses chevaux au galop, et un coup de fusil vient briser l'épaule du page de madame de Chaulnes, laquelle dut certainement éprouver cette fois toutes les terreurs décrites par madame de Sévigné, et se croire appelée *à être mise en pièces* [1].

Cependant, sous le coup des mauvaises nouvelles qui survenaient de toutes parts, le duc de Chaulnes prit la résolution de se rapprocher de la Basse-Bretagne, car ce pays échappait de plus en plus à l'action de l'autorité royale. Il quitta Rennes au mois de juillet, y laissant madame de Chaulnes à peu près prisonnière, et s'en remettant du soin de maintenir l'ordre à la milice bourgeoise, laquelle fit une sorte de pacte avec les émeutiers pour le maintien de la sécurité publique.

Afin de commencer ses opérations à coup sûr, le gouverneur alla s'enfermer dans Port-Louis, attendant derrière les fortifications de cette place les nombreux renforts qui ne lui arrivèrent qu'en septembre. De ce quartier général, le duc de Chaulnes convoqua le ban et l'arrière-ban de la noblesse en des termes si pressants qu'un gentilhomme ne pouvait, sans forfaire à l'honneur, manquer d'obéir aux ordres qu'il recevait au nom du roi. Tous coururent aux armes, et la noblesse devint ainsi le noyau même, et durant plus de deux mois, l'instrument unique de la répres-

1. Lettres des 24 et 29 juillet 1675.

sion. Déjà compromise l'année précédente par le retrait opéré à son profit des édits sur le domaine et la
justice seigneuriale, elle se trouva directement engagée, jusqu'à l'arrivée des troupes de ligne, contre les
populations rurales, circonstance qui concourut à imprimer à la révolte le caractère anti-aristocratique signalé dans tout le cours de la correspondance du
gouverneur.

C'est d'ailleurs avec une grande réserve qu'il convient d'accepter sur ce point-là les assertions de
M. de Chaulnes, courtisan habile et fonctionnaire
assoupli. Le gouverneur de Bretagne faisait des
efforts très-peu généreux pour rejeter sur l'impopularité des nobles l'insurrection des campagnes, manifestement provoquée par l'excès des charges publiques. Il espérait, en attribuant la révolte à ce motif,
écarter de l'esprit du roi la périlleuse pensée que des
populations soumises à son gouvernement chance-
laient dans leur obéissance. Il prit donc le plus grand
soin pour établir que la cause principale des troubles
se rencontrait dans les prétendus sévices exercés par
la noblesse envers ses vassaux, compromettant vis-à-
vis des populations les nobles dont il faisait ses auxiliaires, et profitant de cette compromission afin de les
calomnier près du pouvoir. Les affirmations qui remplissent la correspondance échangée entre le duc de
Chaulnes et Colbert, du mois de février au mois d'octobre 1675, sont, malgré une grande habileté de rédaction, plus spécieuses que fondées. Ce que le peu-

ple armoricain poursuivait d'une haine implacable, c'étaient les *maltôtiers*, c'étaient surtout les gens des fermes, pour la plupart étrangers au pays, où ils re-présentaient le régime fiscal dont ces malheureux sentaient de plus en plus les étreintes [1]. Ce peuple ne tarda pas cependant, il faut bien le reconnaître, à pas-ser de la haine des bourgeois enrichis à la haine des gentilshommes, et rien n'était plus naturel, puisque la fatalité des circonstances avait partout transformé ces derniers en auxiliaires d'un pouvoir universelle-ment abhorré.

Dans le duché de Rohan, une bande de deux mille *rustiques*, s'emparait de Pontivy, où elle brûlait le bu-reau du timbre et la maison d'un fermier des devoirs; dans le comté de Poher, dont la ville de Carhaix était le chef-lieu, les paysans saccagèrent les châteaux, tous désertés par les propriétaires. Le Kergoat, grande demeure fortifiée, fut pris après une sorte de siége en règle et livré aux flammes avec un somptueux mobi-lier, dont les vingt communes voisines se virent condam-nées l'année suivante à payer la valeur, fixée à la somme de 64,000 livres. Ces violences étaient encore dépas-sées sur le littoral de la Cornouaille, ancien théâtre des

---

1. « Ce qu'il y a de pire en ceci, c'est qu'il suffit à présent d'appeler un de ses ennemis particuliers *maltôtier* pour le faire assommer à l'instant par le peuple. » Lettre de M. de Gué-madeuc, évêque de Saint-Malo, à Colbert, du 23 juillet. C'est le prélat obséquieux et léger, si justement qualifié par ma-dame de Sévigné du nom de *linotte mitrée*.

dévastations de Fontenelle, qu'ensanglantait alors une
démagogie sauvage. Sur les rochers de Penmarch,
dans cette contrée où une industrie homicide ajoutait
si souvent aux périls des vents et des flots, l'imagination populaire s'était complu à tracer le programme
d'une société idéale telle que ce peuple enfant la pouvait rêver. Dans le *code paysan*, dont M. de Chaulnes
se hâta d'envoyer une copie à Versailles à l'appui de
ses assertions outrageantes pour la noblesse bretonne,
les aspirations du communisme moderne se mêlent à
des idées découlant d'une source toute différente.
C'est une étrange mixture de naïveté et de convoitise,
un plan de guerre contre les nobles, dont la principale
disposition consiste à épouser leurs filles afin d'être
anobli par elles [1].

1. La copie du *code paysan* adressée à Colbert ne se trouve
pas dans les anciens *volumes verts* de la bibliothèque impériale;
mais par l'intervention de M. Gaultier du Mottay, M. de La
Borderie a pu en obtenir une autre, et je reproduis ici textuellement ce curieux spécimen des égarements de l'esprit humain
chez un peuple honnête.

*Copie du règlement fait par les habitants des quatorze pa-
roisses unies du pays armorique, situé depuis Douarnenez jusqu'à Concarneau, pour être observé inviolablement entre eux
jusqu'à la Saint-Michel prochaine, sous peine de* TORRÉBEN
(traduisez : casse-tête).

1. Que lesdites quatorze paroisses, unies ensemble pour la
liberté de la province, députeront six des plus notables de
leurs paroisses aux états prochains pour déduire les raisons
de leur soulèvement, lesquels seront défrayés aux dépens de
leurs communautés, qui leur fourniront à chacun un bonnet

Si les greffes des présidiaux et des justices seigneuriales avaient conservé les minutes des jugements rendus par le grand prévôt après la répression de l'insurrection en Cornouaille, ou plutôt si M. de La
Pinelaye et M. de la Perrine, son lieutenant, avaient

bleu et une camisole rouge, un haut-de-chausses bleu, avec
la veste et l'équipage convenable à leurs qualités.

2. Qu'ils (les habitants des quatorze paroisses unies) met-
tront les armes bas et cesseront tout acte d'hostilité jusques
audit temps (de la Saint-Michel 1675), par une grâce spéciale
qu'ils font aux gentilshommes, qu'ils feront sommer de retourner dans leurs maisons de campagne au plus tôt, faute de quoi
ils seront déchus de ladite grâce.

3. Que défense soit faite de sonner le tocsin et de faire assemblée d'hommes armés sans le consentement universel de
ladite union, à peine aux délinquants d'être pendus aux clo-
chers, ou passés par les armes.

4. Que les droits de champart et corvée, prétendus par lesdits gentilshommes, seront abolis comme une *violation* de la
liberté armorique.

5. Que pour confirmer la paix et la concorde entre les gentilshommes et nobles habitants desdites paroisses, il se fera des
mariages entre eux, à condition que les filles nobles choisiront
leurs maris de condition commune, qu'elles anobliront et leur
postérité, qui partagera également les biens de leurs successions.

6. *Il est défendu, à peine d'être passé par la fourche, de donner retraite à la gabelle et à ses enfants,* et de leur fournir ni à
manger ni aucune commodité; mais au contraire il est en-
joint de tirer sur elle comme sur un chien enragé.

7. Qu'il ne se lèvera, pour tout droit, que cent sols par
barrique de vin, et un écu pour celui du cru de la province,
à condition que les hôtes et cabaretiers ne pourront vendre
l'un que cinq sols, et l'autre que trois sols la pinte.

8. Que l'argent des fouages anciens sera employé pour ache-

pris la peine de rédiger leurs nombreuses sentences
de mort avant d'envoyer les condamnés à la potence,
nous aurions sur les attentats commis par les compagnons du *torrében* des détails pleins d'intérêt; mais

ter du tabac, qui sera distribué avec le pain bénit aux messes
paroissiales, pour la satisfaction des paroissiens.

9. Que les recteurs, curés et prêtres seront gagés pour le
service de leurs paroissiens, sans qu'ils puissent prétendre aucun droit de dîme, ni aucun autre salaire pour toutes leurs
fonctions curiales.

10. Que la justice sera exercée par gens capables choisis
par les nobles habitants, qui seront gagés avec leurs greffiers, sans qu'ils puissent prétendre rien des parties pour leurs
vacations, sous peine de punition, et que le papier timbré
sera en exécration à eux et à leur postérité, pour ce que tous
les actes qui ont été passés sur papier timbré seront écrits en
autre papier et seront par après brûlés pour en effacer entièrement la mémoire.

11. Que la chasse sera défendue à qui que ce soit depuis le
premier jour de mars jusqu'à la mi-septembre, et que fuies
et colombiers seront rasés, et permis de tirer sur les pigeons
en campagne.

12. Qu'il sera loisible d'aller aux moulins que l'on voudra,
et que les meuniers seront contraints de rendre la farine au
poids du blé.

13. Que la ville de Quimper et autres adjacentes seront con-
traintes par la force des armes d'approuver et ratifier le présent règlement, à peine d'être déclarées ennemies de la liberté
armorique, et les habitants punis où ils seront rencontrés;
défense de leur porter aucune denrée ni marchandise jusqu'à
ce qu'ils aient satisfait, sous peine de *torrében*.

14. Que le présent règlement sera lu et publié aux prônes
des grandes messes et par tous les carrefours et aux paroisses,
et affiché aux croix qui seront posées.

Signé TORRÉBEN *et les habitants.*

ces détails manquent absolument, et c'est à la tradition seule qu'il faut s'en rapporter. Je me trouve en
mesure, en puisant à cette source, de joindre aux faits
nombreux recueillis par M. de La Borderie un épisode qui établit l'authenticité du *code paysan* dans
l'un de ses articles les plus invraisemblables, celui
qui désigne la gabelle comme une personne vivante.

Les *bonnets bleus*[1] des quatorze paroisses liguées,
après avoir vainement tenté de pénétrer dans Quimper, ville fermée, se ruèrent sur les demeures des gentilshommes, qui de tous les points du littoral étaient
venus s'enfermer dans les murs de cette place. Un
vieillard impotent, M. Eusenou de Kersalaün, aimé
et universellement respecté jusqu'alors, mais dont les
fils combattaient dans l'armée du roi, auprès du marquis de Lacoste, était demeuré à peu près seul en son
manoir du Cosquer, situé dans la commune de Combrit, au centre même du territoire de l'*union armorique*. Aucune fortification ne protégeait cette demeure seigneuriale, dont les portes, attaquées par
une bande de *torrében*, cédèrent à peu près sans résistance. Les *torrében* pénétrèrent dans la grande
salle du château, où M. de Kersalaün attendit et reçut

---

1. Cette particularité du costume des paysans insurgés était
connue dès le mois de juillet à Paris, d'où madame de Sévigné l'indique à sa fille. « On dit qu'il y a cinq ou six cents
bonnets bleus en Basse-Bretagne qui auraient grand besoin
d'être pendus pour leur apprendre à parler. » Lettre du
3 juillet 1675.

la mort dans son fauteuil. Il y fut assommé à coups
de bâton. Après ce crime, dont la seule pensée les
aurait fait reculer d'horreur quelques semaines auparavant, ces forcenés complétèrent leur œuvre en s'en
prenant au riche mobilier, qu'ils mirent en pièces.

Ayant aperçu une grande pendule, objet dont ils
ignoraient l'usage et dont le bruit mystérieux piqua
vivement leur curiosité, ils se prirent à la contempler
avec étonnement. Bientôt l'un d'entre eux s'écria que
c'était probablement la gabelle en personne qu'ils
avaient en face d'eux. Il est à remarquer en effet que
dans cette étrange insurrection la crainte, alors générale, de voir établir l'impôt du sel en Bretagne,
quoique cette crainte ne fût pas fondée, exerça une
influence au moins égale à l'antipathie qu'inspiraient
les impôts déjà décrétés. On juge donc avec quelle
joie délirante la *prise de la gabelle* fut accueillie de
la foule. La pendule fut portée dans la cour du château, et les *torrében* se consolèrent, en la brisant, de
ne pouvoir assommer du même coup tous les croquants venus de France pour saigner à blanc le
pauvre peuple de l'Armor et s'engraisser de sa substance. Trois mois plus tard, la justice du roi avait
-passé : vingt-deux victimes étaient suspendues aux
branches des grands chênes qui ombrageaient le vieux
manoir, et de là ce terrible dicton, que sous le duc de
Chaulnes, les chênes portaient des hommes en guise
de glands. Un peu plus tard, le parlement ordonnait
la démolition de la flèche de l'église de Combrit, dont

la plate-forme dénudée atteste encore aujourd'hui la grandeur du crime et celle de la réparation [1].

On peut déjà, par cette esquisse, embrasser la phy-sionomie de cette révolte, que provoquèrent des souf-frances trop véritables, aggravées par l'appréhension de souffrances plus vives encore. Le pouvoir s'in-digne qu'on lui parle de droit lorsqu'il demande de l'argent, n'admettant pas d'ailleurs l'existence d'un droit en dehors du sien. La noblesse, engagée par fidélité monarchique dans la résistance au mouve-ment national, exècre d'autant plus les édits qu'ils lui ont créé une situation plus délicate; la bourgeoi-sie a grand'peur des émeutiers, mais plus grand'peur des soldats; elle n'a pas encore appris à sacrifier sans murmure ses droits à ses terreurs, et regarde en face un gouverneur de province de l'œil dont elle n'ose aujourd'hui regarder un préfet. Le peuple enfin, le peuple des campagnes bretonnantes surtout, se prend pour la première fois depuis l'union à haïr le gouvernement; il en arrive à croire que sa misère alimente le luxe insolent des fonctionnaires que la France lui envoie. Séparé de celle-ci par la double barrière de la langue et de l'histoire, ce peuple n'est touché ni des triomphes ni des magnificences du

1. Cet événement, connu de M. Boucherat, fut probable-ment raconté par lui à madame de Sévigné. De là sans doute l'histoire de la pendule que les paysans prirent pour la ga-belle, jusqu'à ce que le curé leur eût persuadé que c'était le jubilé.

grand règne, et peut-être , de lointains échos ont-ils fait arriver jusqu'à lui le bruit des grands scandales et des grandes prodigalités. La seule chose qu'il sache de cette fière royauté devant laquelle s'incline l'Europe, c'est que *la bourse du roi de France est profonde comme la mer, et comme l'enfer toujours béante*[1].

1. Je n'hésite pas à donner ici, malgré son étendue, le chant connu sous le nom de *la Ronde du papier timbré*, l'une des inspirations les plus originales du génie poétique de la Bretagne :

« Quelle nouvelle en Bretagne?... Que de bruit! que de fumée! — Le cheval du roi, quoique boiteux, vient d'être ferré de neuf; — Il va porter en Basse-Bretagne le papier timbré et. les scellés; — Le roi de France a six capitaines, bons gentilshommes, gens de grande noblesse ; — Le roi de France a six capitaines pour monter sa haquenée. Deux sont en selle, deux sur le cou, les deux autres sur le bout de la croupe. — Légère armée qu'a le roi de France! — Dans notre balance, elle ne pèsera pas cent livres! — Le premier porte le pavillon et la fleur de lis du poltron ; — Le second tient une épée rouillée qui ne fera grand mal à personne; — Le troisième a des éperons de paille pour égratigner la sale bête; — Le quatrième porte deux plumes, l'une sur son chapeau de capitaine ; — L'une sur son chapeau de capitaine et l'autre derrière l'oreille. — Avec le cinquième viennent les herbes de malheur : le papier timbré, la bourse vide, — La bourse du roi, profonde comme la mer, comme l'enfer toujours béante! — Enfin le dernier tient la queue et conduit le cheval en poste. — Quel équipage a le roi! quelle noblesse! quelle armée ! — Or, à leur première arrivée, avec leur timbre, en ce pays, — Ils étaient vêtus de haillons et maigres comme des feuilles sèches; — Nez longs, grands yeux, joues pâles et décharnées ; — Leurs jambes étaient des bâtons de barrières, et leurs genoux des

Tandis que les *bonnets bleus* parcouraient le diocèse de Quimper, et que les *bonnets rouges* agissaient
de même dans ceux de Léon et de Tréguier, le duc de
Chaulnes ne sortait de Port-Louis que pour des excursions rapides. En septembre arrivèrent enfin les
premiers renforts, faute desquels il n'avait pu jusqu'alors rien entreprendre de décisif. Ce corps, fort
de six mille hommes, pénétra par Nantes en Bretagne ;
mais avant l'arrivée des troupes le gouverneur avait
reçu des auxiliaires sur lesquels il n'avait point compté,
et leur intervention inattendue forme un touchant
épisode dans ce drame sinistre.

Les dévouements religieux n'ont jamais manqué
au sol armoricain. Au milieu de ces personnages,
deux figures se font surtout remarquer : M. Lenobletz

---

nœuds de fagots ; — Mais ils ne furent pas longtemps au pays
qu'ils ne changèrent, nos six messieurs ; — Habits de velours
à passementeries, bas de soie et brodés encore ! — Nos six
croquants s'étaient même acheté chacun une épée à garde
d'ivoire. — En bien peu de temps, dans nos cantons, ils
avaient changé de manière d'être. — Face arrondie, trogne
avinée, petits yeux vifs et égrillards, — Ventres larges comme
des tonneaux, voilà le portrait de nos six huissiers : — Pour les
transporter jusqu'à Rennes, on creva six chevaux de limon !
— Lors de leur arrivée première, avec leur timbre, en ce pays,
— Jean le paysan vivait aux champs tout doucement, bien
tranquille, à l'aise. — Avant qu'ils s'en retournassent chez
eux, il y avait eu du trouble dans nos quartiers ; — Il en avait
coûté à nos bourses de faire requinquer ces gaillards ! — Mes
amis, si ce n'est pas faux ce que racontent les vieillards, —
Du temps de la duchesse Anne, on ne nous traitait pas ainsi ! »

acheva, vers la fin du seizième siècle, l'œuvre d'évangélisation commencée par les Pol et les Corentin, en continuant contre une superstitieuse ignorance les combats engagés contre l'idolâtrie par les fondateurs des premières églises bretonnes. Il usa sa vie à déraeiner les restes latents du druidisme, allant de rocher en rocher et d'écueil en écueil, passant et repassant de l'île d'Ouessant dans l'île de Molènes, de Molènes dans l'île de Sein, vieux sanctuaires d'un culte dont les traces n'avaient pas plus disparu que les autels[1].

Le successeur que Lenobletz s'était choisi reçut une mission plus belle encore. Le père Maunoir pansa d'une main pieuse les profondes blessures infligées aux populations par les guerres de la Ligue et le long brigandage dont elles furent suivies. La nationalité armoricaine ne s'est pas incarnée dans un type plus élevé. Julien Maunoir est le prêtre breton par excellence. Entré fort jeune dans la compagnie de Jésus, il se préparait aux missions d'Amérique lorsqu'il se crut averti par une révélation d'avoir à consacrer l'inépuisable charité qu'il était à la veille d'aller dépenser dans les forêts du Canada aux malheureuses populations maritimes rançonnées par les brigands et surtout par ce Fontenelle dont j'ai raconté les déprédations à l'époque de la Ligue. Il fonda donc une société de prêtres missionnaires et une école originale de prédication qui, depuis deux siècles, n'a

1. *Vie de M. Lenobletz*, par le père Verjus, t. I, p. 146 et suiv.

rien perdu de sa puissance populaire et de son irrésistible efficacité. Parlant aux sens en même temps
qu'à l'âme, il traduisit en drames et en tableaux vi-
vants les plus hauts mystères de la foi, donnant à ses
enseignements religieux le caractère d'une sorte de
démonstration empirique, sans en effleurer d'ailleurs
l'austère spiritualité.

Une mission prêchée dans une paroisse bretonne
d'après la tradition du père Maunoir est, même de
nos jours, un spectacle saisissant. Ces exercices, pro-
longés quelquefois durant plusieurs semaines, font
passer en effet des populations entières par l'alternative de toutes les angoisses et de toutes les espérances
chrétiennes, selon que la foi déroule devant elles
l'horizon de ses menaces ou celui de ses promesses.
C'est avec un indescriptible étonnement que le voyageur étranger à cette nationalité singulière voit la
longue spirale des divines miséricordes et des châtiments infernaux se dérouler en une série de naïves
peintures commentées par une ardente parole que
vient interrompre le chœur des cantiques et souvent
le chœur des sanglots.

Annoncer une mission, y convier plusieurs paroisses, c'était opérer la plus puissante diversion au sein
de populations rurales sur le point de se soulever
comme par une sorte de contagion. Le père Maunoir
vit le danger qui menaçait ces malheureux, également
incapables de mesurer l'étendue de leur faute
et d'en prévoir l'expiation. Il se dévoua donc au réta-

blissement de la paix avec un zèle sans bornes, et son intervention opportune arrêta l'incendie qui menaçait de s'étendre du diocèse de Quimper à ceux de Vannes et de Saint-Brieuc. Il fit annoncer une grande mission au centre du bassin que forment les chaînes réunies des montagnes d'Arrhès et des Montagnes-Noires.

Les populations y accoururent de plusieurs lieues de distance, mais dans des dispositions assez peu rassurantes pour la paix publique, s'il est vrai, comme l'affirme le biographe du père Maunoir, qu'une foule de paysans entrèrent dans l'église les armes à la main afin d'y chercher la gabelle qu'on disait cachée dans le bagage des missionnaires[1]. Toutefois un changement rapide et merveilleux ne tarda pas à s'opérer au sein de ces populations dont la ferveur égalait la rudesse. A peine le père Maunoir eut-il prononcé quelques paroles, qu'elles comprirent tout ce qu'il y avait d'insensé dans ces bruits ridicules, et de coupable dans la crédulité avec laquelle elles les avaient accueillis. En quelques jours, le calme rentra dans ces cœurs ulcérés ; et lorsqu'à la procession finale le prêtre chargé de représenter Jésus-Christ dans les tortures de sa passion parut le roseau à la main et la couronne sanglante au front, le père Maunoir, demandant aux milliers de spectateurs qui l'entouraient s'ils étaient résolus à crucifier de nouveau le Sauveur des hommes en entretenant des pensées de révolte et

1. *Vie du R. P. Maunoir*, par le père Boschet, Paris, 1697, in-12, p. 360.

de mort, tout ce peuple tomba la face contre terre en poussant de longs cris de miséricorde.

Ayant ainsi concouru à l'apaisement de la province, Maunoir commença la plus difficile partie de sa tâche. Il se rendit au Port-Louis, afin de recommander à la clémence du gouverneur ces malheureux égarés et d'obtenir la grâce d'assister ceux que la justice du roi voudrait frapper. On soupçonnait en effet que M. de Chaulnes entendait mesurer la rigueur des châtiments à la hardiesse de la révolte, et que l'arrivée des troupes royales lui en fournirait les moyens. Au commencement de septembre, le duc porta son quartier général à Guingamp, et l'on sait, grâce à l'historien de cette ville, M. Ropartz, ce qu'il lui en coûta pour défrayer un régiment; cette carte à payer peut être mise en regard du menu, désormais historique, des troupes prussiennes à Francfort. La mort des trois rebelles accrochés à la potence par les bourgeois avant l'arrivée du gouverneur ne fut pas considérée comme une satisfaction suffisante; le grand prévôt se mit donc à l'œuvre, et une femme, témoin oculaire de ces exécutions quotidiennes, écrit que les pauvres paysans « deviennent souples comme un gant, parce qu'on en pend et qu'on en roue chaque jour une quantité[1]. » De Guingamp, M. de Chaulnes se dirigea sur Carhaix, assisté de MM. de Forbin et de Vins, deux officiers provençaux dont madame de Sévigné suïvait les

1. Lettre de madame de Carnabat du 24 septembre 1675, dans l'*Histoire de Guingamp*, t. III.

opérations militaires avec anxiété afin d'en adresser à Aix les tristes bulletins.

Dans ces landes de la Bretâgne centrale, où les paysans avaient été déjà taillés en pièces sous la Ligue, quelques milliers d'hommes osèrent, dans leur folle inexpérience, tenir tête aux soldats de Turenne et de Condé. Une décharge suffit pour couvrir la terre de cadavres, et à la rencontre du Tymeur le duc de Chaulnes triompha sans gloire, puisqu'il vainquit sans péril; mais cette facile immolation du champ de bataille n'arrêta point le cours de la justice. MM. de La Pinelaye et de La Perrine suivaient le gouverneur, et dans le vaste espace qui s'étend de Carhaix à Morlaix et des côtes du Léon à celles de la Cornouaille une forêt de potences s'éleva pour punir une population qui pouvait à trop bon droit présenter son ignorance comme une justification de sa barbarie.

Elle avait été plus crédule en effet que cruelle, et ses vertus avaient survécu à ses crimes[1]. On put s'en assurer à la manière dont elle accueillit l'expiation. Le trait vraiment caractéristique de la race armoricaine, c'est la facile résignation avec laquelle elle accepte les arrêts du sort, si rigoureux qu'ils puissent être.

---

1. Si l'insurrection de la Guienne profita aux galères de Toulon, celle de la Bretagne dota d'un large contingent les galères de Brest. Quelques années plus tard, plusieurs centaines de ces malheureux se firent remarquer par leur courage lors de la descente des Anglais à Camaret. Voyez la *Vie du père Maunoir*, p. 374.

Le paysan breton reste impassible dans la souffrance comme dans le péril : pour ce fataliste chrétien, ce qui est écrit est écrit. C'est ce trait original qu'a voulu peindre madame de Sévigné dans un passage fameux dont on a plus d'une fois abusé contre la population bretonne et contre l'illustre femme demeurée si long-temps le seul historien de ses douleurs. Arrivée en Bretagne à la fin de septembre, au moment où la roue et la corde fonctionnent en Cornouaille et vont bien-tôt commencer à Rennes leur triste office, madame de Sévigné apprend à la fois la rigueur des châtiments et la tranquillité d'âme avec laquelle ces malheureux les subissent. « Nos pauvres Bretons s'attroupent quarante, cinquante par les champs, et dès qu'ils voient les soldats, ils se jettent à genoux et disent *mea culpa;* c'est le seul mot de *français* qu'ils sa-chent, comme nos Français qui disaient qu'en Alle-magne le seul mot de latin qu'on disait à la messe, c'était *kyrie eleison.* On ne laisse pas de les pendre; ils demandent à boire, du tabac et qu'on les dépêche, et de Caron pas un mot [1]. »

Les condamnés, qui ne marchandaient pas au bour-reau une vie à laquelle la plupart d'entre eux ne te-naient guère, n'avaient à parler de Caron ni aux soldats du bailli de Forbin, ni aux exécuteurs du grand prévot. D'autres confidents étaient là pour les aider à franchir le sombre passage. Le père Maunoir

1. Lettre datée de la Seilleraye, du 24 novembre 1675.

avait obtenu du duc de Chaulnes, pour ses missionnaires et pour lui-même, l'autorisation de suivre la
justice du roi à sa trace sanglante, et les mémoires
d'après lesquels fut écrite sa vie constatent quelles
abondantes consolations il recueillit dans l'accomplissement de ce ministère. « Ces malheureux, dit son
biographe, embrassaient pour la plupart la piété avec
tant d'ardeur, qu'en les assistant à la mort les missionnaires pensaient à cette parole de David : On les tuait,
et ils retournaient à Dieu[1]. »

Ce commentaire dispense de tout autre. Madame
de Sévigné a joué de malheur pour les lettres écrites
par elle durant les troubles de la Bretagne. Si sincère
qu'y soit l'expression de sa pitié, et de quelque courageuse réprobation qu'elle y flétrisse les actes d'un vieil
ami, la liberté de ses allures a fait douter de la vérité
de son émotion, et ses larmes ont séché sous le feu
roulant de ses saillies. L'esprit est un écueil dangereux pour le cœur, et lorsqu'on sacrifie trop à l'un,
on s'expose à voir quelquefois calomnier l'autre. Le
cœur de madame de Sévigné a donc été calomnié, il
faudrait dire par sa faute, si elle avait jamais pu se
défendre contre ces sortes de tentations. On ne
saurait d'ailleurs se méprendre sur ses véritables
sentiments sitôt qu'elle se trouve en présence de ces
tristes scènes. Si réservée qu'elle se fût montrée d'a-
bord dans l'expression de son blâme, elle ne peut con-

1. *Vie du père Maunoir*, p. 343.

tenir son indignation lorsqu'elle voit le duc de
Chaulnes,. après sa rentrée à Rennes, se conduire en
pleine paix comme un conquérant des temps barbares,
et confondre sa vengeance personnelle avec l'intérêt
de la vindicte publique. Aucune considération n'arrête alors la noble femme, et sa main légère cloue au
pilori de l'histoire l'homme si étrangement présenté
par Saint-Simon comme le modèle des gouverneurs
et l'idole de ses administrés.

Dans les premiers jours d'octobre, M. de Chaulnes,
après un court séjour à Châteaulin, à Quimper et à
Morlaix, quitta la Basse-Bretagne pacifiée et punie
pour retourner à Rennes. Il marchait accompagné de
trois régiments d'infanterie, de six compagnies de
gardes-françaises, de trois compagnies de mousque-
taires de la maison du roi, auxquels il avait joint un
millier d'archers de la maréchaussée. A la tête d'une
pareille armée, le gouverneur n'avait pas à craindre
de voir les bourgeois de Rennes invoquer leurs vieux
privilèges et refuser d'admettre dans leurs murs une
garnison, ainsi qu'ils l'avaient fait cinq mois auparavant. L'appréhension d'une résistance, si invraisemblable qu'elle fût, paraît cependant avoir existé chez
M. de Chaulnes. Cette appréhension peut seule en
effet expliquer, sans les excuser, les lettres bienveil-
lantes que le gouverneur adresse pendant sa marche
à la communauté de Rennes afin de lui annoncer
son retour prochain et de lui donner l'assurance
que *la marche des troupes ne la concerne en aucune*

façon. Ici le caractère de M. de Chaulnes est fort gravement compromis, car au reproche de cruauté vient s'ajouter l'imputation d'une trame ourdie de longue main et reposant sur un mensonge.

Les deux lettres rassurantes adressées à la ville de Rennes sont en effet en contradiction formelle avec celles que le gouverneur ne cessa d'écrire aux ministres depuis le commencement de l'insurrection. Dans sa correspondance administrative, il insiste en toute occasion pour qu'il soit fait à Rennes *un exemple rigoureux, mais nécessaire,* de manière que cette ville soit mise hors d'état de s'opposer dans l'avenir à aucune des volontés du roi. Dès le 12 juin 1675, le gouverneur dénonçait à Colbert et à Pomponne le parlement de Bretagne comme le centre de toutes les résistances qui surgissaient alors dans la province contre les nouveaux impôts. « Les personnes du palais répandent chaque jour ici mille bruits contre l'autorité du roi, disant qu'il ne la faut laisser croître en la personne de ceux qui commandent, et le parlement a profité de mon absence pour faire des cabales dont on voit présentement les effets. » Dès la même époque, il n'hésite pas sur la nécessité de raser les faubourgs de Rennes, afin de s'assurer contre la mauvaise volonté des habitants, « qui sont unanimes à blâmer les mesures ordonnées par Sa Majesté. Le remède est de ruiner entièrement les faubourgs de cette ville. *Il est un peu violent;* mais c'est, dans mon sens, *l'unique.* Je n'en trouve même pas l'exécution difficile avec des troupes réglées. Il faut de nécessité s'y résoudre, et par les mesures que je prendrai à propos je ne doute pas que l'on y puisse réussir ; mais sans cela l'on ne se peut jamais assurer de cette ville. Il ne faut pas pour cela que les troupes viennent séparément, mais en même temps. Peu d'infanterie suffira. » La résolution d'appliquer ce *remède* était donc arrêtée depuis plusieurs mois dans l'esprit du duc de Chaulnes, et lorsqu'il faisait dire aux magistrats de Rennes que l'arrivée des troupes ne concernait cette ville en aucune façon, ce procédé inqualifiable ne trouvait pas même d'excuse dans l'appréhension d'une résistance dont la pensée ne pouvait venir à personne.

Ce fut le 11 octobre que le gouverneur entra dans Rennes à la tête des troupes, « l'infanterie mèche allumée des deux bouts et balle en bouche, la cavalerie avec le mousquet haut et l'épée nue à la main, M. de Chaulnes ayant à sa droite M. de Marillac, maître des requêtes et intendant de justice, envoyé pour faire le procès aux séditieux, et à sa gauche M. de Forbin, général des troupes du roi en Bretagne[1]. » Comme Rennes n'avait pas de casernes, puisque cette ville ne recevait jamais de garnison, les troupes furent logées chez l'habitant. Elles se tinrent sur le pied de guerre, continuant durant tout leur séjour, malgré une tranquillité profonde, de faire des patrouilles de jour et de nuit, et procédant à domicile au désarmement géné-

1. Journal manuscrit de M. de La Courneuve cité par M. de La Borderie.

ral, dont les seuls gentilshommes furent exceptés.
Le 16, M. de Marillac porta au palais, au milieu des cris
de désespoir d'une population ruinée, une déclaration
du roi qui transférait le parlement de Bretagne à
Vannes, où il demeura en effet quatorze ans malgré
les supplications réitérées des états de la province.
Pour les faits qui vont suivre, c'est à madame de Sévigné qu'il faut laisser la parole, car quel récit vau-
drait le sien, et quel témoignage est à la fois plus ac
cablant et moins suspect?

« M. de Chaulnes est à Rennes avec 4,000 hommes,
il a transféré le parlement à Vannes, c'est une désolation terrible. La ruine de Rennes emporte celle de la
province. Je prends part à cette tristesse et à cette
désolation. On ne croit pas que nous ayons d'états,
et si on les tient, ce sera encore pour racheter les
édits que nous achetâmes il y a deux ans, et qu'on
nous a tous redonnés. M. de Montmoron[1] s'est sauvé
ici pour ne point entendre les cris et les pleurs de
Rennes en voyant sortir son cher parlement..... »
« Voulez-vous savoir des nouvelles de Rennes? il y
a présentement 5,000 hommes, on a fait une taxe
de 100,000 écus sur les bourgeois, et si on ne trouve
pas cette somme dans les vingt-quatre heures, elle
sera doublée... M. de Chaulnes n'oublie pas toutes
les injures qu'on lui a dites, *et c'est cela qu'on va
punir...* On a chassé et banni toute une grande

1. M. de Montmoron, doyen du parlement, était d'une
branche de la maison de Sévigné.

rue, et défendu de les recueillir sous peine de mort, de sorte qu'on voit tous ces misérables, femmes accouchées, vieillards, enfants, errer en pleurs au sortir de la ville, sans savoir où aller, sans avoir de nourriture ni de quoi se coucher [1]. Avant-hier on roua un violon qui avait commencé la danse et la pillerie du papier timbré. On a pris soixante bourgeois ; on commence demain à pendre [2]. Cette province est un bel exemple pour les autres, et surtout de respecter les gouverneurs et les gouvernantes, de ne point leur dire d'injures, de ne pas jeter de pierres dans leur jardin. Enfin vous pouvez compter qu'il n'y a plus de Bretagne... » « Si vous voyiez l'horreur, la détestation, la haine qu'on a ici pour le gouverneur, vous sentiriez bien plus que vous ne faites la douceur d'être aimée et honorée. Quels affronts, quelles injures ! quelles menaces [3] ! »

Pendant que les splendeurs de Versailles fasci-

1. La rue Haute, dont les habitants furent bannis par arrêt du conseil rendu le 16 octobre, pourrait être nommée la rue du *Chat pourri*. La démolition des maisons commença quelques mois après ; mais on épargna celles que les propriétaires consentirent à racheter moyennant finance, et la moitié du faubourg seulement fut rasée, la cupidité ayant triomphé de la vengeance.

2. De ces soixante bourgeois, pris à peu près par hasard, car les principaux avaient quitté la ville avant l'arrivée des troupes, six seulement furent exécutés ; les autres furent envoyés aux galères ou bannis.

3. Lettres des Rochers des 16, 20, 30 décembre et 6 novembre 1675.

naient l'Europe, que Racine faisait soupirer Bérénice et que Bossuet enseignait les justices de Dieu à ceux qui jugent la terre, ces choses-là se passaient dans une province fidèle, demeurée seule paisible durant la faiblesse du grand roi. Madame de Sévigné, qui les expose, s'identifie si bien d'ailleurs avec les douleurs de ce malheureux pays, qu'elle accueille jusqu'aux bruits populaires les plus exagérés. Au lieu de quatre roués, elle en met dix; elle ajoute un zéro au chiffre des six pendus; elle célèbre enfin dans des termes d'une audacieuse liberté le refus qu'aurait fait le parlement de se racheter de l'exil en consentant à l'érection d'une citadelle pour dominer la ville de Rennes, et adresse un noble adieu aux magistrats courageux qui se sont éloignés *plus vite qu'on n'aurait voulu, préférant les maux aux remèdes* [1].

Cependant le duc de Chaulnes attachait trop de prix à demeurer gouverneur de Bretagne pour ne pas souhaiter, après l'ample satisfaction donnée à sa vengeance, le rétablissement dans cette province d'une situation administrative régulière. Afin de retrouver quelque point d'appui sur cette terre bouleversée, il insista vivement pour la convocation des états, et parvint à obtenir l'autorisation de les ouvrir à Dinan le 6 novembre 1675. En ceci, le duc fut bien servi par son instinct politique, car messieurs des états, accablés tour à tour par les horreurs de la révolte et par celles de

1. Lettre du 30 novembre 1675.

la répression, s'attendant d'ailleurs à n'être plus réunis, s'abandonnèrent sans réserve à la clémence royale, et ne soulevèrent les questions antérieurement agitées que dans la mesure où le soin de leur honneur le leur commandait absolument. Espérant désarmer les colères en donnant une satisfaction préalable aux intérêts, ils commencèrent par porter le don gratuit à 3 millions, puis ils versèrent sur toutes les têtes une pluie si abondante de gratifications que madame de Sévigné, qui aurait pu recueillir pour elle-même quelques gouttes de cette averse, déclarait « la folie des états parvenue au comble de toutes les petites maisons. »

Après le vote du don gratuit¹, fixé sans débat à l'ouverture de l'assemblée, le premier soin des états, tremblant pour leur propre existence, fut de répudier toute solidarité dans les troubles qui venaient de désoler la province. L'assemblée prit en conséquence, le 12 novembre, une délibération dont le but est, comme on va le voir, d'écarter de l'esprit de Louis XIV la dangereuse pensée qu'on ait pu, dans le cours des troubles, mettre un seul moment son autorité en question, les états estimant plus sûr d'implorer la clémence royale pour des voleurs que pour des mécontents. « Les gens des trois états du pays et du duché de Bretagne convoqués et assemblés par l'autorité du roi en la ville de Dinan, informés de quelques troubles, soulèvements et séditions arrivés depuis peu dans quelques villes et paroisses de cette province,

causés pour la plupart par des gens sans aveu ni
biens, emportés plutôt par un esprit de pillage que
de révolte, et dans la crainte que Sa Majesté en con-
çût quelque mauvaise impression contre le général
de la province (qui n'est jamais sorti hors du respect,
soumission, obéissance et fidélité dus à Sa Majesté),
estimant qu'il leur est de la dernière importance d'en
rendre leur témoignage à Sa Majesté par une députation prompte et solennelle, ont pour cet effet député,
de l'église, monseigneur de Saint-Malo ; de la noblesse,
monseigneur le duc de Rohan, et du tiers, M. Charette
de la Gascherie, qu'ils ont priés de partir au plus tôt
pour l'effet de ladite députation, dont ils attendront
avec beaucoup d'impatience le succès. »

Les députés en cour reçurent des instructions dont
la rédaction timide s'explique par les difficultés du
temps. Ni les droits de la province en matière d'impôts, ni les engagements pris avec elle à la dernière
tenue des états lors du rachat des édits n'y étaient
rappelés en termes formels, et l'on se bornait à ex-
primer le vœu de voir la Bretagne contribuer à l'avenir aux charges publiques par des impôts d'une perception moins difficile que ceux du tabac, de l'étain,
du papier timbré et des saisies immobilières. Le point
sur lequel insista l'assemblée avec le plus d'énergie fut
le rappel du parlement dans la ville de Rennes. L'éloignement de cette compagnie était en effet pour le pays
tout entier une cause de désolation et de ruine, « les
devoirs ayant déjà diminué de plus de 300,000 livres

par suite de son transfert à Vannes. » L'assemblée
crut devoir garder d'ailleurs un silence complet sur
les exactions comme sur les châtiments infligés non
pas seulement aux coupables juridiquement convaincus, mais à la généralité de la province. Elle prit en
ces circonstances critiques l'attitude qui convenait à
sa fortune. Si ce ne fut pas de l'héroïsme, ce fut de la
prudence, car rien n'aurait été plus facile à Louis XIV,
irrité et tout-puissant, que de supprimer les états de
Bretagne pour placer cette province sous le régime
ordinaire des généralités, ainsi qu'il l'avait déjà fait
pour la Normandie. L'attitude réservée des trois ordres
sauva en 1675 les libertés bretonnes, qui, jusqu'à
la fin du règne, s'éclipsèrent sans périr.

Après le départ de la députation, la tenue des états
se prolongea durant un mois. On peut inférer du silence gardé par les procès-verbaux, ou que les députés ne virent pas Louis XIV, ou que la réponse royale
ne parut pas de nature à être communiquée à l'assemblée. Le seul témoignage officiel de la pensée du
gouvernement résulte des annotations placées selon
l'usage en marge du cahier des remontrances, lorsque
le roi répondit à ce cahier [1]. Ces annotations portent,
en ce qui concerne les impôts, que « Sa Majesté a
déjà fait connaître ses intentions sur cette matière, »
et pour ce qui se rapporte au séjour du parlement à
Vannes, que « le roi statuera sur cet article conformément à l'intérêt de son service. »

1. Cette réponse est datée de Condé le 10 mai 1676.

Aucun déboire ne fut épargné aux états durant cette tenue de Dinan. Tandis qu'ils prodiguaient à la couronne les témoignages de là plus respectueuse soumission, le châtiment infligé à la province revêtait des formes de plus en plus insultantes. Ce n'était pas d'ailleurs au duc de Chaulnes, rentré par instinct comme par calcul dans son caractère modéré, que ce redoublement de rigueur pouvait alors être imputé. Il était du fait de M. de Louvois, qui avait trouvé commode de faire nourrir à discrétion durant l'hiver, par une province réputée rebelle, un nouveau corps de dix mille hommes dont il n'aurait besoin sur le Rhin qu'au printemps.

Ces soudards, s'installant sur le pied de guerre, vinrent au commencement de décembre s'abattre comme une volée de sauterelles sur la Bretagne, « s'établissant, ma foi, comme en pays de conquête, dit madame de Sévigné, malgré notre beau mariage avec Charles VIII et Louis XII... Il y a ici dix à douze mille hommes qui vivent comme s'ils étaient encore au delà du Rhin ; nous sommes tous ruinés, mais nous goûtons l'unique bien des cœurs infortunés, nous ne sommes pas seuls misérables ; on dit qu'on est encore pis en Guienne [1]. » Chaque courrier porte en Provence des bulletins dont les témoignages contemporains ont confirmé l'exactitude, si monstrueux et si invraisemblables que soient pour nous de pareils faits. Ici ce sont les soldats qui

---

1. 22 décembre 1675, 5 janvier 1676.

'« menacent d'égorger tout le monde, et ils le feraient comme ils le disent, n'était M. de Pommereu. » Là ils enfoncent les portes pour voler,. menacent d'incendier les maisons et finissent par « mettre un petit enfant à la broche. » Quelquefois c'est madame de Sévigné qui frissonne aux Rochers en apprenant la présence de ces bons sujets dans les environs ; un autre jour, c'est la gouvernante de Bretagne elle-même qui n'ose se rendre de Rennes à Vitré, « de peur d'être volée par les soldats qui sont sur les chemins ! »

Ce n'est point par légèreté, c'est encore moins par malveillance que madame de Sévigné s'exprime ainsi, car elle est l'amie de M. de Chaulnes et dit un bien infini de M. de Pommereu, « le plus honnête homme et le plus bel esprit de la robe. » Les écrits contemporains de MM. de La Courneuve, du Chemin, de La Monneraye et Morel, dépouillés par M. de La Borderie, ne laissent aucun doute sur l'exactitude de ces récits, dont les plus odieuses circonstances viennent se résumer dans les lignes suivantes écrites par un bourgeois de Rennes, témoin oculaire des événements : « Plusieurs habitants de cette ville et faubourgs de Rennes ont été battus par des soldats qui s'étaient logés chez eux, et tous les soldats ont tellement vexé les habitants qu'ils ont jeté plusieurs de leurs hôtes et hôtesses par les fenêtres après les avoir battus et excédés, ont violé les femmes, lié des enfants tout nus sur des broches pour vouloir les faire rôtir, rompu et brûlé les meubles, démoli les fenêtres et les vitres des maisons, exigé grandes sommes de leurs hôtes et commis tant de crimes qu'ils égalent Rennes à la destruction de Hiérusalem [1]. »

Durant trois mois, les bandits, dont la main de Louvois n'était pas encore parvenue à faire de véritables soldats français, continuèrent de rançonner la Bretagne. Ce pays n'en fut délivré que dans le courant de mars, par l'ordre que reçurent ces bataillons indisciplinés d'avoir à rejoindre en Alsace l'armée du maréchal de Luxembourg. Le 2 du même mois, le parlement enregistrait à Vannes l'amnistie qui, après une longue année de tortures, rendait à une rande province sa sécurité perdue, amnistie précieuse, quoique incomplète, puisque cent soixante-quatre individus demeurèrent placés sous la menace de poursuites criminelles. Cette nombreuse catégorie des *réservés* comprenait un seul gentilhomme, une douzaine de procureurs et de notaires, quatre curés de la basse Cornouaille, et plus de cent paysans, pour la plupart fugitifs ou cachés. Mais Rennes, où l'avidité du fisc arrêta seule la pioche des démolisseurs, attendit longtemps le retour de sa prospérité perdue et du parlement dont cette ville était si fière. Les supplications des états, réitérées à chacune de leurs sessions, ne ueillies qu'en 1689 [2], et l'on regrette d'avoir à dire que cet acte de clémence tardive dut être

1. Journal de du Chemin.
2. L'audience de rentrée eut lieu à Rennes le 1er février 1689.

acheté par la ville au prix d'un subside extraordinaire
de 500,000 livres offert au roi.

Commencées pour des questions d'argent, ces luttes
ardentes finirent donc pour de l'argent. Tel est le caractère presque constant de toutes celles qui furent
engagées sous ce régime sans prévoyance et sans contrôle, dont les agents déployaient en matière financière une impéritie trop souvent doublée par la mauvaise foi. L'administration des états de Bretagne, qui
avait été facile et prospère durant la régence d'Anne
d'Autriche et les premières années de Louis XIV, ne
tarda pas à devenir embarrassée, et bientôt après
périlleuse sous le coup d'exigences croissant à mesure que tarissaient les sources de la richesse publique. Contrainte de s'engager périodiquement dans la
voie des emprunts et des anticipations pour faire face
à ses dépenses ordinaires, sur le point d'être entraînée, en 1689, dans la faillite de M. d'Harrouis, son
trésorier, cette administration ne marcha plus que par
des expédients analogues à ceux qui, sous les minis-
tères de Pontchartrain, de Chamillard et de Desmaretz,
ruinaient l'État lui-même, et préparaient tous les
esprits à la perspective d'une banqueroute.

Depuis 1675 jusqu'à la fin de ce long règne, les
états n'eurent plus que la modeste ambition de vivre.
Il serait sans intérêt de suivre leur histoire dans l'exposé monotone d'un cérémonial qui prend toute la
place dérobée aux affaires sérieuses. La charge unique
de cette assemblée fut d'inventer chaque année de

nouveaux moyens de subvenir à des exigences financières qui, depuis le traité de Ryswick jusqu'à celui
d'Utrecht, s'étaient développées par suite de nos victoires, et bientôt après par suite de nos désastres, dans
des proportions jusqu'alors sans exemple. En 1677,
nous voyons les états, afin de satisfaire à la fois aux
demandes du prince et aux réclamations des nombreux fermiers des devoirs pillés pendant la révolte
du papier timbré, emprunter sur les contribuables aux
fouages, déjà écrasés, un redoublement pour 1677 et
un redoublement et demi pour 1680 [1], avec une somme
de 200,000 livres au denier 10. Aux états de Vitré,
nouvel emprunt de 500,000 livres, suivi aux états de
Vannes d'un subside extraordinaire de 900,000 livres
accordé au roi en dehors du don gratuit de 3 millions
pour le rachat d'un édit sur la taxe des maisons. L'impôt de la capitation créé en 1695 pour la généralité
du royaume, impôt auquel les états ne firent aucune
tentative pour échapper, vint augmenter d'une somme
de 1,500,000 livres la charge annuelle du budget breton. L'équilibre se trouva dès lors complétement
rompu entre les recettes et les dépenses, malgré le
patriotique empressement que mirent toutes les classes
de la société sans exception à payer le subside de
guerre.

En 1683, la France perdit Colbert; six ans plus
tard; elle fut en présence de la ligue d'Augsbourg,

1. Registre des états de Saint-Brieuc, 7 septembre 1677.

qui constitua contre elle une coalition permanente malgré quelques années d'une paix précaire, et bientôt elle
dut faire face aux périls de la guerre de la succession.
Dans ces extrémités, les divers contrôleurs généraux,
depuis Lepelletier jusqu'à Desmarétz, le plus intelli-
gent d'entre eux, recoururent aux tristes expédients
qui, à partir du quatorzième siècle, avaient constitué le
fonds même de la science économique. On altéra la valeur des monnaies en la surhaussant d'un dixième, on
augmenta d'un quart la taxe des lettres; on aliéna des
terres du domaine et l'on vendit cinq cents lettres de
noblesse à l'encan; on reprit surtout à grand renfort
d'imagination ces fructueuses créations d'offices que
des sots, si absurde que fût l'emploi, se rencontraient
toujours à point nommé pour acheter[1]. La France eut
des magistrats semestriels et trimestriels, des lieute-
nants-maires acquérant la noblesse en versant le prix
de leurs charges; elle eut des taxateurs et calculateurs
aux dépens, des contrôleurs pour les actes notariés,
des jurés crieurs d'enterrements et de mariages, des
greffiers de l'écritoire, des conseillers rouleurs de vin,
des contrôleurs visiteurs de beurre frais, des essayeurs
de beurre salé, étranges fonctionnaires qui, malgré
l'évidente inutilité de leurs fonctions, s'interposaient
dans toutes les transactions de la vie privée, exigeant,
sous peine de poursuites, le prix attaché par l'édit
d'érection à l'exercice de leurs charges ridicules.

1. Forbonnais, *Recherches sur les Finances,* t. IV, p. 38. —
Bailly, *Histoire financière,* t. II, p. 18 et suiv.

Lorsque ce déluge de créations fiscales s'abattit sur la Bretagne, les états, malgré la nullité où ils étaient tombés, ne purent s'empêcher de pousser un long cri d'indignation. Ce cri retentit dans leurs remontrances de 1697, 1701, 1703 et 1707. Ces tributs onéreux imaginés par un gouvernement aux abois étaient tellement incompatibles avec le droit toujours reconnu, du moins en principe, à la province, de consentir les impôts, ces érections étaient en contradiction si formelle avec les engagements pris par Henri IV, par Louis XIII et par Louis XIV au début de son règne, de ne créer en Bretagne aucun nouvel office salarié sans l'assentiment des états, qu'il devenait impossible pour ceux-ci de garder le silence sans manquer à l'honneur. Dépositaires des droits de la province en des jours difficiles, ils devaient tout au moins interrompre la prescription dont on n'aurait pas manqué d'arguer plus tard contre elle.

Ils le firent résolûment, et le cahier remis au roi en 1704 à la suite des états de Vannes[1] constate que, si la liberté avait disparu des actes, elle vivait toujours dans les cœurs. Les états y reprennent, dans une série de douze articles rédigés avec une fermeté respectueuse, tous les griefs contre les actes arbitraires dont la province a souffert depuis vingt ans. Ils constatent jusqu'à l'évidence que la plupart des nouveaux subsïdes

1. Ces remontrances sont à la date du 4 décembre 1703, et il leur a été répondu le 26 mai 1705. J'en ai trouvé le texte aux Archives de l'empire, nouveau fonds du contrôle général.

ont déjà été rachetés par eux plusieurs fois, et montrent
l'inutilité des offices créés au mépris de la parole
royale solennellement engagée. Dans ce cahier, comme
dans celui de 1709, ils rappellent avec une fierté modeste que leur concours n'a manqué à Louis XIV ni
aux beaux temps de son règne, ni dans les épreuves
qui les ont suivis, et demandent pour prix de cette
fidélité soutenue qu'on s'en remette à leur patriotisme du soin de concourir au soulagement de l'État
par les voies et moyens qui leur paraîtront les plus
compatibles avec les vrais intérêts d'une province
écrasée par l'excès des charges publiques et surtout
par la continuation de la guerre maritime.

Pour l'administration de la province, en effet, les
embarras devenaient énormes, et les difficultés presque
insolubles. En 1707, le trésorier des états avait refusé
de satisfaire au payement du don gratuit et des dépenses ordinaires assises sur l'éventualité de plus en
plus incertaine d'un emprunt. Cet agent arguait, non
sans raison, de ce que « le crédit ne pourrait leur
fournir aucun secours à l'avenir; attendu que depuis
le commencement de la guerre ils n'ont subsisté que
par des emprunts, en ayant fait dans le courant de
1702, 1704, 1705 et 1706 pour plus de 8,390,000 livres,
et le public étant rebuté de voir qu'à chaque terme ils
en ordonnent de nouveaux. » Les emprunts ne pro-
duisant plus, il fallut bien recourir à de nouveaux impôts, au risque de réduire la consommation. Cé fut
ainsi qu'en 1709, l'une des plus douloureuses années

qu'ait jamais traversées aucun peuple, le contrôleur
général Desmaretz imposa aux états, malgré leurs .
vives répugnances, la création d'un nouveau droit
d'entrée sur toutes les boissons introduites dans la
province. Ce droit, immédiatement vendu pour huit
années à des traitants au prix d'une somme de
4,900,000 livres une fois payée, venant se joindre aux
anciens devoirs, perçus de temps immémorial sur la
consommation en détail, ne tarda pas à faire baisser
celle-ci d'une somme supérieure à celle qu'avait d'a-
bord produite le nouvel impôt, la fiscalité finissant
toujours par se tromper elle-même.

En lisant les registres des états durant cette lamentable période, on éprouve une impression saisissante.
On est en présence d'un peuple profondément blessé
dans ses susceptibilités les plus vives, mais qui ne
marchande pour servir le roi ni son or ni son sang.
Les procès-verbaux contiennent en annexes des listes
nominatives de secours accordés aux nombreux officiers bretons mutilés en Flandre, en Espagne et en
Piémont. Ces secours, dont chaque désastre vient
grossir le chiffre, s'élèvent rarement au delà de
300 livres, et descendent quelquefois jusqu'à 50 livres
par personne. Depuis quelques années, le ruban de
Saint-Louis était venu rehausser l'exiguïté de cette
aumône, qui d'ailleurs n'humiliait pas, car elle était
offerte de gentilshommes à gentilshommes, et pour
les deux tiers de cette noblesse la pauvreté était la
conséquence forcée de la position que les lois et les

mœurs avaient faite à ses cadets en leur interdisant
l'accès de toutes les carrières lucratives.

En servant le roi dans ses armées, cette noblesse
était devenue profondément monarchique sans rien
perdre de son sévère esprit national, car elle demeurait
à peu près étrangère à la cour. Malgré ses nombreux
griefs contre Louis XIV, elle avait contracté le culte
des personnes royales au point de se trouver fière de
recevoir en 1695 pour gouverneur le second fils légitimé du roi et de madame de Montespan. Lorsque commença *le grand vol des bâtards*, quand, sans égard
pour les longs services du duc de Chaulnes, Louis XIV
le révoqua brutalement afin de donner son emploi au
comte de Toulouse, déjà investi de l'amirauté du
royaume, ce choix fut accueilli avec une allégresse
générale qu'il est impossible de méconnaître. Bien loin
que les Bretons, en voyant s'éloigner M. de Chaulnes,
« montrassent leur désespoir par leurs larmes, leurs
lettres et leurs discours[1], » les états furent les véritables organes du sentiment public lorsqu'ils ordonnè-
rent, à l'occasion de la nomination du comte de Toulouse, des feux de joie par toute la province[2]. Quoique
la politique de Louis XIV eût interdit à son fils légitimé, comme aux autres princes du sang, de résider
dans la province dont il lui avait attribué le gouvernement, le comte de Toulouse justifia par un patronage utile la sympathie avec laquelle sa nomination

1. Saint-Simon, t. II, p. 58.
2. Registre des états de Vannes, novembre 1695.

avait été accueillie, et pendant le cours de son gouvernement, qui se prolongea quarante années, la Bretagne passa, sous la régence, de la prostration profonde où l'avait conduite le règne de Louis XIV à la
plus audacieuse revendication de toutes ses libertés
méconnues.

FIN DU TOME PREMIER

TABLE DES MATIÈRES

CONTENUES DANS LE PREMIER VOLUME
